JN312656

Next 教科書シリーズ

現代商取引法

藤田 勝利・工藤 聡一 編

弘文堂

はじめに

　形式的意義の商法である商法典は、古くは手形法、小切手法、近くは会社法、保険法の単行法化など、相次ぐ分離独立の経緯によって、いまや商法総則、商行為および海商のわずか三編を数えるのみとなっている。しかし、このことは商法の基本法としての重要性の低下を意味しない。われわれの社会生活は、商法典によって基礎づけられる売買、仲介、運送、保険などの商取引に完全に依存しており、その影響が大きいために、商事条約、商事特別法、商慣習（法）などを加えた実質的意義の商法はますます肥大し、実務の進展に呼応して高度化の一途をたどっているのである。

　本書は、こうして複雑な展開をみせる現代の商取引法に対する、読者の着実かつ体系的な理解と、法的思考力の涵養とをねらいとし、次の点に留意しつつ編まれたテキストである。

　第1に、初学者、未修者の独習を念頭に置いたことである。商取引法の理解に必須の事項を24節に分説し、根拠条文を丁寧に引きつつ、判例・通説に従いこれを平易に解説している。さらには道標として、章頭に全体像を俯瞰する「アウトライン」、節頭に視点・視座を提供する「ポイント」、節尾に到達度の目安を提示する「エクササイズ」を配置したほか、発展的事項・先端的トピックを「コラム」で掘り下げ、読者の知識欲を刺激するアクセントとしている。

　第2に、生ける法の描写を心がけたことである。学説に拘泥せず、判例はもとより、実務上重要な約款、業法や国際条約にも注意を払って法の動態の把握につとめている。重要判例の分析を通じて規範の実際的な機能を確認する「ケース」も、叙述の一部に取り入れている。

　本書が所期のねらいに一歩でも近づけているとしたら、それは趣旨に賛同され積極的な協力を惜しまなかった執筆者と、企画・編集に格別の配慮を払われた弘文堂編集部の世古宏氏の尽力の賜物である。編者として、記して各位に厚く御礼申し上げたい。

2011年4月

藤田　勝利・工藤　聡一

目　次　Next教科書シリーズ『現代商取引法』

はじめに…iii

略語集…viii

■第Ⅰ編■　商取引法総論…1

第1章　商取引規制の基本構造…3

1　商取引規制の意義、特質と法源…4

A. 商法の意義…4　　B. 法体系における商法の位置づけ…7
C. 商法の特色と理念…11　　D. 商法の法源とその適用順序…15

●エクササイズ…21

2　商取引の通則…22

A. 商行為通則規定の機能…22　　B. 取引の前提条件としての規定…23
C. 当事者関係…25　　D. 契約の申込みと成立…28
E. 取引債権の履行確保のための規制…29　　F. 有価証券…32

●エクササイズ…33

第2章　商取引の主体…35

1　商取引の主体…36

A. 商取引主体に対する商法規制…36　　B. 商人の意義…41
C. 商人資格の得喪…46　　D. 商人による第三者関係の拡張…48

●エクササイズ…50

2　商取引主体の表示…51

A. 商号とは…51　　B. 商号選択の自由とその例外…52
C. 商号の相続・譲渡・変更・廃止…54　　D. 商号登記…55
E. 商号権…56　　F. 名板貸…56

●エクササイズ…61

3　商取引主体の開示と公示…62

A. 商業帳簿…62　　B. 商業登記…65　　C. 登記の効力…67

●エクササイズ…72

4 商取引主体による人的設備の利用…73
  A. 商人の補助者…73　　B. 商業使用人…73　　C. 代理商…81
  ●エクササイズ…84

5 商取引主体の金融…85
  A. 資金調達の必要性と資金用途…85　　B. リース取引…86
  C. 担保付取引…89　　D. 営業・事業の譲渡…90　　E. 経営委任と信託…93
  ●エクササイズ…96

■第Ⅱ編■　商取引法各論…97

第1章　売買取引…99

1 商事売買取引…100
  A. はじめに…100　　B. 売買の成立…100
  C. 目的物の引渡と受領…103　　D. 契約の消滅…107
  ●エクササイズ…111

2 国際売買取引…112
  A. 国際売買取引の基本的システム…112
  B. ウィーン売買条約（CISG）…114　　C. インコタームズ…120
  ●エクササイズ…126

3 電子売買取引…127
  A. 電子商取引の概要…127　　B. 電子商取引契約の成立…128
  C. 電子商取引契約の効果…131　　D. 電子商取引契約の決済…132
  ●エクササイズ…137

第2章　仲介取引…139

1 売買仲介取引…140
  A. はじめに…140　　B. 仲立営業…140　　C. 問屋営業…144
  ●エクササイズ…152

2 運送仲介取引…153
  A. 運送仲介取引の展開…153　　B. 運送仲介取引の法規制…156
  C. 運送仲介者発行運送証券とその決済…161
  ●エクササイズ…163

第3章　運送取引…165

1　運送取引の基本構造、陸運取引…166
　A. 総論…166　　B. 物品運送…167　　C. 旅客運送…175
　●エクササイズ…177

2　運送証券…178
　A. 各種運送証券の意義…178　　B. 各種運送証券の交付…181
　C. 各種運送証券の記載事項…182　　D. 船荷証券の債権的効力…184
　E. 船荷証券の物権的効力…186
　●エクササイズ…187

3　海運取引の主体と人的組織…188
　A. 海運取引を取り巻く法環境…188
　B. 海上企業の物的組織──船舶…190　　C. 海上企業の人的組織…194
　●エクササイズ…199

4　海運取引の展開…200
　A. 海上企業活動…200　　B. 海上危険…206
　●エクササイズ…213

5　空運取引の展開…214
　A. 国際運送の規制の沿革とワルソー体制の規制概要…214
　B. ワルソー体制近代化の歩み…226
　C. 1999年モントリオール条約に基づく航空運送人の責任…234
　●エクササイズ…241

6　複合運送取引…242
　A. 複合運送の進展…242　　B. 複合運送の法規制…244
　C. 国際利用航空運送における責任関係…247
　D. 空陸国際複合運送における責任関係…249
　●エクササイズ…255

第4章　施設取引…257

1　倉庫取引…258
　A. 倉庫営業の意義…258　　B. 倉庫寄託契約の法的性質…259
　C. 倉庫営業者の義務…260　　D. 倉庫営業者の権利…262
　E. 倉庫営業者の責任…263　　F. 倉庫証券…265
　●エクササイズ…268

2　場屋取引…269
　　　　A. 場屋営業の意義…269　　B. 場屋営業者に対する法的規制…270
　　　　C. 場屋営業者の責任…270　　D. 高価品の特則…274
　　　　E. 場屋営業者の責任の短期消滅時効…276

　　　　●エクササイズ…279

第5章　保険取引…281

　　1　保険取引の基本構造…282
　　　　A. 保険制度の機能と意義…282　　B. 保険の類型…283
　　　　C. 保険法の法源…284　　D. 保険業法…287
　　　　E. 保険契約の法的性質…289

　　　　●エクササイズ…293

　　2　生命保険取引…294
　　　　A. 生命保険の基本概念…294　　B. 告知義務…298
　　　　C. 保険契約の成立…300　　D. 保険事故発生後の法律関係…301
　　　　E. 生命保険契約の終了…303

　　　　●エクササイズ…305

　　3　損害保険取引…306
　　　　A. 損害保険の基本概念…306　　B. 損害保険契約の締結…308
　　　　C. 損害保険契約締結後の変動…311　　D. 保険事故…313
　　　　E. 損害保険契約の終了…315　　F. 片面的強行規定と適用除外…316

　　　　●エクササイズ…317

　　4　責任保険取引と第三分野保険…318
　　　　A. 責任保険…318　　B. 第三分野保険――傷害疾病定額保険…322

　　　　●エクササイズ…328

エクササイズ　解説…329

事項索引…340

判例索引…344

略語表

法令名 (五十音順)

一括清算	金融機関等が行う特定金融取引の一括清算に関する法律
一般法人	一般社団法人及び一般財団法人に関する法律
印税	印紙税法
会更	会社更生法
会社	会社法
会社計算	会社計算規則
会社法整備法	会社法の施行に伴う関係法律の整備等に関する法律
改正前商法	平成17年改正前商法
銀行	銀行法
金商	金融商品取引法
金販	金融商品の販売等に関する法律
憲	日本国憲法
原賠	原子力損害の賠償に関する法律
小	小切手法
公益法人	公益社団法人及び公益財団法人の認定等に関する法律
国際海運	国際海上物品運送法
資金決済	資金決済に関する法律
質屋	質屋営業法
商	商法
商施	商法施行法
商則	商法施行規則
商登	商業登記法
商登則	商業登記規則
消費契約	消費者契約法
商標	商標法
信託	信託法
信託業	信託業法
船員	船員法
船主責任制限	船舶の所有者等の責任の制限に関する法律
船舶	船舶法
船舶安全	船舶安全法
船舶安全則	船舶安全法施行規則
船舶職員	船舶職員及び小型船舶操縦者法
船舶則	船舶法施行細則
倉庫	倉庫業法
手	手形法
電子契約特	電子消費者契約及び電子承諾通知に関する民法の特例に関する法律
電子債権	電子記録債権法
特定商取引	特定商取引に関する法律

特許	特許法
破	破産法
不正競争	不正競争防止法
保険	保険法
保険業	保険業法
麻薬	麻薬及び向精神薬取締法
水先	水先法
民	民法
民再	民事再生法
民執	民事執行法
民訴	民事訴訟法
油賠	船舶油濁損害賠償保障法
旅行	旅行業法

判例

大判(決)	大審院判決(決定)
最判(決)	最高裁判所判決(決定)
高判(決)	高等裁判所判決(決定)
地判(決)	地方裁判所判決(決定)
区判(決)	区裁判所判決(決定)

判例集

民録	大審院民事判決録
民集	大審院民事判例集、最高裁判所民事判例集
集民	最高裁判所裁判集民事
刑集	大審院刑事判例集、最高裁判所刑事判例集
下民集	下級裁判所民事裁判例集
訟月	訟務月報
判時	判例時報
判タ	判例タイムズ
金判	金融・商事判例
金法	旬刊金融法務事情
商事法務	旬刊商事法務
新聞	法律新聞
文研生保判例集	文研生命保険判例集

百選	江頭憲治郎・山下友信編『商法（総則・商行為）判例百選（第5版）』（有斐閣、別冊ジュリスト194号、2008）
百選(保険)	山下友信・洲崎博史編『保険法判例百選』（有斐閣、別冊ジュリスト202号、2010）
百選(保険・海商)	鴻常夫・竹内昭夫・江頭憲治郎編『商法（保険・海商）判例百選（第2版）』（有斐閣、別冊ジュリスト121号、1993）

第Ⅰ編

商取引法総論

第1章　商取引規制の基本構造

　第1節　商取引規制の意義、特質と法源

　第2節　商取引の通則

第2章　商取引の主体

　第1節　商取引の主体

　第2節　商取引主体の表示

　第3節　商取引主体の開示と公示

　第4節　商取引主体による人的設備の利用

　第5節　商取引主体の金融

第1章 商取引規制の基本構造

アウトライン

　現時の資本主義経済体制における経済的生活の中心は企業によって占められており、企業を離れて経済生活を営むことは不可能に近い。その企業の取引活動（商取引）は、営利を目的として集団的・計画的・反復的行為としてなされるのが通例である。これを規制する実質的意義の商行為法は、取引が円滑かつ活発に行われることを企図して、営利性、取引の迅速性と契約の定型化、取引の安全の保護などを規制理念とする。

　なお、商行為法が規制する取引の当事者は、一般市民・個人商人・大企業などさまざまであり、誰が当事者かで規制のあり方が多少異なることに注意を要する。

　第1節「商取引規制の意義、特質と法源」では、商取引の特徴とそれに適用される商法の一般的特色について、第2節「商取引の通則」では、商取引における典型的な法律関係を定める商行為通則規定について、それぞれ検討する。

1 商取引規制の意義、特質と法源

> **ポイント**
>
> 現代社会における商取引はきわめて複雑多様で日々発展しているが、それを規制する商法典は、会社法と保険法の離脱に伴い、編の繰上げと部分的な現代化がなされた以外、ほとんど改正されず今日に至っている。商取引法の大半が任意規定であり、商事条約・商慣習（法）・普通取引約款などが代替的機能を果たしているからである。商取引を規制する商法の意義、法体系における位置づけ、特色と理念、法源およびその適用順序について概観する。

A　商法の意義

[1] 商法とは何か

商取引を規制する商法とは、明治32年制定の商法典をさすといっても間違いではないが、もともと商法典に含まれていた会社法と保険法がそれぞれ平成17年と20年に独立の法律として制定されたため、商法典の空洞化が生じ、将来的に商法典の維持が可能かどうか議論されるほど、その規制範囲は狭まっている。しかし大学の法学教育では「商法」という科目は存在するし、とくに「民法」と区別して「商法」を研究対象とする学問領域のあることも明白な事実である。ここに二つの問題が浮き上がる。

第1に、商法を教育・研究の対象として捉えた場合、商法と隣接する他の法領域、たとえば民法、経済法さらには労働法などとどのような関係にあると理解するか。これは他の隣接法領域に対して商法の自主性あるいは独自性をどこまで主張できるかという問題でもある。

第2に、一般に商法典は、商法という名称を付した制定法として形式的意義の商法ともいわれるが、その規制範囲が狭まる中で、商法典から分離独立した会社法や保険法を含めて、民法などとは別個の首尾一貫かつ統一した理念の下に商法の存在を認めうるかという問題がある。これは実質的な意味で商法の外延をどこまで広げうるかという視点から、実質的意義の

商法をどのように把握するかの問題である。

[2] 実質的意義の商法とその規制対象

　形式的意義の商法である商法典は、第1編「総則」・第2編「商行為」・第3編「海商」の3編からなり、商取引を直接規制するのは商事売買や運送営業等に関する第2編と海上運送企業に関する第3編である。

　実質的意義の商法には、この商法典のほか、会社法・手形法・小切手法・保険法のように、もともと商法典に含まれていたものが独立法律化したものだけでなく、商業登記法・不正競争防止法などの多数の商事特別法、さらには商事条約・商慣習（法）なども含まれる。これら広範におよぶ実質的意義の商法の外延とその規制対象をどのように統一的に把握するか。

　古くは、商法の規制対象を統一的に把握するのを断念し、商法典が形式的に商として定める事項が商法の対象であるとする実証説といわれる見解が有力であったこともある。しかし一般私法の規制する法律事実の中で集団性や個性喪失など商的色彩を帯びるのが商法上の事実であり、これにより民法と区別されるとする商的色彩論（田中耕太郎）が出現し[1]、実質的意義の商法の存在を肯定するようになる。この学説に対して、「商的色彩」の内容が漠然としており、商法の規制対象となる生活関係の内容を確定していないとの批判がなされ、実質的意義の商法を企業に関する法として統一的に把握する企業法論が提唱されて、現在の通説になっている。

[3] 企業法論の問題性と課題

　日本の企業法論はスイス・バーゼル大学のカール・ヴィーラントの考え方を継承・発展させたものと理解されているが、いくつかの問題点が指摘されている。とりわけ、企業法論の中核をなす企業概念が不明確であること、そして商法典の規制対象との整合性の問題がとくに重要である。

コラム　企業とは

　企業法論の先駆者である西原寛一は、企業を「私経済的自己責任負担主義の下に、継続的意図をもって企画的に経済行為を実行し、これによって

国民経済に寄与するとともに（公共性）、自己および構成員の存続発展のため収益をあげることを目的とする（営利性）、一個の統一ある独立の経済的生活体」と定義する[2]。企業法論を支持する学説は、ニュアンスの違いはあるものの、企業を主観的な企業家や動態的な企業活動ではなく、客観的な組織体ないし社会的生活体として捉え、その企業の要素として、計画性・継続的意図・営利行為の実現・独立の経済単位を挙げている。ただし、市場で事業活動を行う社団形態の非営利組織や専門職の弁護士や会計士などの自由業者を規制の対象とするため、企業概念には利益獲得意思を必要としないとする見解もあり、2005年オーストリア企業法典（2007年施行）では、独立して経済的活動を継続的に企図している組織であれば、企業概念に利益獲得を目指していなくともよいとする[3]。

　企業法論によれば、商法とは企業生活に関する特有の法秩序であると解されているが、多種多様な経済活動の主体のどの範囲までを企業とするかはっきりしないため、商法から企業法に完全に衣替えした学者はそう多くないし、ましてや立法上、企業概念を法典の中に取り込んだ例は、オーストリア企業法典以外ほとんど知られていない。その意味で、商法を企業生活に関する特有の私法として、法体系における商法の自主性・独自性を維持しようとするなら、どのような理念の下に、どのような法規を含むかなど、首尾一貫した商法の体系的位置づけを明確にする必要がある。

　商法典の規制対象と合致しない点として、一方では、企業組織あるいは企業活動とは無縁といってよい非商人の1回限りの投機売買（商501条1号2号）が絶対的商行為として商法典で規制されるのに対し、他方で、企業性が認められる、農林・水産業などの第一次産業や医師・弁護士・芸術家など専門職の自由業、さらには商法典の制定時に予想されなかった通信業のような新しい企業などが商法典の規制に服さないことがある。もっとも、これらの例外的な不整合は、商法典制定時の立法政策や歴史的事情によるもので、これをもって企業法論を否定する決め手にならないと反論されている。むしろこのような不整合は企業法論に問題があるというより、商法典が現代社会に相応しくないというべきであろう。つまり商法典の空洞化

の動きのなかで、商人と商行為の二つの基礎概念により商法の適用範囲を画する商法典が時代遅れのものと認識され、企業概念のような別の概念枠組みで商法典を再編成するか、民法との関係で整理しなおすか、商法典の存在そのものが見直しを迫られているといっても過言ではない[4]。

B　法体系における商法の位置づけ
[1]　商法典制定の歴史的背景

　日本では、民法典とは別に商法典が制定されたため、民法と商法の二つの法律の並存は、自明のことと思われそうだが、それは普遍的な私法理論によるというより、単なる歴史的偶然にすぎない。

　現在のようなまとまった形の近代的商法、あるいは商取引に関する法の先駆は、中世イタリア諸都市の商人組合の間で通用していた自治的法規や慣習法であって、身分や階級が異なると適用法規も異なり、当時の商法は、いわば商人のための階級法であった。その後、中央集権国家が成立することにより、商人組合はその独自の存立の基盤を維持できなくなり、商法も商人団体の自治法たる性格を失い、国家法体系の中に吸収されていく。

　民法と対置される近代的商法が出現したのは、フランスのナポレオンにより制定された1807年のフランス商法典 (Code de commerce) である。これはフランス革命の平等思想に基づき、1804年の民法典 (Code civil) に続いて制定されたもので、商人という「人の資格」によってではなく、商法に列挙する「行為の性質」によって、すべての人に商法を適用するという客観主義（商事法主義）を採用した。フランス民法典が包括的・体系的な規定をおいたにもかかわらず、別に商法典を制定した理由の一つは、当時の混乱した信用制度を整備・確立するため、アンシャン・レジームの遺した商事裁判所や商人破産制度を活用する手段として商事裁判管轄の範囲を確定する必要があったからともいわれている[5]。

　同じく1861年の普通ドイツ商法典（旧商法）は、フランス商法典にならい、客観主義の立場を採用しているが、フランス法とは異なる歴史的偶然の産物である。当時のドイツでは、不動産法や家族法などを立法化するための前提となる政治的統一がなされておらず、ひとまず統一的経済秩序を確立するため商法典の名において統一国内取引法の制定を不可欠とした。

そこで政治的抵抗の少ない商行為概念の拡張によって本来民法で規制すべき契約法や債権法なども商法に取り込み、広範な商品取引法群を体系的に整理する商行為編を創設した[6]。こうして商行為法主義に立脚しながら商人概念を前提とする附属的商行為を導入し、商法の適用範囲を広げる折衷主義の立場を採用した。

1871年のドイツ帝国の成立により、政治的制約が解消され、契約法・債権法の大半の規定を民法典に移して（いわゆる民法の商化）1897年ドイツ帝国商法典（新商法）が制定され、1900年に民法典と同時に施行される。この新商法は、絶対的商行為の廃止により、商行為法主義を捨て、スイス債務法にならって、大規模経営の営業者を商人として商法の適用範囲を拡大するいわゆる商人法主義を採用した。明治32（1899）年制定の日本商法典はドイツ旧商法をモデルにしたため、商行為法主義に立脚した折衷主義の立場を採用したが、少し遅れてドイツ新商法の施行後に制定されていたなら、違ったものになった可能性がある。

以上のように、歴史的偶然から民・商法二法典が並存することになったフランス、ドイツそして日本の立法例は世界の先進諸国の中では少数といってよい。同じ大陸法系のスイスやイタリアさらには北欧などでは民商法は統一して規定されているし、イギリスやアメリカのようにコモン・ローによる一元的な法規制をしている英米法系の諸国では、包括的な商法典は存在しない。たとえば、アメリカでは統一商法典（Uniform Commercial Code）というモデル法があり、ルイジアナを除く各州で採用されているが、形式・内容ともに大陸法系の商法典とは異質のものであり、一般民事法とは別個の首尾一貫した理念で区別される実質的意義の商法という観念そのものが認識されていない[7]。

[2] 民法との関係

フランス・ドイツ・日本のように民法典と商法典が並存する場合、一般国民は、その経済関係の生活において民法と商法の二つの法律の規制を受けることになるが、両法の体系的関連をどう理解すべきか。これは商法の自主性、つまり実質的意義の商法の存在を認める見解のもとで、企業法論の立場から、商法と民法の関係をどう捉えるかという問題である。

日本の法体系において、民法と商法は経済主体間の利益調整を図るという点では共通するが、商法は、企業生活に関する特有の私法の総体として、企業をめぐる経済主体間の利益調整を図ることに限定されるのに対し、民法は、企業に限らず、広く一般の市民生活・経済生活をめぐる経済主体間の利益調整を図る点で違いがある。この意味で、民法と商法は、一般法と特別法の関係にあり、企業生活関係に関して、特別法の商法は、一般法の民法に対して優先的に適用される。

商法が適用される企業生活関係は、企業組織の面と企業活動の面に大別できる。企業組織の面では商法は独自の制度や規定を設けているので、民法との関係は限定的であるが、企業活動（取引）の面では、資本主義経済の発展とともに一般市民生活自体の商化現象が起こっており、「民法の商化」といわれるように、商法の原則が民法に浸透し、結果的に商法は、民法の制度や規定に広く依拠するようになっている。

商法と民法の関係を条文に即してみると、第1に、商法は、商業使用人（商20条）や代理商（商27条）のように民法上の制度を特殊化した制度をおく場合、第2に、商業登記（商8条）や商号（商11条）のように、民法にない特殊の制度を定めている場合、そして第3に、民事債務年5分（民404条）と商事債務年6分（商514条）の法定利率・10年（民167条1項）と5年（商522条）の債権の消滅時効・多数当事者間の債務についての分割債務（民427条）と連帯債務（商511条1項）などのように、商法が民法の一般規定に対する特則規定をおいている場合などに分類できる。第3の場合は、商法と民法のどちらを適用するかで大きな利害得失を生じうるから、民商法並存による紛争の原因となっているが、「民法の商化」を推し進めていくと、これらを統一して規定することは立法論として十分に考えられる。

[3] 経済法との関係

経済法とは、民法や商法のように包括的に統一した法典があるのではなく、国民経済全体の立場から国民経済の民主的で健全な発展を促進するため、国家が市場に介入する各種の経済規制立法の総称であって、独占禁止法（私的独占の禁止及び公正取引の確保に関する法律）がその代名詞になっている。商法と経済法は、ともに企業の組織と活動に関する法として企業を規制対

象とする点で共通するが、規制理念において両者は対照的である。すなわち、商法は、個々の企業組織および相互の取引において、企業の営利性の面から、対等の当事者とされる経済主体間の利益調整をはかる法規範であるのに対し、経済法は、資本主義体制の高度化により生じる独占・不正競争・不公正取引などの矛盾や弊害を予防ないし排除するため、公共性の面から企業を規制する法規範である。

独占禁止法1条によると、公正かつ自由な競争による経済秩序の維持とともに一般消費者の利益の確保をも目的としており、消費者基本法・消費者契約法・割賦販売法など消費者保護を目的とした消費者関連法も、「消費者法」という独立の法分野が定着するまでは、便宜的に経済法の範疇に含めることができる。これら「消費者法」は、取引の一方当事者が消費者であるということから経済力・情報量で劣る消費者の保護をはかっており、私的自治の原則を基本とする市民法原理がその限りで修正されている。

[4] 労働法との関係

労働法とは、労働基準法、労働組合法、職業安定法など、労働に関するさまざまな法律の総称である。労働法の保護対象である労働者は、企業の人的要素であり、企業に関係する法としての商法と共通の接点がある。しかし、その規制理念や事項について両者は全く異なる。労働法は、労働者が企業に従属するという使用者との対等でない関係を前提に、労働者の生活利益の保護をはかるという社会政策的な理念によって規制しているのに対し、商法は、従業員（商業使用人）を企業（商人・会社）の補助者として、対外的な法律行為をする場合の商事代理権に関して規定するにすぎず（商20条～26条、会社10条～15条）、取引の円滑化ないし取引の安全の見地から規制しているからである。

もっとも、商法、とりわけ会社法と労働法の関係では、両者が交錯する問題もある。一つは、ドイツのように共同決定法による労働者の経営参加が認められる場合である。取締役の業務執行の監督機関である監査役会に従業員が監査役として参加するというような法制化が実現すると商法上の問題となる[8]。もう一つは、企業組織再編、とりわけ会社分割において平成12年に労働契約承継法（会社の分割に伴う労働契約の承継等に関する法律）が

制定されたことである。企業組織再編により対象会社従業員の労働契約が承継されるかどうかは、包括承継の原則（合併）・個別承継の原則（事業譲渡）のいずれを採用したかにより、演繹的に決定されるが、会社分割では、労働契約承継法上、従業員に完全な承継請求権・承継拒否権が認められていないので、調整の問題が生じうる[9]。

C　商法の特色と理念

　商法は企業生活関係を規制対象とする法規範であると捉えた場合、一般市民生活関係を規制する民法との対比においてどのような特色が認められるか、そしてその特色を発現させる商法の理念、商法の自主性・独自性を認めてその存在価値を正当化する根本精神はなにか。いろいろな切り口が考えられるが、実質的意義の商法は、企業組織に関する企業組織法と企業活動に関する企業取引法ないし商取引法に分類できるから、企業組織と企業活動の両面から考察する。

　その際、留意する必要があるのは、企業組織と企業活動の核をなす二つの理念、企業維持（静的安全）と取引の円滑化ないし取引の安全（動的安全）が衝突する場合があることである。一方では、企業の存立が確保されることが取引の安全に資するというように、両者が一致する場合が多いにしても、他方では、企業維持をはかろうとすると取引の安全を損ない、取引の安全を重視すると企業の維持ができないという矛盾が生じることがある。両者が衝突する場合、各経済主体間の利益調整をどうはかるか、個々の具体的な企業取引の実態を踏まえて解決しなければならない[10]。

[1]　企業組織面での特色と理念

　企業組織法の中核をなすのは実質的意義の会社法であるから、会社法の特色・理念と大部分が重なる。商法は、企業の社会的・経済的重要性を認識し、国民経済に寄与することを期待して、企業の企業形成の促進と維持強化を第1の理念とする。これを実現するためにさまざまの規定を用意しており、その関係で、以下のような特色を挙げることができる。

(1) 企業形成の促進

　営利法人としての会社の設立は、会社法の規定する要件を充足していれ

ば、公益法人のような主務官庁の許可なしに登記法上の形式的な審査だけで設立できる（会社49条・575条）。これを準則主義という。しかも設立要件は異なるが、会社法は、株式会社・合名会社・合資会社・合同会社の4種類の会社を規定しており、そのニーズに応じて自由に選択できる。その結果、個人商店が法人なりしたものから世界的な巨大企業まで、300万以上の会社が存在している。

(2) 資本の集中と危険の分散

会社が企業活動を行うには、資本が不可欠であるが、株式会社の場合、出資単位が均一の細分化された株式を通して、出資者はその資金力に応じて資本参加できるし、仮に会社が倒産しても株主は出資額以上の責任を負わない有限責任制を採用しているので（会社104条）、社会に散在する資本の集中を容易にしている。出資者たる株主の立場からすると、会社債務に対して責任を負わないので、危険の分散の効果もある。

(3) 企業の維持

いったん企業が成立すると株主・会社債権者・従業員など多数の利害関係人が生まれるから、その企業の消滅は国民経済的に大きな損失となる。そのため会社法は、企業の解体を防ぎ、その存立を確保するためさまざまな制度を設けている。個人と区別される会社の法人格の付与、取締役等会社役員の会社および第三者に対する責任、企業会計の健全性の確保、事業譲渡・合併・会社分割など多様な組織再編の規定などがその一例である。

[2] 企業活動面での特色と理念

企業取引法ないし商取引法の中核をなすのが、実質的意義の商行為法であるから、企業活動の面からみた商法の特色・理念は、商取引法の特色・理念と重なる。企業は経済取引をするために存在するから、企業活動ないし商取引の円滑化・活発化が商法の第2の理念といってよい。これにより次のような特色を挙げることができる。

(1) 営利主義

営利性は、企業の本質ともいうべきもので、商法の規制対象である企業生活関係のすべてに貫流している。会社はすべて営利の目的をもって設立された営利法人とされているように、企業取引法だけでなく、企業組織法

にとっての特色でもある。営利法人における営利の目的とは、会社が事業活動によって得た利益を構成員に分配する目的のことで、株式会社では、剰余金の配当請求権および残余財産分配請求権は、定款の規定によっても株主から奪いえない権利とされている（会社105条2項）。

一方、商取引法における営利性は、これとは異なり、企業の自己保存および拡大のための経済的目的である。商法の基本概念である商行為（商501条〜503条）や商人（商4条1項）は、この営利性を前提としており、商法の規定の中にも、営業の範囲内でなした商人の行為の有償性（商512条）、商人間の金銭消費貸借の利息請求権（商513条）、民事法定利率より高い年6分の商事法定利率（商514条）など営利性を保障する規定が散見される。

(2) 取引の迅速性と契約の定型化

企業取引は、利益獲得のため不特定多数の者との間で大量の取引を迅速に行う必要があるので、契約の締結から履行にいたるまで迅速な処理ができるように商法は個別的に規定している。契約申込みの諾否通知義務（商509条）、商事債権の5年の消滅時効（商522条）、定期売買の解除（商525条）、買主の検査通知義務（商526条）などがそれである。それら以上に重要なのは、ほとんどの企業取引で利用されている定型化された普通取引約款（約款）による取引である。約款には、利用される業種により、主務官庁（大臣）の認可の必要なものから、企業が一方的に作成するものなど、さまざまな約款があるが、契約内容が定型化することにより大量の取引を迅速に処理するだけでなく、免責条項による訴訟回避、企業取引の相手方の平等取扱いなどにより取引の円滑化の効用もある。

(3) 取引の安全の保護

企業取引を円滑かつ迅速に行うには、取引上重要な事項が公示され、公示された事実あるいは外観を真実であると信頼した者を保護する仕組みが必要である。前者は、商業登記制度（商8条、会社907条）に代表される公示主義といわれるもので、後者は、外観主義といわれるが、不実登記の効力（商9条2項、会社908条2項）、名板貸の責任（商14条、会社9条）、表見支配人（商24条、会社13条）など、商法・会社法にそれを具体化する規定が多数存在する。この両者あいまって企業取引の当事者は安心して取引ができるから、企業取引の動的な安全が保護されることになる。

コラム　外観主義

　企業取引において、公示された事実が実際と異なる場合、取引の安全のため、その外観を信頼して行動した者を保護するというもので、ドイツ法学説の「権利外観理論」(Rechtsscheintheorie) と英米法の判例法則である「表示による禁反言」(estoppel by representation) の二つの流れがある[11]。

　権利外観理論によると、一定の権利または法律関係が存在するような虚偽の外観を作り出した者に帰責事由がある場合、ときには衡平の見地から帰責事由がなくとも、その外観作出者はその外見的事実を信頼して法律行為をした者に責任を負うという法理である。これに対し、禁反原則（エストッペル）は、もとは裁判所で記録されると、それに反する主張は許されないという訴訟法上の「記録による禁反言」の原則が発展したもので、企業取引において、相手方が信頼するような表示行為をした者は、それを信じて相手方が取引をしたり、しなかったりした場合、その表示に反する主張が禁止されるという法原則である。外観法理は取引の安全という経済的合理性に出発点を置くのに対し、禁反言則は行為者に真実の表示を促すという道徳規範が法原則に高められたという違いがある。

(4) 厳格責任主義

　取引の安全のため、商法は企業者の義務や責任の強化もはかっている。

　企業者は専門的知識経験をもつことを前提に具体的注意義務が加重されたり（商510条・526条）、仲立人や運送人のような個別企業者の責任を挙証責任の転換などにより厳格化したり（商546条～549条・577条）、連帯債務制度によって支払能力を確実化したりしている（商511条・579条）。とくに旅館・ホテル・レストランなど場屋の営業者は、客から寄託された物品について、物品の受領 (receptum) の事実だけで結果責任を負うというレセプツム責任（商594条）が課せられる。これらの責任の加重とは逆に、他方で企業者の有限責任など責任の軽減がはかられているが、これは企業維持の理念に基づいており、この両者により経済主体間の利益調整をはかろうとするもので矛盾はない[12]。

D　商法の法源とその適用順序

　商法の法源とは、商法の法規範としての存在形式であり、企業生活関係に適用される実質的意義の商法には、どのような種類のものがあるかということである。成文法としては、商法典、商事特別法、商事条約があり、不文法としては、商慣習、商事自治法、普通取引約款がある。このほか、裁判官の法創造を認める場合には、商事判例法、商事学説、条理なども事実上、商法の法源となりうる[13]。

[1] 商事制定法

　商法1条1項が規定するように、明治32年制定の商法典が商法の法源の代表である。第1編総則、第2編商行為、第3編海商の3編からなる。

　商事特別法には、商法典を補充・変更する特別法令と商法典やその特別法令に付属する付属法令に区分される。前者には、手形法、小切手法、会社法、保険法など商法典から独立したもののほか、国際海上物品運送法、金融商品取引法、不正競争防止法など商事に関係する多数の法令が含まれる。後者には、商法施行法、会社法施行規則、会社計算規則など、商法典やその特別法令の規定を施行し具体化する法令がある。

[2] 商事条約

　条約には、国際航空運送人の責任を規制する1999年モントリオール条約のように、批准・加入すれば国内法として直ちに拘束力を持つ自動執行条約 (self-executing treaty) と、昭和7年手形法と昭和8年小切手法として制定されたジュネーヴ統一手形条約・小切手条約のように、締約国に条約の内容を具体化する法律の制定義務を課して国際的な法の統一をはかる条約がある。前者の自動執行条約は、国会で承認されて公布されると国内法としての効力をもつだけでなく、憲法に規定する条約・国際法規の遵守義務との関係で（憲98条2項）、商事条約が商事制定法に対し優先適用される。後者の統一条約の場合は、それを具体化した法律が商法の法源となるのであって、条約自体は法源ではない。

[3] 商慣習

　商法1条2項によると、商法は、商事に関し、商慣習の法源性を明らかにし、民法に優先適用されることが明記されている。慣習法とは、法規範性のある慣行であるが、商慣習に関係当事者の法的確信が加わることにより、商慣習法になると解される。商慣習法が認められた例として、昭和26年改正商法施行前の白紙委任状付記名株式譲渡（大判昭和19年2月29日民集23巻90頁〔百選1事件〕）、昭和9年手形法施行前の白地手形の引受け（大判大正15年12月16日民集5巻841頁）、生命保険契約の失効約款（東京地判昭和48年12月25日判タ307号244頁）などがある。商法では予想しあるいは承認しなかった取引上の慣習（商慣習）について、判例がその規範性を確認したものである。

コラム　商慣習・商慣習法の関係について

　平成18年制定の「法の適用に関する通則法」3条によると、公序良俗に反しない慣習で、法令の規定で認められたもの（民219条3項・228条など）または法令の規定していない事項に関する限り、法律と同一の効力を有するとして、慣習法に任意法を補充する効力が認められる。一方、民法92条は、事実たる慣習について、当事者がこれによる意思を有する場合、法律行為の解釈基準になることを定める。両者の境界は当事者の法的確信の有無によって決まるが、慣習法が認められると、裁判所が慣習法に違反して判決すると上告理由となる（民訴312条3項）。

　平成17年改正前商法1条では、現行商法1条2項のように「商慣習」ではなく、「商慣習法」が民法に優先すると規定されていた。この改正をどう解するか。商慣習と商慣習法は同じ意味だと解する説と、両者は異なり、商事に関しては商慣習に合理性があるので、民法に対して優先適用されると解する説とに分かれる[14]。

　企業取引における商慣習の重要性にかんがみ、通則法3条と商法1条2項が相まって、商慣習に法規範性が付与されたと解されるので、商慣習の法源性が認められる。

[4] 商事自治法

　商事自治法とは、会社その他の団体がその団体の組織および構成員に対して自主的に制定する法規をいう。会社の定款や金融商品取引所の業務規程がそれにあたる。

　会社の定款は、会社の組織および活動を定める根本規範であって、会社法でその作成が義務付けられ（会社26条1項）、取締役の定款遵守義務（会社355条）や会社法に対する優先適用（会社309条1項、342条1項）など、商法（会社法）の法源性を示す規定が会社法にはすこぶる多い。会社の定款は、現在および将来の機関や構成員（社員）を拘束する。

　金融商品取引所の業務規程は、金融商品取引所における業務や会員等の取引に関する細則であって、金融商品取引法によりその作成が義務付けられており（金商117条）、会社の定款と同様、法源性が認められる。

[5] 普通取引約款（約款）

　普通取引約款とは、運送業、保険業、銀行業など特定の業界において、企業（事業者）と多数の顧客の間で取引を円滑に行うため、企業側が予め作成する定型化された契約条項をいい、単に約款ともいわれる。約款は、大量の取引を迅速に処理するため利用されるというだけでなく、作成する企業にとって、約款に規定する免責条項によって訴訟リスクを軽減するというメリットがあり、電気・ガスなどの公企業の約款のように、約款による取引強制があれば、顧客を平等に取り扱うという効用もある。運送業や保険業のように、公共性の高い企業の場合、事業の免許とともに主務官庁（大臣）への約款の認可申請を要するのが通例であるが、標準営業約款や標準運送約款のように、主務官庁の作成する標準約款を使用する場合、約款の認可申請を省略できる例が多くみられる。

　約款に商法の法源性を認めるかどうか争いがある。約款を商事自治法あるいは商慣習法として捉える学説によれば、法源性を認めることができるが、判例は、約款による意思推定により、つまり契約規範として約款の拘束力を認めており、その法源性については否定的である。

コラム　約款の法源性

　企業取引で広く利用されている約款は、その内容を知らなくともなぜ拘束力があるか。さまざまな学説があるが、普通保険約款の森林火災免責条項に関する先例（大判大正4年12月24日民録21輯2182頁〔百選2事件〕）、それを踏襲する地震免責条項に関する下級審判例（函館地判平成12年3月30日判時1720号33頁）は、保険契約の当事者双方が普通保険約款によらない意思を表示しないで契約した場合、反証のない限り、その約款による意思で契約したものと推定するという意思推定説をとる。この理論によると、立証は困難ではあっても、約款による意思のないことが立証されると、約款に拘束されないという不都合が生じるので、学説の多くは約款の法源性を認める理論を展開する。その一つが自治法説で、約款をそれぞれの取引社会における団体の自主制定法とみて法規と同一の効力を認める理論である。認可約款のように法的根拠のある約款ならともかく、企業が一方的に作成する約款自体に法源性を認めることに批判がある。そこで通説的見解とされるのが、商慣習法説である。約款の内容が商慣習になっているとする見解と「約款によること」が商慣習法になっているとする見解（白地商慣習法説）に分かれるが、後者が有力である。この説も新規の企業が作成した約款の採用に商慣習法の存在を認めることに無理がある。

　近時、保険約款の拘束性について新たな契約説が有力に主張されている。契約締結行為の一環として、企業が約款の使用とその内容を顧客に知らせた場合や約款の条項を顧客が理解しかつ認識できる状況に置かれた場合に拘束力を認める見解である[15]。確かに、認可を受けた保険約款でも、認可だけで拘束力を認めるのが妥当でない場合、制限的に解釈されるし（最判平成5年3月30日民集47巻4号3384頁）、他方、普通保険約款の変更に認可が必要な場合に認可なしに変更された約款の規定を有効とした判例（最判昭和45年12月24日民集24巻13号2187頁）もあり、主務官庁の認可は約款の内容の合理性をある程度保障するにしても、私法上の有効性は裁判所の判断に委ねられている。その意味で新契約説は、約款の拘束力について一石を投じた見解といえる。要は、企業側は、業種に応じて、企業の相手方（企業か消費者か）との情報の格差や経済力の違いを考慮し、約款内容を合理的で理

解しやすいものにして、取引の相手方に事前に開示できるようにすること、企業の相手方も、約款の免責条項など重要事項を認識して契約することが約款をめぐるトラブルの回避に必要と思われる。

[6] 商法の法源の適用順序
(1) 一般原則
　条約と法律の関係では、条約は法律に優先し（憲98条2項）、特別法は一般法に優先する。また新法は旧法に優先する。この限りにおいて、商事に関する実質的意義の商法の適用順序は、商事条約→商事特別法→商法典ということになる[16]。ところが商法1条2項は、商事に関し、この法律、つまり商法（商事特別法を含む商事制定法）に定めがない事項については商慣習に従い、商慣習がないときは、民法の定めるところによると規定している。商法と民法の関係では特別法と一般法の関係にあるから商法が民法に優先適用されるのは当然である。問題は、商慣習の適用順序の位置から商法との関係および民法との関係をどう理解するかである。

(2) 商法と商慣習の関係
　商法1条2項は、商事に関し、商法に定めがない事項について商慣習を適用すると定める。商法の法源の適用順序について商法を商慣習に優先させるもので、通則法3条に規定する制定法優先主義の趣旨と合致するように読める。もしそうなら、商慣習は商法を改廃する効力はなく、商法に抵触する商慣習は認められないことになる。しかし商法1条2項は、商法に規定のある事項についての商慣習との適用関係は直接触れていない。民事慣習法の場合は内容が不明確で合理性を欠くものが少なくないので、制定法優先主義の原則が当てはまる。しかし固定化された商事制定法が現実の企業生活関係に適さなくなった場合には、明確で合理的内容の商慣習法が存在し、実際の企業生活に適切であるなら、商事制定法の強行法規を改廃すること認めるべきであるとする見解も有力である[17]。白紙委任状付記名株式の譲渡の商慣習法を認めた判例は、強行法規を改廃する効力を認めた代表例とされている。

(3) 商慣習と民法の関係

商法1条2項により、商事に関して商法に規定のない事項については、商慣習が民法に優先して適用される。商慣習の優先適用は民法に規定があってもかわりはない。通則法3条の制定法優先主義の例外を定めたものと一般に解されているが、通則法3条でいう「法令の規定により認めたもの」の中に商法1条2項の規定により法源性を認めた商慣習が含まれると解し、これによって商慣習が法律と同一の効力を有することになり、特別法と一般法の関係で商慣習が民法に優先すると解する見解もある[18]。この見解によると、商法1条2項は、商慣習に法律と同一の効力を認めた点に意義があることになる。

注)

1) 田中耕太郎「方法としての商的色彩」大隅健一郎ほか編『商法の諸問題（竹田先生古稀記念出版）』1頁（有斐閣、1952）。
2) 西原寛一『商法1（商法学序説・企業形成法）』（日本評論社、1971）11頁。
3) 遠藤喜佳「商法から企業法へ——オーストリア企業法典（UGB）概観」法学新報114巻11号～12号（2008）28頁。
4) 藤田友敬「総論——商法総則・商行為法の現状と未来」NBL 935号（2010）7頁以下。
5) 岩崎稜『戦後日本商法学史所感』（新青出版、1996）43頁。
6) 岩崎・前掲注5) 44頁。
7) 落合誠一・大塚龍児・山下友信『商法 I ——総則・商行為』（有斐閣、第4版、2009）13頁。
8) 田邊光政『商法総則・商行為法』（新世社、第2版、1999）18頁。
9) 原弘明「企業買収と対象会社従業員との関係 (1)」京都学園法学2号（2010）85頁以下。
10) 西原・前掲注2) 46頁、69頁以下は、経済主体間の利益の調和を商法の第3の理念に挙げている。
11) 田邊光政『商法総則・商行為法』（新世社、第3版、2006）13頁以下。
12) 西原・前掲注2) 67頁。
13) 西原・前掲注2) 126頁。ただし、西原説では、条理は一種の理念ないし自然法であって、法が存在する経験的資料形式という意味での法源の一つに数えるのは妥当でないとする。条理の法源性を認める学説は、明治8年太政官布告第103号裁判事務心得第3条「民事裁判に成分の法律なきものは習慣により習慣なきものは条理を推考して裁判すべし」（原文はカナガキ）という古い法規を根拠としている。
14) 落合ほか・前掲注7) 24頁。弥永真生『リーガルマインド商法総則・商行為法』（有斐閣、第2版補訂版、2010）2頁注3）は、商慣習と商慣習法を同じ意味にとる。
15) 山下友信「普通保険約款論 (4)」法協97巻1号68頁以下、甘利公人「普通保険約款の拘束

力」商法（総則・商行為）判例百選〔第5版〕別冊ジュリスト194号7頁〔百選2事件〕。
16) ただし、法律に根拠を有する商事自治法は、商事制定法に優先して適用されると考えられている。商事判例法や商事学説も商法の法源とする学説では、商事自治法→商事特別法・商事条約→商法典→商慣習（法）→商事判例法・商事学説→民事自治法→民事特別法・民事条約→民法典→民事慣習（法）→民事判例法・民事学説の適用順序で整理される。西原・前掲注2) 128頁。
17) 服部栄三『商法総則』（青林書院新社、1972）39頁、大隅健一郎『商法総則』（有斐閣、新版、1978）82頁。ただし、公序良俗に反する慣習法は認められない。
18) 西原寛一『日本商法論（第1巻）』（日本評論社、1943）190頁、藤田勝利・北村雅史編『プライマリー商法総則・商行為法』（法律文化社、第3版、2010）23頁〔高橋栄治〕。

エクササイズ

問題 商法の法源とその適用順序に関する以下の各文章の正誤を答えなさい。

(1) 商事に関しては、商事自治法が商事制定法に優先適用される。
(2) 法の適用に関する通則法3条では制定法優先主義を定めているので、商慣習より民法が優先適用される。
(3) 普通取引約款は、企業（事業者）が一方的に作成するものであるが、企業の相手方にもメリットがある。
(4) 普通取引約款が拘束力を持つのは、判例によると、企業取引において、約款による取引が商慣習となっているからである。

2 商取引の通則

> **ポイント**
>
> 商行為として、および商人が行う行為として規整される商取引は、何よりも利益を上げることが求められる。また安全確実で、簡易迅速に行うことが必要である。そのために民法とは異なる規定が置かれている。法定利率、報酬請求権、消滅時効のほか、委任・代理や契約申込み時の諾否通知義務、物品保管義務など、民法とは異なる規定が多々ある。担保についても、民法上の留置権より強化された形で、いくつかの商事留置権が規定されている。

A 商行為通則規定の機能
[1] はじめに──商行為の意義

　商法が適用されるのは、商人であり、商行為である。わが国商法は商人法主義と商行為法主義の折衷的な立法になっているが、では商行為とは何か（商人の意義については第Ⅰ編2章1節参照）。

　商法501条は絶対的商行為として四つの行為を列挙する。これは商人以外のものが1回限り行っても商行為である。一方502条は営業として、すなわち継続的計画的に営利を目的とする行為として行う場合に商行為になるものとして13項目を列挙する（ただしもっぱら賃金を得る目的で物を製造し、または労務に従事する者の行為は除く。同条柱書ただし書）。これは限定列挙と解されており、日々変動する経済社会において、新たに商行為とみなすべき業態を商行為とすることができない点で、立法論的に問題がないわけではない（たとえば貸金業は商行為ではない）。ただ、会社の行為は常に商行為であるから（会社5条）、商業をもっぱら担うのは会社であり、結局個人および（会社など）営利法人以外の法人が商法501条・502条に規定されない営利的行為を行ったときに問題となるだけである。

　また、商人がその営業のためにする行為は商行為となる（附属的商行為。商503条）。

反対に商行為をする者は、商人である（商4条1項。第Ⅰ編1章1節参照）。公法人や非営利法人も、固有の商人ではないとはいえ、商行為をするかぎりにおいて、商人資格を有することがある。たとえば地方公共団体の営む交通運輸事業などがこれに当たる。公法人の商行為は、別段の定めがある場合のほか、商法の規定による（商2条）。ただし、その性質上、商業登記・商号・商業帳簿・商業使用人に関する規定は適用されないと解される[1]。非営利法人には一般社団法人・一般財団法人と、公益社団法人・公益財団法人がある。前者については利益を上げること自体は禁止されておらず（構成員に分配することはできない（一般法人11条2項・35条3項・153条3項2号））、商人資格を有しうる。後者についても、公益達成手段として商行為を行うこと自体が否定されるわけではないので、商人資格を有しうる。ただし収益事業が主となるような本末転倒は許されないし（公益法人5条7号8号・15条）、利益を構成員に分配できないのは、一般社団法人などと同様である。

[2] 通則規定の機能

商行為を貫く総括的ルールを定めるのが、商法第2編第1章の総則規定である。商取引の営利性、簡易・迅速性、取引安全の保護の要請などから、商行為に関して特に規定を設けている。

とはいえ、民法の解釈としても同様に解される規定もあり、また全規定が必ずしもすべての商行為に適用されるわけではない（原則としては当事者の一人にとって商行為であれば、当事者全員に商法が適用されるが（商3条）、当事者間の利益考量の結果として解釈上必ずしもそうなっていない）。さらには、立法論的に疑問が呈される規定もあり、民法（債権法）の改正とも相まって、規定の整理が必要であるように思われる。

B 取引の前提条件としての規定

[1] 報酬請求権

民法での委任等は無報酬が原則であるが（民648条1項）、商法上は、商人がその営業の範囲内において他人のために行為をしたときは、相当の報酬を請求することができる（商512条）。商取引の営利性に基づく。

[2] 法定利率

民法上法定利率は5%であるが（民404条）、商法では6%である（商514条）。商事に関しては金銭需要が多く、資金を効率よく運用するべきであるからと説明される。もっとも、通常の商取引においては、任意に別段の合意をしていることが一般的であり、法定利率が問題となるのは特約がない場合である。商人の雇用行為は営業のためにする行為であるとして、給料債権に商事法定利率が適用された判例がある（最判昭和30年9月29日民集9巻10号1484頁）。

[3] 利息請求権

商人間での金銭の消費貸借において、貸主は借主に対して商法上の法定利率を請求することができる（商513条1項）。商人がその営業の範囲内で他人のために金銭の立替をしたときも同様である（同2項）。前者が双方的商行為にのみ適用されるのに対して、後者は立替払いをした者が商人であればよい。いずれも商人の営利的性格に基づくものであるが、とりわけ前者について、双方的商行為に限定されていることには批判がある[2]。

[4] 商事時効

商行為によって生じた債権は、原則として5年で消滅時効にかかる（商522条）。民法上債権の基本的な消滅時効は10年であるところ（民167条1項）、早期に法律関係を確定させる趣旨であるが、より短い消滅時効が民法にも規定され（民170～174条）、手形債権は3年、小切手債権（遡求権）は6カ月で時効消滅する（手70条・77条1項8号、小51条）。これらは5年の消滅時効に優先する（商522条ただし書）。

[5] 債務の履行の場所

債務の履行場所について、その行為の性質または当事者の意思表示によって定まらないときは、特定物についてはその物が存在した場所、その他の債務については債権者の現在の営業所（営業所がないときはその住所）で行うものとされる（商516条1項）。民法上は「債権者の現在の住所」であるが（民484条）、商行為においては債権者が商人であることが通例であるから

「営業所」と言い換えたものである。

ただし、指図債権および無記名債権の弁済は、債務者の現在の営業所（営業所がないときは債務者の住所）で行うものとされる（商516条2項）。

[6] 取引時間

法令または慣習により商人の取引時間の定めがあるときは、その取引時間内に限り、債務の履行をし、または履行の請求をすることができる（商520条）。しかし、商行為に限らずこのように解すべきであり、当該規定は実質的には意義を失っていると言えよう。なお、任意規定であるから、取引時間外であっても、債権者が弁済期日内に債務者から任意に弁済を受領したときは、債務者は受領遅滞の責任を負わない（最判昭和35年5月6日民集14巻7号1136頁）。

[7] 受寄物の管理

商人がその営業の範囲内で寄託を受けたときは、無報酬であっても善管注意義務を負う（商593条）。商法の第9章寄託に置かれた規定であるが、商人全般に適用されるものである。商人の責任強化により（民法上無償の寄託は自己の財産と同一の注意義務でよい。民659条）、商人の信用を高めることが目的である。

C 当事者関係

[1] 商行為の代理と非顕名

本人Aの代理人Bが、第三者Cと法律行為をする場合、民法の原則としては「A代理人B」と本人の名を明示して行う必要がある（顕名主義。民99条1項）。すなわち、本人のためにすることを代理人が明らかにしない場合、Cが、Bの行為がAのためにすることを知り、または知ることができたときを除いて、Bは自己のために意思表示したものとみなされる（民100条）。

これに対して、商法上は、商行為の代理人が本人のためにすることを示さないでこれをした場合であっても、その行為は、本人に対してその効力を生ずる（商504条本文）。ただし、相手方が、代理人が本人のためにするこ

とを知らなかったときは、代理人に対して履行の請求をすることを妨げない（同条ただし書）。商法504条本文に書かれている内容は、顕名主義の例外である（非顕名主義という）。商行為にあっては本人が誰であるのか容易に判断できることが多いことや商行為の簡易迅速性の要請から説明される。とはいえ代理人が取引の当事者であると信じた相手方に不測の損害が発生するおそれもあるから、相手方はただし書によって保護されつつも、知らなかったことに過失があれば保護されないものとしている。

▮コラム▮　商法504条をどう理解するか

　本文で述べたように本条は顕名主義の例外を規定するというのが多数説・判例（最判昭和43年4月24日民集22巻4号1043頁〔百選37事件〕）の見解であるが、その理論構成は分かれる。

　第1説は、同条本文により本人Aと相手方Cの間に契約関係が成立し、Bが代理人であることにつき善意・無過失のCは、Bに対しても履行請求権を有するものとする。この説ではAとBは、Cに対して不真正の連帯債務を負担する。第2説は、相手方Cは、本人Aと代理人Bのいずれかとの法律関係を選択することができるものと解する。すなわち、本来Aとの間に生じるべき法律関係を、ただし書によりBとの間の法律関係を選択した場合は、Aとの法律関係はなかったものとなる。

　第1説は本条の文言に忠実であり、AとBとに連帯債務を負担させる点で相手方Cの保護になりそうであるが、CのBに対する抗弁が、本人Aに主張できない恐れがあるなど、必ずしも相手方Cの保護にならないこともある。

　そのため、前記判例は第2説を採用した。しかし相手方Cの法律関係は単純明快になるが、本人Aの（契約の効果帰属の）期待を裏切る結果になることや、条文の文言に忠実ではないこと、また本人Aの出現後に、Aの信用を考慮していなかったCにBとAの選択権を与えるのはCを保護しすぎるのではないか、さらにはAからCに対する契約の履行請求訴訟係属中にCがBとの法律関係を選択した際に、BのCに対する請求権の時効の扱いはどうなるのかといった問題が生じる。ちなみに時効については、

Aの請求は、BのCに対する債権につき催告に準じた時効中断の効力をおよぼすものと解するのが、判例の立場である（最判昭和48年10月30日民集27巻9号1258頁〔百選38事件〕）。

学説の多数説や判例の立場によっても、上述のような問題が惹起される。規定の不備とも言え、立法論的に、同条の削除を唱える見解があるのもうなずける。また同条を民法100条の特則として相手方が代理関係を知り得なかった過失についての立証責任の転換を規定するものであるとの少数説も主張される[3]。

このような中、注目されるのが第3の説である。この説は、以下のように考える。相手方Cが、Bが代理人であることを知らないうちはただし書を広く類推してBを契約当事者（本人）と捉えつつ、相手方Cの利益が不当に害されない限りにおいて、本人Aの出現後は本文の原則どおりAを当事者として扱うべきであるとする。同条の趣旨を商取引の簡易迅速の要請ととらえるのではなく、非顕名の代理人は自己の信用を高く見せようとするため、相手方の保護を図る必要があり、そのため本人に契約の責任を負わせようという趣旨だという立場である。

条文の存在を前提として考えた場合、判例の採用する第2説が法律関係の早期安定に資するように思われる一方、第3説は条文の文言と実際との調和という点で説得力が感じられる[4]。

[2] 商行為の委任

商行為の受任者は、委任の本旨に反しない範囲内において、委任を受けていない行為をすることができる（商505条）。これは民法上も受任者の善管注意義務から導かれる当然のことを、明確にかつ注意的に規定するものである[5]。

民法上、委任者・受任者の死亡は委任の終了事由であるところ（民653条1号）、商法の委任においては、本人（委任者）の死亡は終任事由ではない（商506条）。「商行為の委任」とあるのは、本人からして附属的商行為となる委任行為のことをいい、典型例は本人が代理権のある商業使用人（支配人など）を雇用することである。営業主が死亡したとしても当然に営業が廃止され

るわけではなく、その継続性を維持するためにも、必ずしも終任事由にはならないこととする方がよい。したがって受任者たる使用人は、本人の相続人の代理人となる[6]。

D 契約の申込みと成立
[1] 契約の申込み
　商人間における契約の申込みについて、民法の規定とは異なる規定が置かれている。すなわち対話者間での承諾期間の定めのない[7]契約の申込みは、その相手方が直ちに承諾しなかったときはその効力を失い（商507条）、隔地者間で承諾期間を設けない申込みは、申込みを受けた者が相当の期間内に承諾の通知をしなかったときは、効力を失う（商508条）。しかし、民法上すなわち当事者が商人ではない場合でも同じように解されており、この二つの条文は実質的な意義を失っていると言われる[8]。隔地者間での遅延した承諾の通知は、新たな申込みとしての効力を有するが、これは民法の規定を準用している（商508条2項、民523条）。

[2] 諾否通知義務
　商人が平常取引をする者からその営業の部類に属する契約の申込みを受けたときは、遅滞なく、契約の申込みに対する諾否の通知を発しなければならない（商509条1項）。発しない場合は契約の申込みを承諾したものとみなされる（同2項）。申込みが承諾される蓋然性の高い取引において、そのように期待する申込者の保護とそれによる商取引の迅速性確保を趣旨とする。詳細は第Ⅱ編1章1節を参照されたい。

[3] 物品保管義務
　商人がその営業の部類に属する契約の申込みを受けた場合において、その申込みとともに受け取った物品（たとえば見本品や、承諾を確信して現品を送付するなど）があるときは、その申込みを拒絶したときであっても、その物品を保管しなければならない（商510条1項）。申込者にその費用を負担させてよいが、物品の価額がその保管費用に不足するときや、商人がその保管によって損害を受けるときは、保管しなくてよい（同2項）。

この義務は、商人間の取引の迅速性確保や、商人間取引の円滑な発展を促進しようとするものと考えられているが[9]、諾否通知義務のように平常取引をする者といった限定がなく、申込みを受けた者が商人であれば、申込みをした者は非商人でもよい。そのため、商人に過剰な負担を強いるものとも言え、立法論として批判的な見解もある[10]。申込者が引取らない場合に、商人がどういった対応をすることができるのか、明確ではない点も問題である[11]。そうしたことも関係し、この義務は限定的に解するべきであって、隔地取引の場合にのみ適用されるべきであろう[12]。申込者が近隣の場合は、すぐに引取りにいくなど、容易に措置を講じうるはずであるからである。

E 取引債権の履行確保のための規制
[1] 多数当事者間の債務の連帯
(1) 複数の債務者

民法上、複数人が債務を負担する場合、別段の意思表示をしないかぎり、各債務者は、それぞれ等しい割合で権利義務を有するものとされている（民427条）。これに対して、商法は、複数の債務者がいる場合であって、そのうちの一人以上にとって商行為から生じた債務である場合、これを全員の連帯債務としている（商511条1項）。たとえば複数人が共同経営のために、あるいはそのうちの一名の経営のために、資金を借り入れるときは、同規定の適用がある。また、建設工事を請け負うため複数の企業が民法上の組合である共同企業体を構成することがあるが、この共同企業体の債務を、その組合員である株式会社の連帯債務とした判例がある（最判平成10年4月14日民集52巻3号813頁〔百選40事件〕）。

(2) 保証人

主たる債務の保証がなされる場合、基本的には、主債務と保証債務は各別に負担されるのであり、保証人は、催告の抗弁（民452条）、検索の抗弁（同453条）が認められる。しかし商法上は、主債務が商行為から生じたものであるかまたは保証が商行為である場合は、その債務は、各自が連帯して負担する（商511条2項）。保証が商行為であるというのは商人が保証するときだけでなく、債権者にとって商行為となる場合も含むとするのが判

例であるが（大判昭和14年12月27日民集18巻1681頁）、学説には前者に限定する見解もある。保証人が複数あり、保証契約が別個に締結されていても、各保証債務は連帯債務であると解されている（大判明治44年5月23日民録17輯320頁）。

[2] 流質契約

流質契約は、債務者の窮迫に乗じて債権者が暴利をむさぼることを予防するために民法上禁止されているが（民349条）、商法はこれを適用除外とする（商515条）。債務者保護の見地からこれを債務者にとって商行為である場合に限定する見解もあるが、通説は限定しない[13]。民法349条の意義も最近では薄れてきていると考えられ、商行為に限定する必要はない。ちなみに質屋営業法に基づく質屋は流質契約が認められている（質屋1条1項）。

[3] 商人間の留置権（表1-2-1）
(1) 総説

たとえば時計の修理を依頼された者が、依頼者がその代金を支払わないうちは時計を占有し続けることができる権利のことを留置権というが、この例のように、保全されるべき債権と留置される物との間に関連性を必要とするのが、民法上の留置権である（民295条～302条）。すなわち①留置物

表1-2-1　各種留置権の比較

	被担保債権	留置できる物	優先弁済権
民法上の留置権	留置物に関して生じた債権	被担保債権と牽連性のある物	なし
商人間の留置権	双方的商行為から生じた債権（他人から譲受けたものは不可[14]）	その債務者との間の商行為により占有した債務者の所有物・有価証券	破産時あり
代理商の留置権	商人のための取引の代理・媒介により生じた債権	商人のために代理商が占有する物・有価証券（商人の所有物でなくてよく、商行為による占有でなくてもよい）	破産時あり
問屋の留置権	委託者のための物品の販売・買入によって生じた債権	委託者のために問屋が占有する物・有価証券（債務者所有物でなくてよい）	破産時あり
運送取扱人[15]・運送人の留置権	運送品に関する報酬・運送賃その他委託者のためにした立替・前貸	運送品（被担保債権との牽連性必要だが債務者所有物でなくてよい）[16]	破産時あり

の合法的な占有、②債権と留置物との関連性、さらに③債権が弁済期にあることが留置権成立の要件である（なお、たとえば①に関して占有開始後占有権原を失った場合の留置権成立の可否などの論点もある）。これに対して、商法上、総則に「商人間の留置権」が規定されるほか（商521条）、代理商（商31条、会社20条）、問屋（商557条）、運送取扱営業（商562条）、運送営業（商589条）、海上運送（商753条2項、国際海運20条1項）の留置権が各別に定められている。これら商法上の留置権を総称して商事留置権ということがある（民法上の留置権も民事留置権ということがある）。これら各種の商事留置権はそれぞれ成立要件が異なるが（表1-2-1）、概して民法上の留置権よりも上記②の関連性の要件が緩和されている。たとえば継続的取引関係にある商人AとBとの間で留置権の対象となる被担保債権は、双方にとって商行為である必要があるが、留置できる物は当該債権に関連がなくても、AB間の商行為によりBの占有に帰した物であればよい。要件がそろえば、ある商事留置権とともに民法上の留置権が認められることもあり得る[17]。

(2) 商人間の留置権と不動産

商人間の留置権につき、不動産も留置可能か、とりわけ建築請負業者が請負代金債権を被担保債権として敷地を留置できるか議論がある[18]。裁判例はいまだ一致を見ていないが[19]、一般論としては不動産も「物」（民85条）であり、現代では商品として流通している以上、留置可能と考える方が素直である。もっとも、建築請負業者が、敷地の「占有」をしているかは別途検討が必要であり、この点も裁判例は一致を見ていない[20]。敷地が発注者の所有である場合、占有者も発注者であることなどを理由に請負業者は「占有」していないと解する否定説と、商法は占有の権原を要求しておらず外塀などによる敷地の外形的占有の事実だけで商事留置権は成立するとする肯定説とがある[21]。

(3) 破産

破産手続開始の際に破産財団に属する財産に対する商事留置権は、民法上の留置権と異なり、財団に対して、特別の先取特権とみなされ、別除権となる（破66条1項3号・2条9項）。ただし民法などの法律による他の特別の先取特権には劣後する（破66条2項）。

この点につき、A会社からその保有する手形の割引依頼を受け、本件手

形を占有するB銀行が、A会社の破産手続開始により、A会社の破産管財人から当該手形の返却を求められたところ、B銀行がA会社にもともと有する貸金債権との関係で、商事留置権を有するものとして、返却せず、手形金を取り立てて貸金債権の弁済に充当したという事例 (最判平成10年7月14日民集52巻5号1261頁〔百選47事件〕) がある[22]。問題は、破産手続開始後も留置権が存続するのかという点である。上記判例は存続を認めたが、破産管財人の換価権の行使 (破184条2項) との兼ね合いで、留置権は消滅するという見解もある。

F 有価証券

商行為総則には、若干の有価証券関連の条文が置かれている (商516条2項・517条～519条)。規定上は有価証券の範囲に限定がないが、株券は会社法、手形・小切手は、手形法・小切手法に規定があり、実際には商行為法分野での有価証券すなわち貨物引換証・船荷証券等に関する規定と言える[23]。

なお、商法516条2項および517条には指図債権・無記名債権と記されているが、民法を意識した表現であり、商法上は有価証券を念頭に、指図証券・無記名証券を指すものと考えられる[24]。

注)
1) 森本滋編『商行為法講義』(成文堂、第3版、2009) 38頁〔伊藤靖史〕。
2) 落合誠一・大塚龍児・山下友信『商法Ⅰ——総則・商行為』(有斐閣、第4版、2009) 145頁。
3) 条文の文言上無理のある解釈であると批判される。江頭憲治郎『商取引法』(弘文堂、第6版、2010) 271頁。
4) 詳細は、森本・前掲注1) 46頁以下、落合ほか・前掲注2) 142頁以下、弥永真生『リーガルマインド商法総則・商行為』(有斐閣、第2版補訂版、2009) 86頁以下、江頭・前掲注3) 270頁以下、神谷高安「本件判批」商法 (総則商行為) 判例百選〔第5版〕別刷ジュリスト194号 (2008) 76頁以下など。
5) 森本・前掲注1) 12頁〔森本〕。
6) 森本・前掲注1) 46頁〔森本〕。
7) 解釈による。落合ほか・前掲注2) 140頁。
8) 森本・前掲注1) 18頁〔小柿徳武〕。
9) 保管義務が課せられているだけでは迅速性確保に資するものではないとする見解がある。田

邊光政『商法総則・商行為法』（新世社、第3版、2006）181頁。
10) 江頭・前掲3) 16頁、森本・前掲注1) 20頁〔小柿〕。
11) 江頭・前掲注3) 16頁。
12) 森本・前掲注1) 20頁〔小柿〕。
13) 森本・前掲注1) 12頁〔森本〕。
14) 森本・前掲注1) 44頁、弥永・前掲注4) 95頁。
15) 運送取扱営業には「本章に別段の定める場合を除く外」問屋の規定が準用される（商559条2項）。留置権に関する規定があるから（商562条）、問屋の留置権（代理商の留置権の準用。商557条）は運送取扱人については排除される。
16) 運送取扱人の留置できる物が、問屋の留置権より限定されているのは、運送品の委託者と荷受人が同一でない場合、荷受人の不測の損害を保護するためである。森本・前掲注1) 132頁。
17) 要件がそろえば、たとえば問屋は問屋としての留置権のほか、民法上の留置権および商人間の留置権を得ることがある。また倉庫業者は特に規定がないが、民法上および商人間の留置権を得ることがある。
18) 森本・前掲注1) 44頁、弥永・前掲注4) 96頁。
19) 東京高決平成11年7月23日判時1689号82頁〔百選46事件〕などは肯定するが、東京高判平成13年1月30日判タ1058号180頁などは否定する。
20) 前掲東京高決平成11年7月23日は占有を否定する。
21) 諸学説については泉田栄一「判批」商法（総則・商行為）判例百選〔第5版〕別冊ジュリスト194号（2008）94頁以下。
22) 詳細は森本ほか・前掲注1) 45頁、弥永・前掲注4) 99頁、伊藤靖史「本件判批」商法（総則・商行為）判例百選〔第5版〕別冊ジュリスト194号（2008）96頁以下など。
23) 落合ほか・前掲注2) 152頁。
24) 弥永・前掲注4) 115頁。

エクササイズ

問題 以下の各文章の正誤を答えなさい。

(1) 商人が従業員を雇用する行為は附属的商行為である。
(2) 商人の死亡は、委任関係にある使用人の終任事由ではない。

第 2 章 商取引の主体

アウトライン

　商取引を規制するために着目する対象としては、「誰の取引か」（商取引の主体）と、「いかなる取引か」（商取引の行為態様）とがありうる。商法は、前者を「商人」、後者を「商行為」とそれぞれ呼んで、両面からアプローチしている。
　第1節「商取引の主体」では、商人と商行為の両概念の結合関係を、第2節「商取引主体の表示」では、商人の活動たることを示す標識制度を、第3節「商取引主体の開示と公示」では、商人の利害関係者に対するディスクロージャー制度を、第4節「商取引主体による人的設備の利用」では、商人がその活動の拡大に対応して用いることのできる各種代理人制度を、第5節「商取引主体の金融」では、商人がその活動の拡大に対応して用いることのできる各種金融制度を、それぞれ検討する。

1 商取引の主体

> **ポイント**
>
> 商行為と商人とが、商取引法の基礎概念である。商取引の基本法である商法は、商取引行為を商行為と呼び、そして商行為を自己の名においてなしその法律効果が帰属する行為主体を商人と呼んでいる。この両者の結合関係の理解が、商取引法学習の第一関門となる。

A 商取引主体に対する商法規制

[1] 折衷主義

　商取引の基本法である商法は、商取引行為を商行為と呼び、その法律効果が帰属する行為主体を商人と呼ぶ（商 4 条 1 項・501 条・502 条）。そして商人の営業、商行為に対して、商法を適用するものとしている（商 1 条 1 項）。

　一般市民の生活関係を規律する民法の体系から、商人の生活関係に対応する部分を切り取って商法の適用範囲を確定するための立法主義としては、行為の主体に着目して商人を定義することからはじめる主観主義と、取引行為の態様に着目して商行為を定義することからはじめる客観主義とがありうる。この点でわが国の商法は、客観主義に立脚しつつ主観主義的な修正を加えた、折衷主義を採用していることになる。

　すなわち、強度の営利性を有し、何人が行っても、なおかつ一度きりの場合であっても商行為となる絶対的商行為（商 501 条）と、営利性が弱く営業として反復継続的に行われることによってはじめて商行為となる営業的商行為（商 502 条）とをもって基本的商行為となし、これらを自己の名でもって行う者を固有の商人と呼んで（商 4 条 1 項）、その行為につき商法を適用する。そして、絶対的商行為を行う商人と外形的に区別できない、いわゆる設備商人を擬制商人としたうえで（商 4 条 2 項）、今度は逆に、これら商人が営業のためにする行為一般について、附属的商行為と呼んで商行為性を推定する（商 503 条 1 項 2 項）。

附属的商行為の要件は、以上のとおり第1に商人の行為であることであるが、第2に商人が営業のためにする行為であることも求められる。営業のためにする行為とは、営業自体に関係するもの、営業上必要なもの、あるいは営業の維持便益のためにする一切の行為を含み、法律行為たると事実行為たるとを問わず、有償無償、双務片務の別を問わない。

　そして、附属的商行為であることの第1の要件である商人行為性がみたされるならば、それは第2の要件に関して営業のためにされたものと推定される。ここに推定とは、ある効果の要件事実の不存在の証明責任を、その効果を争う相手方に負わせるための法技術である。したがって証明責任は、当該商人の行為が営業と無関係であると主張するものが負うことになる（大判明治41年2月17日民録14輯108頁）。

[2] 会社の商人性

　会社法の制定にあたっては、商人一般に関する以上の規律が商法総則において維持されるとともに、商法総則のうち従前会社に適用のあった規定について、すべて会社法総則で自足的に規定する方針がとられた。この結果とくに附属的商行為について両法で規定が重複し、新たな問題が生じている。すなわち、附属的商行為は商人の行為であることに商行為性の根拠が求められるところ、その元となる商人概念は、商法4条が規定する固有の商人（1項）および擬制商人（2項）によって定まる。商法11条は「商人（会社及び外国会社を除く。以下この編において同じ。）」としていることから、商人には原則的に会社が含まれ、商法総則編における11条以後の規定は会社以外の商人に対して、また10条以前の規定は会社を含む商人一般に適用されることになる（商法5条ないし10条の登記関連事項は、会社法907条以下で上書きされているため、実際には商法4条以前のみが会社たる商人にも適用となる）。加えて、商法1条の趣旨規定、同4条の商人定義規定のいずれにおいても商人の範囲は会社以外に限定されてはいない。よって会社は、商法4条1項の固有の商人に含まれ、その行為は商人による行為として商法503条の適用を受けると考えられる。

　もっとも、会社法5条は、「会社が……その事業のためにする行為は、商行為とする」としており、表現の類似性からして「事業のためにする行為」

とは附属的商行為をいうと考えられるが、これを商法の特則とみて503条1項の適用を排除すると解しても（会社1条）、商法503条2項に対応する推定規定がそこに置かれていないことを、いかに解すべきかは問われる（コラム「会社行為についての商行為性の推定」参照）。

コラム　会社行為についての商行為性の推定

【ケース】　砂利採集業を営むY株式会社の代表取締役Aは、業務とは無関係な不動産投資のため1億5000万円を融資した。これが回収困難となり融資から5年以上経過したところでYが債権回収を行おうとしたところ、債務者Xからは商事消滅時効（商522条）の完成を主張された（最判平成20年2月22日民集62巻2号576号〔百選36事件〕をもとに作成）。

　本件では、会社による金銭の貸付が附属的商行為にあたるかが争点となる。
　商法503条2項について、会社法施行前の通説は、会社の行為はすべて商行為であって、会社には同項の適用の余地がないと解していた。会社であっても営業以外の生活があり、同項の適用が会社にもあると解するのは少数説に止まっていた。この点に関する判例としては、大判大正3年6月5日民録20輯437頁、最判昭和29年9月10日民集8巻9号1581頁、最判昭和51年7月9日判時819号91頁があり、これらにおいては、法理としては明確に述べられていないものの、学説とは異なり、会社の行為についても商法503条2項における推定規定の適用があることを前提とする説示が繰り返されていた。
　附属的商行為に関する規定ぶりが変更された会社法施行後は、旧法時代の考え方を維持すべきか、または変更すべきかで学説が対立している。すなわち、会社の行為はすべて会社法5条にいう、その事業としてする行為およびその事業のためにする行為にあたり、商行為性が常に肯定されるとして、商法503条2項の推定規定の適用を否定する第一説。そして、会社の行為には会社法5条所定の行為には該当しないものも存するけれども、商法4条1項により会社は商人にあたるので、商法503条2項の推定規定が適用され、この結果、そうした行為の商行為性を否定する者において、

事業のためにする行為でないことを主張立証しない限り、商行為性が肯定されるとする第二説が主張されている。

以上の理論状況下において、本件判旨は、会社の行為には商行為にあたらない行為があることを前提としつつ、会社がその事業のためにすることは商行為であると推定され、これを争う者において商行為にあたらないことの主張立証責任を負うとの理論を展開したうえで、事例判断として、貸付が情宜に基づいてなされた面を有することのみでは、この推定を覆すには不十分であるとした。本件にいかなる意義を認めうるであろうか。

まず、会社法5条は、「会社……がその事業としてする行為及びその事業のためにする行為は、商行為とする」と規定し、「会社の行為は、これを商行為とする」というような一般的な表現を採用していないのであるから、法文を根拠に会社の行為は商行為に限られるとすることは難しい。たしかに、会社法5条に推定規定が置かれないのは、会社の行為には常に商法の適用があり推定を問題とする必要がないためであるととれなくもない。しかし条文からは、その事業としてする行為でも、その事業のためにする行為でもない、第三の会社行為類型があるとみるのが素直であろう。

このことは、会社の目的規制が実質的に廃棄されている法状態と矛盾せず、また、判例が現実に商行為でない会社の行為を認めてきたこととも整合する。そして、会社法の制定にあたり、判例変更を意識した詰めた議論がなされた形跡はなく、立法の経緯に照らしても自然である。この点第二説は、技巧的ながらも条文には忠実で、立法の経緯、従来の判例とも整合する。さらに、実務上も、会社の行為について商行為性を否定する余地を残しておく方が、事例判断における利益衡量上便宜である。

商人には会社たる商人とそうでない商人とがあり、会社法の規律方針の下では、ほぼ同趣旨の規定が会社法と商法とで重複すること自体は、立法技術的に仕方のないことである。ただ、商法503条は「擬制」ではなく「推定」を用いていることから、これが会社に適用されないという前提に立つと、会社以外の商人については商行為でない行為の存在が認められ、商法503条2項によってその商行為性の推定を争う者に主張立証責任が課される一方、会社たる商人については商行為でない行為の存在は認められずに、商行為性がいわば擬制されてしまう。推定規定の不存在のみを理由とする、

このように効果の大きく異なる解釈は許されるべきでないであろう。

　そうなると、結局は、会社には商行為にあたらない行為があり、その部分に関する附属的商行為としての推定が商法503条2項に委ねられたと考えるしかない。特別法たる会社法に定めのない事項につき一般法たる商法が適用されるのは、むしろ当然のことである（商1条1項）。換言すれば、会社法5条は商行為となる会社の行為の範囲を画し、商法503条は商行為となる行為の範囲の認定における主張立証責任を定めたのである[1]。

[3] 営業の概念

　商人概念、商行為概念のような商法の基本的概念ではないが、商人と商行為とを関連付ける重要な概念として、営業がある。商法は随所でこの言葉を用いているもののその内容は一様ではなく、①企業の物的要素の統一体のことを指す「客観的意義の営業」と、②それらを基礎にした人的要素（商人や使用人等）の活動のことを指す「主観的意義の営業」とがある。

　①客観的意義の営業は、営業財産に注目した概念である。各種の物的財産とその営業に固有な各種の事実関係の組織的統一体をいい、譲渡、賃貸借等の対象ともなる（商16条以下）。これは、その構成要素である個々の財産の経済的価値の単なる総和を超える価値を有する。けだし、活動の継続によって沈殿・定着した信用、老舗など無形の価値、得意先関係、営業上の秘訣、経営組織などの事実関係を含むからである。

　②主観的意義の営業は、営業活動に注目した概念である。たとえば商法1条は、商人の営業、商行為その他商事についてその適用があるものとしているが、ここでの営業とは、反復継続性と営利性とを備えた商人の主観的な営業活動を指している。反復継続性は、集団的計画的に同種の行為を行うことである。たまたまある商行為をなしたというのでは足らず、続けて繰り返し同種の商行為をなさなければならない。はじめてその行為をなすときには当然反復性はみられないが、そこに計画性があれば反復されていなくともよい。また営利は、少なくとも収支相償うことが予定されていることである。結果として収益が上がらなくともよい。営利が主目的であれば、他の目的が併存していても構わない。

経済活動を原則として制限なく行えることは自由主義市場経済の基礎であり、憲法22条1項の職業選択の自由の内容として保障されている。しかし、これも公共の福祉に基づく制約は受けるのであり（憲12条・13条）、絶対的な自由ではない。犯罪に該当する場合（麻薬12条）、関係業法に基づく営業免許を取得していない場合（銀行4条1項）などがその例である。

　自然人は、その権利能力に制限がないから、年齢・性別・行為能力を問わず営業上の権利義務の主体となることができ、商法4条の要件をみたすことによって商人となりうる。この点、商人資格を取得しうるということは、自ら営業活動を行うことによって権利を取得し義務を負担する行為能力（営業能力）とは別問題であって、こうした能力の有無および範囲は行為能力に関する民法の一般原則による。もっとも商法は、営業活動の集団性・反復性および取引安全の観点から、未成年者と被後見人の営業能力の公示に関して特則を置いている（商5条・6条）。

B　商人の意義

[1] 固有の商人

　商法4条は商人の定義を行っているが、その規定の仕方は1項と2項とで大きく異なっている。すなわち、1項では、自己の名をもって商行為を行うことを業とする者を商人としている。この場合における商行為は、501条（絶対的商行為）と502条（営業的商行為）とによって決定されることになる。ここに定義される商人は、固有の商人と呼ばれる。自己の名をもって行うとは、法律上の行為から生じる権利・義務の帰属主体がその者であることをいう。当該行為による経済的損失の帰属いかんを問わない。

　これに加えて、2項は、商行為を業とするという要件にあたらない者でも、商人とみなされることがあるとしている。これを擬制商人と呼ぶ。経営形態から商人を定め、固定した商行為概念だけで商人を定めることの限界に対処したものである。

[2] 基本的商行為

　商法は、商行為の種類として、第1に501条において、商人でなくとも、また営業として行わなくとも商行為となる絶対的商行為を列挙している。

これらは、行為の客観的性質から強度の営利性が認められるものである。第2に502条において、営業として行うときに商行為となる営業的商行為を列挙している。営業として行うとは、営利の目的で反復継続して行うことをいう。これら二つの商行為概念は、商人概念を定める基礎となることから、基本的商行為と呼ばれる。501条および502条は限定列挙であると解されている。商法の適用範囲を明確にし、類推や拡張を禁じるためである。

なお503条は、商人が営業のためにする行為を附属的商行為としている。これは上記の二つとは逆に、商人概念から導かれる商行為概念であり、補助的商行為とも呼ばれる。

ところで、当事者との関係を問題とする商行為の分類として、一方的商行為と双方的商行為がある。これは前述したような商行為の種類についていうものではなく、小売商と一般消費者との取引のように、当事者の片一方にとってのみ商行為となる行為は一方的商行為であり、卸売商と小売商との取引のように、当事者双方にとって商行為となるものは双方的商行為である。原則として、商法は一方的商行為についても適用されるが(商3条)、524条のように双方的商行為が要件とされるものもある。

(1) 絶対的商行為

絶対的商行為には次の4種がある（商501条）。

- **投機購買およびその実行行為**（1号）　安く買ってから、高く売ることである。本号では、動産、不動産、有価証券を将来有利に転売する意思でこれらを有償取得する行為、および取得した物を実際に譲渡する行為が商行為とされる。農業を営む者のように、原始取得した物を売却しても本号に該当しないが、他から取得した物を製造加工したうえで売却する場合は該当する（大判昭和4年9月28日民集8巻769頁〔百選33事件〕）。

- **投機売却およびその実行行為**（2号）　先物として高く売っておいて、後から安く買い入れその差額を取得する行為である。本号は、将来他から有利に取得した物をもって履行する意思で、あらかじめ動産または有価証券について有償の供給契約をすること、およびその物の有償取得行為を挙げる。前号と異なり不動産が除外されているのは、不動産には個性がありこうした契約になじまないからである。

- **取引所においてする行為**（3号）　取引所、すなわち代替性のある動産または有価証券について、一定期間に一定の方式に従って大量に取引がなされる場所での行為である。金融商品取引所での取引がその代表であるが、これを行うには会員たる金融商品取引業者とならなくてはならない（金商91条）。それ以外の者は金融商品取引業者に委託することになる。
- **手形その他商業証券に関する行為**（4号）　商業証券は、広く商取引の対象となる有価証券のことである。これが絶対的商行為とされるのは、商人であろうとなかろうと、証券上の行為について商法規定（商518条以下）の適用を受けるべきであるからである。

(2) 営業的商行為

　営業的商行為には次の13種がある（商502条）。
- **投機貸借およびその実行行為**（1号）　他に賃貸する意思で動産または不動産を有償で取得または賃借する行為、および有償で取得し、または賃借した物を他に賃貸する行為である。各種レンタル業、貸家業の行為がこれにあたる。投機購買との違いは、物の所有ではなく利用の媒介である点に求められる。
- **他人のためにする製造・加工に関する行為**（2号）　他人の計算において、製造または加工を有償で引き受けることである。製造とは、材料に手を加えてまったく異なる種類の物にすることをいい、加工とは、物の種類に変更が生じない程度に手を加えることをいう。
- **電気またはガスの供給に関する行為**（3号）　電気またはガスを継続的に供給することを引き受けることである。過去に改正が議論に上ったことはあるが、現行法上、水道事業の商行為性は否定される。
- **運送に関する行為**（4号）　運送は、人または物を場所的に移動させる行為である。本号の適用上、陸上、海上、航空という手段の別を問わない。
- **作業または労務の請負**（5号）　作業の請負は、土建業、建設業のように、道路の建設、船舶の修繕のような工事を請け負うことである。労務の請負は、労働者派遣事業のことである。
- **出版、印刷、撮影に関する行為**（6号）　出版に関する行為は、文書、図画を複製、販売、頒布する行為である。印刷に関する行為は、文書・図画を機械の力や化学的な力により複製することである。撮影に関する行為は、カ

メラマンが行うように、撮影を引き受けることである。

●**場屋取引**（7号）　多数の人が来集するのに適した物的設備を置き、これを客の需要に応じて利用させる取引である。旅館、飲食店、遊園地、パチンコ店、劇場などがこれにあたる。理髪店については争いがあるが、判例はこれを場屋営業ではなく請負または労務の提供と解している（大判昭和12年11月26日民集16巻1681頁）。

●**両替その他の銀行取引**（8号）　銀行取引は、受信と与信の双方を行う金融業者である銀行業に固有の取引である。自己の資金で金銭を貸付ける貸金業は該当しない。

●**保険**（9号）　保険者が保険契約者から対価の支払いを受けて保険を引き受ける契約である。これを業として引き受ける保険業者としては、団体員が共同の計算において相互に保険をしあう相互会社と、営利を目的とし他人の保険を引き受ける株式会社組織の保険会社とがあり、本号に該当するのは前者に限られる。ただし、後者についても商法、会社法が大幅に準用されており（保険業21条2項）、実質に大差はない。

●**寄託の引受け**（10号）　他人のために物の保管を引き受けることである。倉庫業者行為が典型であるが、自動車パーキング業者の行為もこれに該当する。

●**仲立または取次**（11号）　仲立は、他人間の法律行為の媒介を引き受ける行為である。旅行業者など商行為を媒介する者を仲立人（商543条）、結婚相談所のように商行為以外の行為を媒介する者を民事仲立人と呼ぶ。本号はこの両方を対象とする。

　取次は、自己の名をもって、かつ他人の計算において法律行為を引き受ける行為である。証券会社は有価証券の売買契約の取次を、運送取扱業者は運送契約の取次を業として行う、典型的取次商である。

●**商行為の代理の引受け**（12号）　一定の商人のために平常その営業の部類に属する取引の代理を行う代理商の行為である（商27条）。

●**信託の引受け**（13号）　信託とは、委託者が一定の目的のために、受託者をして財産の管理、処分その他の行為をさせる行為をいう（信託2条）。

[3] 擬制商人

　経済が高度化していくと、商人性を定型的な固有の商人だけに認めているのでは現実に十分適応できなくなる。また、原始産業と呼ばれる農、林、漁、鉱業は、たとえ経営規模が大きくても商人とはならないことの適否も問題となる。そこで今日では、経営形態や企業的設備に着目して商人概念が拡大され（講学上、設備商人という）、擬制商人が定められている。

　擬制商人とは、第1に、店舗その他これに類似する設備により物品の販売をなす者をいう（商4条2項）。商法では、投機購買を商行為としているが（商501条1号）、自己が生産しまたは収穫した農産物や畜産物、水産物については、販売しても商行為に当たらない。なぜなら、これらは原始取得したものであって、有償取得という投機購買の要件を欠くからである。しかし、同じ農産物や水産物の販売であっても、他人から有償取得して販売する者は商人となることと比べると、規制がいかにも不均衡である。取引の相手方としても、外形からは自己の債権が商事債権か民事債権か区別がつかないことも不都合である。そこで、継続的取引のために公衆に対して開設されている店舗を通じて販売する者は、商人とみなされる。

　擬制商人の第2は、鉱業を営む者である（商4条2項）。鉱業も原始産業の一つであるが、それは本来的に特別大規模な企業的設備をもって経営される産業である。そこで、とくに店舗を構えなくとも、鉱業を営む者は商人とみなされる。

[4] 完全商人と小商人

　商法4条は、主に取引の性質に着目して商人としての地位を決定している。そのため、かなり小規模の者まで商人として商法の規制下に置かれることになる。しかし、小規模の商人にまで商業帳簿などの規定を守らせれば煩雑となるし、また、登記制度をこのような商人に義務付けるならば負担が重くなりすぎる。商号がこのような者に専用されると、活動規模が大きい商人の活動の妨げとならなくもない。そこで、一定規模に達しない商人を小商人と呼んで、商法が全面的に適用される一般の商人（これを講学上、完全商人という）から区別して規制している。すなわち商法7条は、商業帳簿に関する規定、商業登記に関する規定、商号に関する一部規定等につい

ては小商人に適用しないものとする。

　小商人とは、商人のうち、法務省令で定めるその営業のために使用する財産の価額が、法務省令で定める金額を超えないものをいう（商7条）。これをうけて商法施行規則3条は、営業の用に供する財産の最終営業年度における貸借対照表上の額が50万円を超えない者をもって、小商人とする。

　このほか、関連規定として、商法502条ただし書がある。そこでは、もっぱら賃金を得る目的で物を製造しまたは労務に服する者の行為について、小商人とも異なり全面的に商法規定の適用を排除している。商法が企業財産の規模に応じた規制を行う関係上、これを有しない者に適用の余地はないからである。

C　商人資格の得喪
[1] 会社商人

　営利法人たる会社は生まれながらの商人であって、基本的に商人資格を離れて存在することはできず、その存在する間、すなわち成立の時（設立登記、会社49条・579条）から清算の結了（会社476条・645条）の時まで商人資格を有する。

[2] 個人商人、公法人

　これに対して、自然人や公法人など、その存在目的が営業活動と完全に一致しない存在の場合には、その商人資格の得喪時期が問題となる。業として商行為を行ったり、店舗等で物品の販売を行ったり、あるいは鉱業を営んだりするのであれば、その者には商人資格が認められる。しかし、そのように営業を開始する以前の段階で、たとえばある者が営業を開始する準備行為（開業準備行為）として、店舗を取得したり使用人を雇い入れたり、あるいは営業資金を借り入れたりするときには、この者に商人性が認められ、開業準備行為やそのための金銭借入行為について、民法の定める消滅時効や法定利率ではなく、商事消滅時効（522条）や商事法定利息（514条）が適用されるのであろうか。本問題の解決にあたっては、一方で附属的商行為となる旨主張する商人側の利益と、他方で商人の意思を当然には認識できない取引相手方の利益との衡量が必要となる[2]。

(1) 表白行為説

　この点について当初大審院は、商人資格を取得するためには、営業の準備行為を行っているというだけでは足らず、営業の意思を店舗の開設や開店広告等によって外部に公表しなければならないとした（大判大正14年2月10日民集4巻56頁）。このような立場を表白行為説と呼ぶ。

(2) 営業意思主観的実現説

　対して当時の学説はこれを支持せず、営業意思主観的実現説と呼ばれる立場を採るものが多かった。営業の意思が開業準備行為によって実現されれば、開店広告などの表白行為がなくとも商人資格は取得され、開業準備行為はすなわち附属的商行為となると解したわけである。その後大審院も立場を本説に改めた（大判昭和6年4月24日民集10巻289頁）。

(3) 営業意思客観的認識可能説

　ところが、その後多数説は、営業意思客観的認識可能説へと移行した。開業準備行為によって商人資格が取得され、その行為が附属的商行為となるためには、営業意思が準備行為によって主観的に実現されるだけでは足りず、営業意思が客観的に認識可能であることを要求するという立場である。今日でも多数説を占めている。

　最高裁は、まず昭和33年判決（最判昭和33年6月19日民集12巻10号1575頁〔百選3事件〕）において、営業の準備行為と認めかつ特定の営業を開始する目的でその準備行為をなした者は、その行為により営業を開始する意思を実現したものと考えられ、商人資格を取得する旨判示した。営業意思主観的実現説に立つと読める本事案であるが、ここでは開業準備行為としての認識を相手方が有していたことが認定されており、あるいは営業意思客観的認識可能説に立つと解する余地もなくはなかった。

　次に、昭和47年判決（最判昭和47年2月24日民集26巻1号172頁）として、相手方が営業資金の借入れであることを認識していた事案につき、最高裁は次のように判示した。すなわち、準備行為は相手方はもとより、それ以外の者にも客観的に開業準備行為と認められるべきと解されるところ、単に金銭を借り入れるような行為は、特段の事情がない限りその外形からはその行為がいかなる目的でなされたものかを知ることができないから、行為者の主観のみによってただちに開業準備行為とは断じえない。もっとも、

その場合においても取引の相手方がこの事情を知悉している場合には、開業準備行為としてこれに商行為性を認めるのが相当である、と。ここに至って、判例が営業意思客観的認識可能説を採ることはほぼ明らかとなった。

(4) 段階説

段階説とは、一時点をもって商人資格を完全に取得すると解するのは適切でなく、また誰が誰に対して主張するかによってわけて考えるべきである、とする立場である。すなわち、第1に、行為者の営業意思が準備行為によって主観的に実現された場合、この段階で相手方は営業のために行われたと主張することで、その準備行為に関しその行為者の商人資格とその附属的商行為性を主張できる。しかし、この段階では、行為者の方から自らの商人資格取得を主張することができない。第2に、営業意思が特定の相手方に認識されたかまたは認識されうべき状態になったとき、この段階で相手方だけでなく、行為者もまた商人資格を主張できる。ただし、行為者は相手方の認識について立証責任を負担する。最後に、商人であることが一般的に認識されうべき段階に至ったときは、その者の行為について附属的商行為の推定が生じる、とする。

(1)ないし(3)の各説は、商人資格の確立ないし附属的商行為性の成立点を、商人側または相手方のいずれかの立場にたって画一的に決しようとするものであるが、そうした手法は簡明性にまさる反面、当事者の利害の具体的な調整について不足する部分がある。この点(4)の説は、技巧的な理論構成を用いるも利害調整には長けており、今日の有力説となっている。

D 商人による第三者関係の拡張

[1] 他人の使用

商法の規定は、会社以外の商人、とくに個人商人に適用されるが、一個人のみによって商取引活動が行われることはむしろ少ない。他人を補助者として使用して、あるいは組織形態を採用して商取引活動の空間的、時間的範囲を広げることが、営利の目的にかなうからである。

商人が他人を使用する形態には種々ある。第1は、雇用契約に基づき、商人に従属した他人を、自己の指揮命令下で利用するものである。一般に従業員と呼ばれる。本来、使用者である商人と被用者である従業員との労

務提供関係が両者間の中心的法律課題となるはずであるが、この点については もっぱら労働法の規律に任されている。商法が関心をもつのは、商取引活動に関する代理権を従業員に付与して使用人として使用する場合の法律関係である。①支配人（商20条以下）、②ある種類または特定の事項の委任を受けた使用人（商25条）、③物品販売店舗等の使用人（商26条）、がこの趣旨で手当てされている（第Ⅰ編2章4節参照）。

　第2は、委任契約に基づき、商人から独立した他人たる商人等を、代理、取次、媒介の関係を通じて自己の商取引活動に利用するものである。商法上、①商事代理、締約代理商（商504条・27条以下）、②問屋（商551条以下）、③仲立、媒介代理商（商543条以下・商27条以下）が、この趣旨で手当てされている（第Ⅰ編2章4節参照）。

[2] 組織形態の採用

　商人は、組合、信託、会社という法定の組織形態を採用することで、一層効率的な活動を行える。このうち商法が直接規定を置くのは匿名組合である。

　匿名組合とは、当事者の一方（匿名組合員）が相手方（営業者）の営業のために出資をなし、その営業から生じる利益を配分することを約する、商法上の特別契約をいう（商535条）。これによって、自ら営業者となることが不可能または不都合な者も匿名組合員となって利益を享受できるし、他方営業者は消費貸借のように利益の有無と関係なく確定利息をなしまたは弁済期に元本の返還をなすという不便を避けつつ、法律的には自己の営業として自己の裁量で営業を行うことができる。両者の資本関係は対外的に明らかにする必要がないことから、この名称が与えられている。

　匿名組合は、いわゆる所有と経営の分離などの近代的な組織形態の要素を取り入れた、一種の資本団体としての意義を有する。第1に、匿名組合の営業は、営業者がこれを行う（商535条）。匿名組合員は、自ら業務を執行しまたは営業者を代理する権利を有せず（商536条3項4項）、営業者に対する監視権をもつだけである（商539条1項）。第2に、匿名組合員は、営業者の営業のために出資する義務を負うが（商535条）、これは労務や信用によることができずに財産出資に限られる（商536条2項）。一方、匿名組合員は、

営業者の営業から生じる利益の分配を請求する権利を有するが（商535条）、利益の分配割合は、匿名組合契約に定めなき限り、営業者の労務と匿名組合員の出資の比率を評価したうえで、組合員間では出資額に応じた割合で決められる（民674条1項類推）。第3に、匿名組合員の損失分担義務はこれを特約によって排除し、出資額を限度とした有限責任としうるとも解される。

注）

1) 日下部真治「会社の貸付けが当該会社の代表者の情宜に基づいてされたものとみる余地があっても、当該貸付けに係る債権が商行為によって生じた債権に当たるとされた事例」金融・商事判例1307号（2009）20頁。
2) 平出慶道『商行為法』（青林書院、第2版、1989）79～83頁。

エクササイズ

【問題】 商行為に関する次の各文章の正誤を答えなさい。争いのある場合は、判例に従いなさい。

(1) 不動産は、投機売却の目的物とはなるが、投機購買の目的物とはならない。
(2) 理髪業は、場屋営業にあたる。
(3) 質屋業は、銀行取引の一種として、営業的商行為にあたる。
(4) 民事仲立人である結婚相談所は、営業としてするときには、営業的商行為にあたる。

2 商取引主体の表示

ポイント

商取引の主体を表示するものとして、商号がある。商人（会社）の名称であり、経済的な価値を有する。一般公衆にとっても、商号は商人の信用を表すものとして重要である。これらを保護することが、商人、一般公衆の保護にもなる。

商人が、自己の商号を他人に使用許諾することがある。これを名板貸というが、取引の相手方からすれば商号の貸与者が取引の当事者だと誤認しやすい。そこで取引安全保護の見地から、規制されている。

A 商号とは

商人（会社および外国会社を除く）は、その氏、氏名その他の名称をもってその商号とすることができる（商11条）。会社は商行為を営むものであり（会社5条）、したがって商人といえる。その名称は、商号である（会社6条1項）。

ある企業の商号を聞けば、大企業で信用ある会社だとわかるように、経済的な信用を表すものである。そこで商号使用者の商号に対する権利を保護しつつ、商号の有する機能の悪用を防止し、ひいては社会公衆の利益を保護するため、商号の制度が置かれている。

商人（会社・外国会社を含む）以外の者が用いる名称は商号ではない。各種協同組合や相互会社は通説によると商人ではないから、その名称は商号ではない（商号に類似するものとは言える）。公益法人など非営利法人が、法人の名において収益事業を営むことはできるが、法人の名称＝商号となるわけではなく、法人の名称とは別に商号をもつこともできない。商人が商事以外で用いる氏名、芸名、雅号なども商号ではない[1]。

商号と似て非なるものに商標や営業標と呼ばれるものがある。ある商品や営業を表すものであって（商品を表すものを商品商標（トレードマーク）、営業を表すものを役務商標（サービスマーク）ということがある）、氏名や商号も含まれる（不正競争2条1項1号）。また、商標自体は「文字、図形、記号若しくは立体

的形状若しくはこれらの結合またはこれらと色彩との結合」が要件であり（商標2条1項）必ずしも判読可能である必要はないが、商法・会社法上商号として使用されるのは、一般公衆が呼称できるものに限られる（登記実務）。したがってハングルやアラビア文字などでの商号登記（Dにて後述）は、わが国においてはできない。ただし、平成14年以降、アルファベット、アラビア数字などの表記は可能となっている（商登則50条、平成14年7月31日法務省告示）[2]。

　個人商人は氏名イコール商号でもよいし、氏名とは別に商号を選定することもできる。複数の営業をする場合、営業ごとに別の商号を用いることも可能だが、一つの営業に複数の商号を用いることはできない（商号単一の原則）。公衆の混同・誤認を防止し、他の商人の商号選択の自由（Bにて後述）を極力制限しないよう、このように解釈されている（大決大正13年6月13日民集3巻280頁）。営業所ごとに異なる商号を使用することができるかという問題もあるが、多数説はこれを否定する。支店については支店であることを示すべき文字を各支店ごとに付加することはできる（会社も同様）。

B　商号選択の自由とその例外

　商号は自由に選んでよい。わが国は伝統的に屋号（商号）が営業の実態と一致していなかった。そのような営業内容を反映しない商号の保護を目的として、商号自由主義が原則である（商11条1項）[3]。商号選択の自由度は高く、既存の企業でも、CI（Corporate Identity）や企業イメージ戦略の一環として、商標などと統一的に商号が変更されることも少なくない。

　ただし、社会・公衆的利益の保護や取引の安全、他人的営業上の利益を守るため、以下のような制限がある。

①会社でない者が会社であることを示す文字を商号中に用いることはできない（会社7条）。会社から商号を譲り受けたとしても使用は不可である。また「会社」に限らず、会社と誤認するおそれのある字句も用いてはならない。

②会社の商号＝会社の名称であり、必ず一致し、会社の種類に応じて、その商号中に「株式会社」「合名会社」「合資会社」「合同会社」の文字を用いなければならず、他の種類と誤認されるような文字（たとえば「株式合名

会社」）を用いてはならない（会社6条2項3項）。なお有限会社は現行法上株式会社とされるが（会社法整備法2条1項）、特例によりその商号中に「有限会社」を用いなければならない（同3条1項。なお特例有限会社につき同条2～4項参照）。

③業種ごとに特別法で規制されている事業を営む会社はその商号中にその業種名を用いなければならず、反対に、それらの業種を営まない者はそれらの事業を示す文字を用いてはならない（たとえば銀行6条1項2項、金商31条の3）。保険業に関してはその種類をも商号中に示す必要がある（保険業7条1項2項）。このルールに反する登記申請があったときは、登記官はそれを却下しなければならない（商登24条14号）。

④何人も、不正の目的をもって、他の商人であると誤認されるおそれのある名称または商号を使用してはならない（商12条1項、会社8条1項）。商号を使用する者の保護および一般公衆の保護を立法趣旨とする。改正前商法では商人でない者の氏名等が使用される場合も規制対象であったが、現行法は商人に限定されている。商法は商事に関する法規制であり非商人の氏名等は規制の範囲外であると考えられたためである[4]。「不正の目的」とは、ある名称を自己の商号と使用することにより、一般人をして自己の営業をその名称によって表示される他人の営業であるかのごとく誤認させようとする意図をいうとされ、「使用」とは、契約などの法律行為に用いる場合は当然のこと、看板や広告への記載など事実上使用することも含まれると解される。不正競争目的に限定されず、冒用することで自己の経営を有利にしようという意思があれば該当すると考えられている（最判昭和36年9月29日民集15巻8号2256頁〔百選13事件〕）[5]。同一商号はもちろん、類似商号も含まれる。

　類似性の判断については主たる部分の同一性が基準となる。たとえば「更科」と「更科信州家」は「更科」が、「日本ウーマン・パワー株式会社」と「マンパワー・ジャパン株式会社」は「マンパワー」が、それぞれ類似していることを一つの理由としている（最判昭和58年10月7日民集37巻8号1082頁〔百選12事件〕）。「田中屋」と「田中屋マート」、「東京研数学館」と「研数学館」のように、主要部分のように見えるが「マート」「東京」は単なる付加語とも考えられ、結局主要部分が一致していると言

える。当該商号の登記の有無は問わない。

　この規制に反する名称・商号の使用によって営業上の利益を侵害されまたは侵害されるおそれのある商人は、その侵害をするまたはするおそれのある者に対し、その侵害または予防を請求することができる（商12条2項、会社8条2項）。また商法・会社法とは別に不正競争防止法による保護規定もある。

　不正競争防止法は、商号に関しては、基本的に商号専用権を保護することを立法趣旨とするが、そのことから一般公衆による誤認のおそれの防止という機能も果たす。同法では、「不正競争」として、商号に関連する範囲では2条1項1号が周知性のある他人の商品等表示との混同を要件としているのに対し、同2号は著名である他人の商品等表示であれば、混同がなくても不正競争であると定義する。明確に区別できない場合もあるが、たとえば名の通ったレストランと同じ名前を用いてレストラン経営するのは1号であり、著名な雑誌の名前を用いてレストラン経営するのは2号に該当する。また、不正競争によって営業上の利益を侵害されまたはそのおそれがある者は、侵害しまたは侵害するおそれがある者に対し、その侵害の停止または予防を請求することができる（不正競争3条1項）。いわゆる差止請求権である。さらに損害賠償も可能である（同4条）。信用回復の措置を請求することもできる（同14条）。なお、不正競争防止法の保護対象は氏名も含まれ、商号に限られない（同2条1項1号カッコ書き参照）。

C　商号の相続・譲渡・変更・廃止

　商号は財産的価値を有するものであり、相続（登記商号について商登30条3項・32条参照）、譲渡（同30条1項2項など参照）が可能である。ただし譲渡は、営業とともにするかまたは営業を廃止する場合に限られる（商15条1項）。商号と営業の結びつきは強く、商号だけを切り離して譲渡することは一般公衆にいらぬ誤解を生ぜしめることになるからである。登記済商号の譲渡の場合は、第三者に対抗するためには譲渡の旨登記が必要であり（同条2項）、その申請者は譲受人である（商登30条1項）。

　商号を変更・廃止するときは、登記をした者が変更または廃止の登記申

請をしなければならない（商登29条2項）。商号を登記した者が正当な理由なしに2年間その商号を使用しないときは、商号を廃止したものとみなされる（商登33条1頁2号）。商号を廃止したか否かは事実問題であり明確でない場合も少なくないことからこのような定めが置かれた[6]。

D　商号登記
[1]　総説
　商業登記の一環として、商号にも登記制度が設けられている。その手続きは商業登記法・商業登記規則に詳細に定められているが、原則として当事者が、その営業所の所在地を管轄する法務局などに対して申請することによって行われる（商登1条の3・14条）。

　商号登記は営業所ごとにしなければならない（同28条1項）。商号登記の効力は営業所の所在地ごとに決まり、他の営業所に効力が及ぶわけではないことを明確にしたものである。登記すべき事項は、商号、営業の種類、営業所、商号使用者の氏名・住所である（同条2項）。

　会社は、設立の登記において商号も登記され（会社911条3項2号など）、特に商号登記簿（商登6条1号）に登記する必要はない（商登34条・28条～30条1項2号）。一方、個人商人については、商号の登記は自由である（商11条2項）。

[2]　登記と同一商号
　従来、商号は、すでに登記があると、同一商号または類似商号の、同一市町村内での登記が認められなかった（改正前商法19条・20条）。しかし、とりわけ会社の設立手続において、同一営業で同一・類似の商号があるか否かの調査が煩雑であったこと、同一市町村内という規制が、活動範囲が拡大している現代においてあまり意味がないことなどから、これらの規定は削除された。したがって、現在、登記が認められないケースは、営業所（会社では本店）が同一の所在場所にある同一商号の場合のみである（商登27条）。規定が削除されたといっても、当然不正目的ある商号使用はできないし（商12条、会社8条）、不正競争目的ある場合は不正競争防止法で対処すればよい。

E　商号権

　商号権とは商人がその商号について有する権利であり、商号使用権と商号専用権がこれに含まれる。やや詳細に述べれば、商号使用権を根拠として、商号の使用を妨害されれば不法行為として損害賠償（民709条）ができ、他に同一・類似の商号を用いる者がいても、自己の名称を用いるとか他の商号が著名になる前から使用していたような場合には、そこに不正目的がなければ、使用は許される（不正競争19条1項2号〜4号）。

　また使用者が登記しているか否かにかかわらず他の同一・類似の商号を排除できる権利が、商号専用権である。根拠条文は商法12条（会社8条）および不正競争防止法であるが（前述）、これらが商号専用権を保護するものであるのかは議論のあるところである。同条の前身である改正前商法21条は、信用ある人の氏名等を商号に冒用することによる一般公衆を欺くおそれの防止が本来の立法趣旨であった[7]とされる一方で、法の体系的理解からは商法は商人の利益保護を図るものであるから、商号保護が目的であるとの見解も有力に唱えられている[8]。

　なお、商号権の性質については諸説あるが、端的には財産権として把握するのか、それに加えて人格権的性質も含まれると解するのか、である。信用回復の必要な措置を求めることができること（不正競争14条、民723条）をどう捉えるのかなど理論的には重要であるが、実務上はいずれと解しても大差はない。

F　名板貸

[1] 意義

　名板貸とは、商人が自己の商号を使用して営業または事業を行うことを他人に許諾することである（商14条、会社9条）。もともと、会員でない者が、会員の会員証（名板）を借りて市に参加する商慣習に由来し、それが商取引全般に広がったと言われている。現在では、コンビニエンスストアーに代表されるいわゆるフランチャイズ契約において、本部（フランチャイザー）と加盟者（フランチャイジー）との関係が名板貸の典型といってよい（フランチャイザーはフランチャイジーに、ノウハウ伝授や仕入れなどのほか、自己の名称を利用させる代わりに加盟料などを徴収する）。

商法・会社法にいう名板貸は、外観法理ないし表見法理に基づく名板貸主（名義貸人）の責任を規定するものである。

[2] 要件
(1) 総説
外観法理ないし表見法理とは、外観上その者に何らかの権限があるように見える場合に、その外観を信じた取引の相手方を保護しようとするものである。名板貸の要件は、①名義貸人が取引の当事者であるかのような外観が存在すること、②名義貸人が、外観の作出に一定の関与をしたこと、③取引の相手方が、名義貸人が取引の当事者であると誤認したことにつき悪意・重過失がないこと、である。
(2) 外観の存在と名義貸人の関与
商法14条（会社9条）によれば、名義貸人は商人であることが求められている。これに対し改正前商法23条は、名義貸人を商人に限定していなかった。わざわざ削った以上、非商人の名板貸行為については同条の適用がないと考える余地もあるが、非商人であっても信用がありそちらとの取引と誤認して取引に入った相手方もあろう。したがって、少なくとも商法14条の類推適用はありうるというべきである[9]（なお会社法9条は会社である名義貸人の責任についての規定である）。改正前商法施行当時、東京地方裁判所に名板貸責任を認めた事例がある（最判昭和35年10月21日民集14巻12号2661頁）[10]。

名義使用との関連では、東京果物商業協同組合が「東果食品部」という名称での取引を許諾していた事例（東京地判昭和33年4月15日判時151号31頁）や、某会社出張所長という名称での取引を黙認していた事例（最判昭和33年2月21日民集12巻2号282頁）、また某会社の下請業者（個人）が、同社専務取締役の肩書を名刺に利用することを許諾されて独自に営業活動をしていた場合に、名板貸責任を認めた事例がある（浦和地判平成11年8月6日判時1696号155頁）。

商号使用の許諾は、明示でも黙示でもよい。ただし使用に対し差止めなどの措置をとらなかったという事実だけでは足りず、社会通念上妥当でないという事情が必要である（最判昭和30年9月9日民集9巻10号1247頁、最判昭和43年6月13日民集22巻6号1171頁〔百選16事件〕など）。一例として、某営

業主の出張所として事務所、看板、印鑑、取引用紙などを用いていたところ、出張所を廃止したがその元従業員がそのまま使用していたことを知りながら放置していたというようなとき、これは明らかに黙示での許諾といえる。許諾を撤回しようとするなら、名義借人に「使用許諾はしない」と伝えただけでは足りず、実際に看板などを使用させず、名称を変更させるところまでする必要があろう。

　名義借人は「営業・事業を行うこと」が要件として挙げられており、商人に限る(判例・多数説)[11]。しかし本条は外観信頼保護を目的とするのであり、営業でない事業についても名義貸人の責任を認めるべきとする有力説もあり、広く経済的取引をするための名義貸与の場合には少なくとも本条を類推適用すべきという。同じ趣旨から、営業をなすという以上繰り返し利用することが求められそうだが、1回または数回の利用につき名義貸与した場合も本条を類推適用すべきとの説もある。

　これに関連して、手形行為のみにつき名義を貸した場合にも本条の適用があるか。学説がこれを肯定する一方、判例はこれを否定する(最判昭和42年6月6日判時487号56頁)。反対に、営業について名義貸をしたが、名義借人が当該営業はせず、当座勘定契約を結んで手形行為のみを行っていた場合に、名板貸規定を類推適用した事例がある(最判昭和55年7月15日判時982号144頁〔百選14事件〕)[12]。

　名義貸人と名義借人の営業・事業の種類が同じである必要があるか。学説上は必要なしとする説も有力である。これは、名義貸人・名義借人間でその名義をどの範囲で利用できるかを取決めるのはまさしく内部的な事情であり、外観上名義貸しの事実は存在し、また商法14条・会社法9条は営業の同種性を求めていないことを理由とする。しかしながら、名義貸人が名板貸の責任を問われる根拠が、外観作出への関与すなわち名義使用の許諾にあるとすれば、責任の範囲は許諾した範囲に限られるべきであり、ただ例外的に相手方の利益保護に資する解釈が求められる場合には別種であっても責任を認めると考えるべきであろう。前掲の最判昭和43年6月13日は、原則同種営業であることを求めつつ、名義借人が別種の営業をしていることを名義貸人が了知しかつ放置していたことを特別事情として名板貸責任を肯定している。

なお、許諾の範囲を超えた取引については、名義貸人は責任を負わないと解される（最判昭和 36 年 12 月 5 日民集 15 巻 11 号 2652 頁）。

(3) 取引の相手方の誤認と善意・無重過失

名板貸が成立するためには、取引の相手方が、名義貸人を営業・事業の主体と誤認して取引したという状況が必要である。その際、取引の相手方は、名板貸の事実がないということを知らず（善意）、かつ知らなかったことに重大な過失がないことが要求される（重過失は悪意と同視される。最判昭和 41 年 1 月 27 日民集 20 巻 1 号 111 頁〔百選 15 事件〕）。

コラム　名板貸責任と消費者保護

某大型商業施設（スーパーマーケット Y）屋上で、当該スーパーとテナント契約を結んでいたペットショップ Z があった。この Z が販売したインコがオウム病にかかっていたため、購入した家族が感染し、1 名が死亡した。被害者家族 X らは、Y に対して、名板貸責任を問うことができるか。

Z が Y の運営する商業施設に出店する契約により、貸主 Y は自社で提供できないサービスを提供でき、借主 Z は貸主の集客力を利用できる。この関係は、したがって名義借人が名義貸人の商号を利用して取引を行う純粋な名板貸とはいえない。

判例（最判平成 7 年 11 月 30 日民集 49 巻 9 号 2972 頁〔百選 17 事件〕）は、ペットショップの営業主体が Y であるか Z であるかが明らかにされていない（Y の館内表示に「Z」ではなく「ペットショップ」としか記されていないなど）ことに着目し、Z の営業主体が Y であるかのような外観への X らの「信頼」という状況に改正前商法 23 条を類推適用し、Y は同条の名板貸主と同様の責任を負わなければならないとした。これについては、学説の評価も分かれているところであるが、いずれにせよ消費者保護の観点からの解釈であろうことは想像に難くなく、Z と商取引関係にある者が Y の名板貸責任を追及しても、おそらく認められない。消費者保護の観点からは、保護すべき信頼は「商号そのものに対する信頼」よりも、むしろ「Y がテナント店を含めた施設内の全商品の安全を確保することに対する信頼」であるとのもっともな指摘がある。これは消費者保護立法などに委ねるべきことであろう[13]。

[3] 効果

　名板貸の関係が成立すれば、名義貸人は名義借人と連帯して取引の相手方に対して弁済する責任を負う。取引の相手方は名義貸人・名義借人のいずれか一方または双方に対して、請求できる（民432条）。名義貸人が名義借人に代わって償務を弁済したときは、名義貸人は名義借人に対して求償できる（民442条類推）。

　また「当該取引によって生じた債務」（商14条、会社9条）とは、取引から直接生じた債務のほか、債務不履行による損害賠償債務、契約解除による原状回復義務などを含む（前掲・最判昭和30年9月9日）。不法行為に基づく損害賠償償務はこれに含まれるか。これには事実行為としての不法行為（交通事故などによるもの）と、取引の外形を有する不法行為（詐欺的取引など）がある。前者については、判例（最判昭和52年12月23日民集31巻7号1570頁）・学説とも、これを否定する。一方、取引の外形を有する不法行為については主体の誤認の問題であり、名板貸責任は生じうる（最判昭和58年1月25日判時1072号144頁）。

注）

1) 小商人（商7条、商則3条）は平成17年改正前商法では商号制度そのものの適用がないものとされていたが（改正前商法8条）、現行法では商号に関し適用がないのは登記のみである（商7条・11条2項）。したがって小商人が商事に用いる名称は商号である。
2) このほか、「＆（アンパサンド）」「'（アポストロフィ）」「,（コンマ）」「-（ハイフン）」「.（ピリオド）」「・（中点）」は字句（日本文字を含む）を区切る際の符号として使用する場合に限り用いることができる（ただしピリオドについては、その直前にローマ字を用いた場合に省略を表すものとして商号の末尾に用いることもできる）。また、英文表記の際、語の区切りとして空白（スペース）を用いることも可能である（法務省HP内：http://www.moj.go.jp/MINJI/minji44.html）。
3) 商号選択に対する態度には、これ以外に商号真実主義および折衷主義がある。前者は当該商号と営業内容・商人の氏名等が一致することを要求し、後者は原則商号真実主義と同様だが当該商号が継承される場合には商号と内容にずれが生じることを容認するものである。創業者の名称や創業地名、業種を用いるような例も多々ある一方で、名称だけでは業種や創業者がわからないことも少なくないのが現状である。
4) 森本滋編『商法総則講義』（成文堂、第3版、2007）60頁〔前田雅弘〕、落合誠一ほか『商法Ⅰ──総則・商行為』（有斐閣、第4版、2009）54頁など。もっとも、そのような判断が適切かは、異論もあり得る。

5) 東京瓦斯の本店所在地変更の情報を聞きつけた某社がガス供給などの意思もないのに東京瓦斯株式会社と名称変更し定款目的にガス供給などを付加した事件である。このような事実からは不正競争の目的はないが不正の目的はあると言えよう。
6) 商号を変更または廃止したにもかかわらずその登記をしないときは、利害関係人からその登記の抹消を登記所に請求することができる（商15条・31条、商登29条2項・33条）。利害関係人とは、当該変更または廃止商号を新たに用いようとする者などをいう。
7) 森本・前掲注4）64頁〔前田〕。
8) 立法担当者は本文のように解している。郡谷大輔・細川充「会社法の施行に伴う商法および民法等の一部改正」商事法務1741号（2005）38頁。
9) 森本・前掲注4）67頁〔前田〕。
10) ただし類推適用が認められるとしても、より狭く解釈することが妥当である。商法・会社法が商事に関するルールを定めていることからして、非商人に名板貸責任が問われる場面は少ない方がよい。
11) 森本・前掲注4）71頁、落合ほか・前掲注4）64頁。
12) ただし名義貸与者がそのことを黙認していたという事実認定がなされている。
13) 片木晴彦「判批」商法（総則・商行為）判例百選〔第5版〕別冊ジュリスト194号（2008）36頁。

エクササイズ

［問題］ 商号に関する次の各文章の正誤を答えなさい。

(1) 商号は、個人商人においては商号登記簿に、会社においては各種会社登記簿に、必ず登記しなければならない。
(2) Xは、ショッピングセンターを経営するY社の屋上でペットショップを経営するZから罹患したインコをそのことを知らずに購入し、家族に伝染して死亡したという事例で、裁判所はY社の名板貸責任を肯定した。

3 商取引主体の開示と公示

ポイント

商人（会社）と取引をする相手方は、当該商人がどのような財務状態にあるのかに関心を抱く。そのための制度が商業帳簿の開示である。特に利害関係人の多い会社については開示の充実が求められ、計算書類の作成が義務付けられる。また、取引の相手方は誰と取引をすれば商人（会社）と取引したことになるのかが明らかでなければ安心して取引を行えない。それを公示するのが商業登記である。本節では、これら商取引主体のディスクロージャーを説明する。

A 商業帳簿

[1] 商業帳簿の意義と目的

商業帳簿とは、商人（小商人を除く）が、営業上の財産および損益の状況を明らかにするために法律上作成を要求される帳簿である（商19条）[1]。会計帳簿と貸借対照表がこれに当たる（商19条2項、会社432条1項・435条1項・615条1項・617条1項）。

その作成の目的は次のとおりである。①商人自身にとって、営業上の財産および損益の状況を把握して合理的な経営を行うことに役立つ、②取引相手（債権者）にとって、商人（債務者）の信用力（債権者のもつ債権の回収可能性）を計ることができる、③会社のような企業形態の場合、その出資者にとって、出資財産の運用状況と剰余金の配当・残余財産の分配の情報を得ることができる。

これらの目的があることから、商業帳簿の作成は商人の自由に委ねるのではなく、法律上の義務となっている[2]。

[2] 商業帳簿の範囲

商業帳簿は会計帳簿と貸借対照表であるが、会社については計算書類[3]として損益計算書、個別注記表などの作成義務も課される（表2-3-1）。こ

表 2-3-1　商業帳簿の範囲

主体			作成・保存の対象	提出命令・閲覧等	公告
(個人)商人 小商人[4]には作成義務なし			商業帳簿（会計帳簿、貸借対照表）（商19条2項3項）	訴訟の当事者に対する裁判所による商業帳簿の全部または一部の提出命令（商19条4項）	
会社	持分会社	合名会社 合資会社	会計帳簿、貸借対照表。損益計算書、社員資本等変動計算書、個別注記表は任意（会社615条1項・617条、会社計算71条1項1号）	社員は営業時間内はいつでも閲覧・謄写請求できる（会社618条1項。なお2項で定款に別段の定めを置くこともできる）	
		合同会社	会計帳簿、貸借対照表、損益計算書、社員資本等変動計算書、個別注記表（会社615条1項・617条、会社計算71条1項2号）	会社債権者は営業時間内はいつでも閲覧・謄写請求できる（会社625条・618条1項）	
	株式会社		貸借対照表、損益計算書、株主資本等変動計算書、個別注記表（会社435条・442条1項2項、会社計算59条1項）	株主、会社債権者、(権利行使をするために必要で裁判所の許可を得た)親会社社員は閲覧・謄写請求できる（会社442条3項4項）	貸借対照表（要旨）の公告。大会社は損益計算書（要旨）の公告も（会社440条1項2項）。有価証券報告書提出会社（金商24条1項）は不要（会社440条4項：EDINETなどで開示）

れは、個人商人についてはもっぱら営業上の債権者の利益を考慮するのに対し、会社については会社債権者だけでなく社員（出資者）に対する配当規制も考慮されるため、より厳格な規制が置かれているのである。以下では、個人商人、会社を問わず作成が義務付けられる商業帳簿について記述する。

[3] 商業帳簿の作成・保存・提出
(1) 商業帳簿の作成

　商人は、前記の通り商業帳簿を作成しなければならないが、商業帳簿の形式、記載[5]の方法は、法令に違反せずかつ公正妥当な会計慣行（企業会計慣行）に従う限り、商人の自由に任される（商19条1項、会社431条・614条）。

これに対し、会社については、会計帳簿、計算書類の記載事項が法定されている（会社432条1項・435条2項・615条1項・617条2項）。会社については、商業帳簿に記載すべき事項を記載せず、または虚偽の記載をしたときは100万円以下の過料に処される（会社976条7号）。

(2) 商業帳簿の保存

商人は、帳簿閉鎖の時から10年間、その商業帳簿およびその営業に関する重要な資料を保存しなければならない（商19条3項、会社432条2項・435条4項・615条2項・617条4項）。その営業に関する重要な資料は、取引上の受取信書、発信信書の控、受取証、それらの電磁的記録などである。この保存義務は、商人資格を喪失しても継続する上、相続や合併により包括承継される[6]。

(3) 商業帳簿の提出

裁判所は、申立てによりまたは職権で、訴訟の当事者に対し、商業帳簿の全部または一部の提出を命ずることができる（商19条4項、会社434条・616条）。これは、商業帳簿が営業上の重要な証拠となるからである。もっとも、商業帳簿に法定の証拠力はなく、その証拠力は一般原則に従って裁判所の自由心証主義（民訴247条）によって確定される（大判昭和17年9月8日新聞4799号10頁〔百選25事件〕）。商業帳簿の提出命令の対象となるのは、商人が商法上の義務として作成したものをいい、他の法令上の義務として作成されたものはこれに該当しないとする裁判例がある（東京高決昭和54年2月15日下民集30巻1～4号24頁〔百選26事件〕）。裁判所の文書提出命令に従わないときは、裁判所は当該文書の記載に関する相手方の主張を真実と認めることができる（民訴224条1項）。

[4] 商業帳簿の種類

(1) 会計帳簿

会計帳簿とは、商人が取引上その他営業上の財産に影響を及ぼすべき事項を記載した帳簿のことである。多くの企業が使用している複式簿記の方法によれば、日記帳、仕訳帳および総勘定元帳（元帳）である[7]。

会計帳簿は、法務省令で定めるところにより、適時にかつ正確に作成されなければならない（商19条2項、会社432条1項・615条1項）。

(2) 貸借対照表

　貸借対照表とは、一定の時期における商人の営業上の総財産（積極財産および消極財産）を、資産の部（借方）と負債の部（貸方）とに分けて記載し、それらを対照させることで商人の営業上の財産の状況および損益の状況を明らかにする帳簿である。貸借対照表も、法務省令で定めるところにより、適時にかつ正確に作成されなければならない（商19条2項）。会社については、会社の成立の日および各事業年度に係る貸借対照表を作成しなければならない（会社435条1項2項・617条1項2項）。

B　商業登記

[1]　商業登記の意義

　商業登記とは、商法その他の法律の規定に基づき、商業登記法の定めに従って、商人に関する一定の事項を商業登記簿に記載する登記をいう。商業登記簿には、商号、未成年者、後見人、支配人、合名会社、合資会社、合同会社、株式会社、外国会社の9種があり、法務省、地方法務局またはその支局、出張所に備えられる（商登1条の3・6条)[8]。

　商業登記は、商人に関する登記であるため、学校法人、一般社団・財団法人、各種協同組合、保険相互会社などに関する登記とは異なる。また、商業登記は、権利義務の主体に関する登記であり、事実・法律関係の公示の機能を有するだけである点で、権利の客体に関する不動産登記（これは権利の公示と権利変動の対抗要件とされる）とも異なる。

[2]　商業登記の機能

　商業登記は、商人（企業）に関する取引上重要な事項を公示することにより、集団的・反復的に行われる商行為の円滑と確実を図り、商人をめぐる関係経済主体間の利害を調整することを目的とする制度である（企業情報の公示)[9]。

　取引の相手方については、誰が商人であるのか（特に会社については代表機関は誰か）を把握する必要があり、他方、商人については、取引上重要な事項を公示することで商人自身の信用を維持し、取引の安全につながる。もっとも、営業上の秘密保持の要請や、公示された内容は第三者にも対抗で

きることから、何を登記事項とするかは高度な政策判断を必要とする。そこで登記事項は法律で規定されており、それ以外の事項を申請しても却下される（商登24条2号）。

[3] 登記事項

　商人が必ず登記しなければならないものを絶対的登記事項という。登記事項の多くがこれに当たる。これに対し、登記するか否かが商人の任意に委ねられているものを相対的登記事項という（自然人の商号や支店の登記など）。後者についても、いったん登記すればその変更および消滅は絶対的登記事項と同じ扱いになる（商10条、会社909条）。絶対的登記事項について登記しないと、商人（商9条1項）・会社（会社908条1項）は一定の不利益を被るが、会社法に定める登記を怠ったときを除いて罰則の制裁はない（会社976条1号）。

　また、登記事項に変更が生じたとき、またはその事項が消滅したときは、当事者は、遅滞なく、変更の登記または消滅の登記をしなければならない（商10条、会社909条）。

[4] 登記手続

(1) 当事者申請主義

　登記すべき事項は、当事者の申請によって登記するのが原則である（当事者申請主義、商8条・10条、会社907条）。これに対し、官庁の嘱託による場合[10]（商登15条）、利害関係人の申請による場合（商登33条）、職権による場合（会社472条1項、商登72条）もある。

(2) 登記官の審査権

　登記が申請された場合に、登記官は、どのような範囲で審査する権利を有し、審査をしなければならないのであろうか。形式的審査主義によれば、申請の形式上の適法性（申請された事項が法定の登記事項を具備しているかなど）についてのみ審査する権限・義務があるとする。他方、実質的審査主義は、それを超えて申請事項の真否についても審査する権限・義務があるとする。前者によれば登記手続が迅速に行われるのに対し、後者によれば真実の公示により近づくことになる。

判例は一貫して形式的審査主義の立場をとり、登記官の審査権は、申請書、添付書類、登記簿など法律上許された資料のみによるものとする（最判昭和43年12月24日民集22巻13号3334頁〔百選11事件〕）。登記官の審査権の範囲について、商業登記法24条は、登記申請を却下する事由を限定列挙しているが、大部分は形式的事由である[11]。

(3) 登記事項の公示

商業登記簿に記録された登記事項については、何人も、手数料を納付してそれを証明した書面（登記事項証明書）の交付と、登記事項の概要が記録された事項の概要を記載した書面の交付を請求することができる（商登10条・11条）。登記簿の附属書類の閲覧について利害関係を有する者は、手数料を納付して、その閲覧を請求することができる（商登11条の2）。

C 登記の効力

[1] 商業登記の一般的公示力

登記すべき事項は、登記の後でなければ、これをもって善意の第三者に対抗することができず、また、登記の後であっても、第三者が正当な事由によってその登記があることを知らなかったときも、同様にこれをもって善意の第三者に対抗することができない（商9条1項、会社908条1項）。

(1) 登記前の効力（消極的公示力）

まず、登記すべき事項については、たとえ登記前にそれに関する事実関係・法律関係が形成されていても、それが登記されるまでは、当事者は、その事項を善意の第三者に対抗[12]することができない（商9条1項前段、会社908条1項前段）。たとえば、支配人の選任・解任（商22条）は商人と支配人との間では実体法上効力を有するが、登記事項であるため、登記しない限り善意の第三者に対して対抗できない。もっとも、善意の第三者に対抗できないとするだけであるから、第三者の側から、登記当事者に対して当該事項に関する事実・法律関係の存在を主張することはできる。

この効力は、登記当事者と第三者の間に利害の対立がある場合に及ぶだけであり、登記当事者間には及ばない。同様に第三者相互間にも及ばない（最判昭和29年10月15日民集8巻10号1898頁〔百選5事件〕）[13]。

第三者の善意は、利害関係を生じた時や取引の時を基準とし、善意であ

れば(重)過失があっても良いと解される[14]。

(2) 登記後の効力(積極的公示力)

登記すべき事項を登記した後は、登記当事者はその事項を知らない第三者にも対抗することができる(商9条1項後段、会社908条1項後段)。登記により第三者は当然にその事実を知っているものと扱われる(積極的公示力・第三者の悪意擬制)[15]。

ただ、登記後でも、第三者が正当な事由によってその登記があることを知らなかったときは、善意の第三者に対抗することができない。ここにいう正当な事由はきわめて狭く解されており、登記を知ろうにも知ることができないような客観的事由、たとえば地震災害による交通の途絶などに限られる(最判昭和52年12月23日判時880号78頁〔百選8事件〕)。

[2] 商業登記の特殊の効力

商業帳簿には、既存の事実や法律関係の公示という一般的な効力(宣言的効力)のほか、次の効力がある(表2-3-2)。これを特殊の効力という。

表2-3-2 商業登記の特殊の効力

①創設的効力	登記によって一定の法律関係が創設されるという効力	会社の設立登記(会社49条・579条)
②補完的効力	法律関係に一定の瑕疵があっても、登記がされた後ではその瑕疵の主張が認められなくなり、瑕疵が補完(治癒)されるという効力	株式引受人の意思表示の瑕疵の補完(会社51条2項・102条4項)
③強化的効力	登記によって法律関係の保護が強化されるという効力	外国会社の登記(会社818条1項)、商号の登記(商11条2号)
④付随的効力	登記によりある行為の許容または責任免除の基準となるという効力	退社による免責の時間的範囲(会社612条2項)
⑤対抗力	商号の譲渡が行われた場合における第三者対抗力	商号の譲渡(商15条2項)

[3] 商法9条の適用範囲

商法9条は、大量・継続的に取引をする商人と第三者との利害関係を図るものである。そのため、原則として取引行為のみに適用される。訴訟行為について、判例はその適用を否定する(最判昭和43年11月1日民集22巻12号2402頁〔百選6事件〕)が、原則として適用すべきであるとして批判する見

解が多い。

[4] 不実の登記

　商業登記は既存の事実・法律関係を登記によって公示するものであるから、真実に反する登記（不実の登記）がなされると商業登記制度自体への信頼が損なわれることになる。そこで、故意または過失によって不実の事項を登記した者は、善意の第三者に対して、その事項が不実であることを対抗できない（商9条2項、会社908条2項）ものとして登記への信頼を保護しようとする。禁反言則の表れであり、商業登記の公信力ともいわれる。

【ケース1】

　YはA株式会社の代表取締役として登記されている。A社は、Bが代表取締役を務めるC社の一部門を独立させた会社であり、その経営はBが行っていたが、Bの不正融資をきっかけにA社もC社も倒産した。A社の債権者Xは、Yに対して、債権額相当の損害賠償責任を追及する訴えを提起した（対第三者責任。会社429条1項）。これに対し、Yは、代表取締役として登記されているが、就任に必要な手続（株主総会の選任決議）を経ておらず、名目的なものにすぎないのであり、またA社の経営はBが行っていたのであってYは一切関与していないと主張している。

　取締役となるには株主総会の選任決議を要する（会社329条1項）ため、これを欠く登記簿上の取締役は取締役に当たらないはずである。しかし、登記簿を信頼した公衆の信頼は保護されるべきである。これについて、会社法908条2項は、故意または過失によって不実の事項を登記した者は、その登記事項が不実であることをもって善意の第三者に対抗できないと規定する。ここにいう直接の登記義務者（登記申請権者）はA株式会社であり、Y個人ではないが、「その不実の登記事項が株式会社の取締役への就任であり、かつ、その就任の登記につき取締役とされた本人が承諾を与えたのであれば、同人もまた不実の登記の出現に加功したものというべ」きである（最判昭和47年6月15日民集26巻5号984頁〔百選9事件〕）から、会社法908

条2項の規定が類推適用される。したがって、善意の第三者（A）に対抗することができないとして、Yには損害賠償責任が認められる。

> 【ケース2】
> Yは、D株式会社の取締役を辞任して2年が経つ。その間D社と没交渉であり、取締役退任登記がなされたか確認していなかった。D社が現取締役の放漫経営により倒産したため、D社の債権者Xは、登記簿上取締役のままであったYに対し、放漫経営を放置したことにつき監視義務違反があったとして会社法429条1項に基づく損害賠償責任を追及した。

取締役は、退任すると同時にその権利義務を喪失する。ただし、取締役が欠けるなど一定の場合には、新たに選任された取締役が就任するまでの間、退任取締役はなお取締役としての権利義務を有する（会社346条1項）ため、対第三者責任（会社429条1項）を負担し続けるほか、退任登記の未了を理由として会社法908条1項の適用または類推適用の余地がある。

しかし、Yのように辞任後取締役としての活動をまったく行っていない場合についてもなお責任を負うとするのは酷であろう。そこで、判例は、取締役を辞任したにもかかわらずなお積極的に取締役として対外的または内部的な行為をあえてしたなどの特段の事情のない限り、「辞任登記が未了であることによりその者が取締役であると信じて当該株式会社と取引した第三者に対して」対第三者責任（会社429条1項）を負わないと判示している（最判昭和63年1月26日金法1196号26頁〔百選10事件〕）。

注）
1) 商人に作成が義務付けられていても、営業上の財産や損益の状況を明らかにするものでなければ商業帳簿には当たらない。仲立人日記帳（商547条）、倉庫証券控帳（商600条）などは商業帳簿ではない。
2) 落合誠一ほか『商法Ⅰ――総則・商行為』（有斐閣、第4版、2009）66頁〔大塚龍児〕。
3) 計算書類は、(1)持分会社については、①貸借対照表と、②損益計算書、③社員資本等変動計算書、④個別注記表（合名会社と合資会社については②～④の作成は任意）、(2) 株式会社については、①貸借対照表、②損益計算書、③株主資本等変動計算書、④個別注記表である。①貸借対照表については本文の解説を参照（A[4] (2)「貸借対照表」）。②損益計算書は、一会

計期間の営業活動から得た収益とそれに対応する費用および営業外の損益ならびに臨時的な損益を記載する計算書であり、経営成績を明らかにするものである。③社員資本等変動計算書または株主資本等変動計算書は、一会計期間の純資産の額の変動を明らかにする計算書である。④個別注記表は、①～③に係る注記のほか、重要な会計方針などの注記を表示するものである。
4) 商人のうち、その営業の用に供する財産の最終営業年度の貸借対照表（開業時には開業時の貸借対照表）計上額が50万円以下の者である（商7条、商則3条）。
5) 書面による記載と電磁的記録による記録があるが、商法・会社法では記載・記録を並べて規定しているので、本節では記載とのみ記すこととする。
6) 落合ほか・前掲注2) 78頁〔大塚〕。会社の解散・清算後については、会社508条・672条。
7) すなわち、商人は日々の取引を取引の発生毎に時系列にしたがってその要領を日記帳に記載する。その取引は仕訳帳で貸方と借方に分類して記載され、さらに、元帳で各勘定口座毎に転記されることになる。
8) 船舶登記のように、商法の規定に基づく登記でも、商業登記簿に記載されるものでなければ商業登記ではない（商686条、船舶34条）。
9) 鴻常夫『商法総則』（弘文堂、新訂第5版、1999）227頁。
10) その典型例は、登記事項が裁判によって生じた場合の裁判所の嘱託である（会社設立無効の登記（会社937条1項1号イ）など）。
11) 商業登記法24条10号は、「登記すべき事項につき無効又は取消しの原因があるとき」という事由を規定する。実質的審査事項ともみえるが、これは登記事項である法律関係の無効であることが客観的に明白である場合に限られ、登記事項である法律関係の有効無効につき解釈上疑義がある場合には、登記官は一応その登記をして、有効無効の決定は関係者が訴訟において争うところに任せるべきであると解するのが、多数説である（鴻・前掲注9) 234頁）。
12) 商法9条1項、会社法908条1項にいう「対抗」とは、登記義務者より善意の第三者にその事実・法律関係を抗弁として主張することができないことを意味するにすぎないと解されている（森本滋編『商法総則講義』（成文堂、第3版、2007）150頁〔小林量〕）。
13) 登記すべき事項が未登記であったとしても事実関係・法律関係は存在しているためである。
14) 悪意の立証責任は登記すべき者にある（落合・前掲注2) 111頁〔大塚〕）。
15) 登記の積極的公示力により、民法の代理権消滅後の表見代理（民112条）の適用は排除される、というのが判例（最判昭和49年3月22日民集28巻2号368頁〔百選7事件〕）の立場である。

エクササイズ

問題1 商業帳簿に関する次の各文章の正誤を答えなさい。
(1) すべての商人が商業帳簿を作成しなければならない。
(2) 会計帳簿は営業上の重要な証拠となるため、裁判所は、申立てによりまたは職権で、訴訟の当事者に対し、その全部または一部の提出を命ずることができる。
(3) 商人が廃業した場合には、ただちに商業帳簿を保存する義務はなくなる。

問題2 商業登記に関する次の各文章の正誤を答えなさい。
(1) 商人が絶対的登記事項の登記を怠ったときは、必ず罰則による制裁を受ける。
(2) 自然人の商号は相対的登記事項であるため、それを変更しても変更の登記をする必要はない。
(3) 長期間の病気のために商業登記簿を見ることができなかった第三者に対しても、登記すべき事項を登記した後においては、登記事項を対抗することができる。

4 商取引主体による人的設備の利用

ポイント

商人が営業活動の範囲を広げ、活発に商取引を行うためには、多くの補助者が必要となる。商人の補助者には、商人の企業の内部で活動する者（企業内補助者）と、補助自体を自らの営業として活動する者（企業外補助者）に区別される。本節では、企業内補助者のなかの商業使用人と、企業外補助者のなかの代理商について説明する。

A 商人の補助者（図2-4-1）

企業内補助者のうち、商業使用人については、商法20条～26条、会社法10条～15条に規定がある。企業外補助者（補助商とも呼ばれる）は、商人の補助自体を自らの営業とする独立した商人であり、代理商（商27条～31条、会社16条～20条）のほか、仲立人、問屋、運送取扱人（これらについては、第I編2章「商取引の主体」で扱う）などがある。代理商は特定の商人の補助を行うのに対し、仲立人、問屋、運送取扱人は不特定多数の商人の補助を行う点で区別される。

B 商業使用人

[1] 商業使用人の意義

商業使用人とは、特定の商人に従属し、その指揮命令に服して、商人の営業活動を補助する者であって、商人の営業上の代理権を有する者をいう。したがって、商人の法定代理人、代理商、商人たる会社の機関である代表取締役などは、商人の指揮命令に服さないため、商業使用人ではない。

商人と商業使用人との間には、雇用契約があるのが通常である。商人と商業使用人との間に雇用関係がない場合には（家族、友人など）、商業使用人ではないとするのが通説であるが、必要に応じて商業使用人の規定を類推適用することを肯定するので、雇用関係がない場合でも商業使用人である

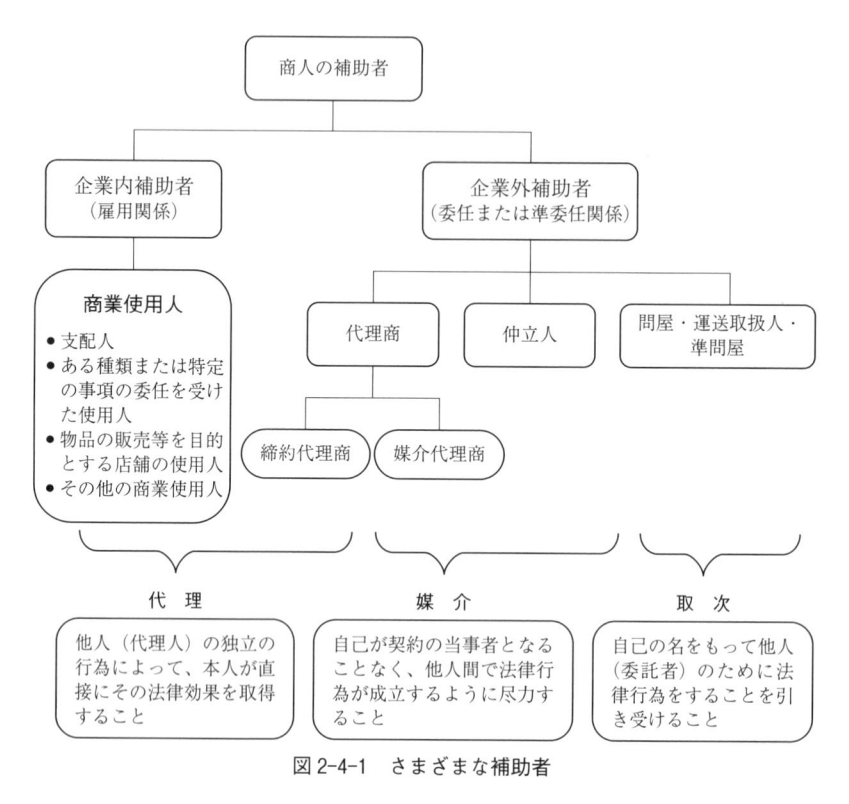

```
                    商人の補助者
                   /          \
        企業内補助者           企業外補助者
        （雇用関係）         （委任または準委任関係）
             |              /      |       \
        商業使用人        代理商    仲立人   問屋・運送取扱人・
        ・支配人         /    \              準問屋
        ・ある種類または特定  締約代理商 媒介代理商
         の事項の委任を受け
         た使用人
        ・物品の販売等を目的
         とする店舗の使用人
        ・その他の商業使用人
```

代　理	媒　介	取　次
他人（代理人）の独立の行為によって、本人が直接にその法律効果を取得すること	自己が契約の当事者となることなく、他人間で法律行為が成立するように尽力すること	自己の名をもって他人（委託者）のために法律行為をすることを引き受けること

図 2-4-1　さまざまな補助者

とする説と結論に差異はない。

　商法・会社法は、商業使用人に関して、支配人、表見支配人、ある種類または特定の事項の委任を受けた使用人、物品の販売等を目的とする店舗の使用人について規定をおいている（商20条～26条、会社10条～15条）。

[2] 支配人

(1) 意義

　支配人とは、営業主である商人・会社に代わり、その営業・事業に関する一切の裁判上または裁判外の行為をなす権限を有する商業使用人をいう（商21条1項、会社11条1項）。このように、営業主から包括的な代理権（支配権）を与えられた者が支配人であるとするのが現在の通説である。しかし、この立場によれば、包括的な代理権が制限されている者は支配人ではない

ことになり、支配人の代理権に加えた制限は善意の第三者に対抗できないとする規定（商21条3項、会社11条3項）が適用されなくなるという欠点があると主張し、支配人とは営業主により本店または支店の営業の主任者として選任された商業使用人をいうとする説も有力である。

支配人が誰であるかは、取引相手方にとっても重要な関心事であるため、支配人を選任した場合、その代理権が消滅した場合は、必ず登記しなければならない（商22条、会社918条）。この点、商人のなかでも小商人については、登記制度が利用できないため、支配人をおくことはできないものと解される。

(2) 選任・終任

●**選任** 支配人は、営業主である商人・会社またはその代理人が選任する。株式会社の場合、取締役会設置会社では取締役会決議により（会社362条4項3号。ただし、委員会設置会社の場合、会社416条4項参照）、それ以外の会社では取締役の過半数により選任される（会社348条3項1号。持分会社について、会社591条2項参照）。支配人が他の支配人を選任するためには、その旨の代理権の付与が必要となる。支配人は自然人でなければならないが、行為能力者である必要はない（民102条）。

会社の支配人選任には、取締役会決議などの内部的手続が必要となるが、このような内部的手続を欠いた代表者による支配人の選任行為の効力については、代表権の内部的制限に違反したにとどまり有効であるとする説と、支配人の選任は対内的業務執行であることを理由に無効であるとしたうえで表見支配人や不実登記に関する規定を通じて第三者を保護する説とが対立している。

支配人の選任にあたっては、営業主を代理すべき営業所を特定する必要がある。商人が自然人で、数個の商号を使用して数種の営業を行う場合には、代理すべき営業およびその使用すべき商号を特定する必要がある（商登43条1項3号参照）。ある者が、本店、支店ないし数支店の支配人を兼ね、数商号の支配人を兼ねることもできる（総支配人）。

●**終任** 営業主と支配人との間には、明示的または黙示的に代理権の授与を伴う雇用契約の存在が認められるため、代理権の消滅（民111条・651条〜655条）または雇用関係の終了事由（民626条〜628条・631条）のうち、いず

れか早い方によって支配人でなくなる。ただし、営業主の死亡は終任事由とはならないため（商506条）、支配人は当然に相続人の支配人となる。また、支配人は商人の営業を前提にするため、営業の廃止、会社の解散も終任事由となるが、営業譲渡（会社の場合は事業譲渡）に関しては争いがある。

●登記　支配人の選任・終任は絶対的登記事項である（商22条、会社918条）。会社以外の商人は、支配人の氏名・住所、商人の氏名・住所、商人が数個の商号を使用して数種の営業をするときは、支配人が代理すべき営業およびその使用すべき商号、営業所を登記する（商登43条）。会社の場合は、支配人の氏名・住所、支配人をおいた営業所を登記する（商登44条）。

(3) 支配人の代理権

支配人は、営業主の営業に関する一切の裁判上または裁判外の行為を行う権限を有する（商21条1項、会社11条1項）。商人は一つの商号のもとで数種の営業を営むこともあるし、一つの営業には数個の営業所があることもあるが、支配人の代理権の範囲は、商号および営業所によって個別化された特定の営業に限定されると考えられる。

会社の場合は、数種の営業を営むときでも一つの商号しか用いることはできないから、商号によって支配人の代理権の範囲が限定されることはない。これに対し、会社以外の商人は数個の商号を使用して数種の営業を営むことが可能であるから、この場合には、支配人が代理すべき営業とその使用すべき商号を特定する必要がある（商登43条1項3号）。

●裁判上の行為　営業に関する訴訟行為について、営業主の訴訟代理人になることができ（民訴54条）、訴訟代理人に弁護士を選任することもできる。

●裁判外の行為　営業に関する一切の法律行為および法律的行為について代理権がある。営業に関する行為とは、営業の目的である行為および営業のために必要な行為をいう。営業に関する行為に該当するかどうかは、行為の性質・種類等を勘案し、客観的・抽象的に観察して決定されることになる（最判昭和54年5月1日判時931号112頁〔百選29事件〕）。営業に関する行為は、具体的な営業の存在を前提にするから、廃業、営業譲渡、営業の変更については支配人の代理権はない。

営業に関する行為に該当するかどうかが争われるのは、支配人が営業主のためではなく、自己ないし第三者のために行為した権限濫用の事例が多

い。この点について判例は、民法 93 条を類推適用して、原則として当該行為は有効であるが、相手方が支配人の背信的意図を知りまたは知り得べかりし場合には、無効となるとする (最判昭和 42 年 4 月 20 日民集 21 巻 3 号 697 頁)。

　支配人は、他の支配人を選任することはできないが、他の商業使用人を選任することができる (商 21 条 2 項、会社 11 条 2 項)。

　支配人の代理権は、包括的かつ定型的な法定の代理権であるが、内部的にこのような代理権を制限することは可能である。しかし、取引相手方からすれば、一般的にそのような内部的制限を知ることはできないため、内部的制限違反を理由に営業主が当該取引の効力を否定できるとすると、不測の損害を被るおそれがある。そこで、支配人の代理権に制限を加えても、善意の第三者に対抗することはできないとされている (商 21 条 3 項、会社 11 条 3 項)。ここでいう善意とは、善意かつ無重過失の場合をいい、第三者の悪意または重過失の証明責任は営業主が負う。

　平成 17 年改正前商法のもとでは、支配人の代理権の濫用・誤用を防ぐために、数人の支配人が共同して代理権を行使すべき旨を定めることができ、登記事項とされていた (改正前商法 39 条 1 項・40 条後段、共同支配)。共同支配の制度は、実務上あまり利用されていなかったため、改正法はこの制度を廃止した。

(4) 支配人の義務

　支配人は営業主に対して、雇用契約に基づく義務 (民 623 条以下)、支配権が委任による代理権であることに基づく義務 (民 643 条以下) を負う。これらは、雇用関係ないし委任関係に基づく契約上の義務であるが、支配人の代理権は広範かつ強大であり、このような支配権をもって支配人が営業に関与するということは、支配人が営業主の営業に関する機密に通じているということでもある。それゆえ、支配人と営業主との間には、高度の信頼関係があることが前提となるが、法はこのような信頼関係を考慮して、支配人に対して以下のような特別な義務を課している。

● **営業避止義務**　支配人は、営業主の許可を受けなければ、自ら営業を行ったり、他の商人または会社の使用人となったり、会社の取締役・執行役・業務執行社員となったりすることはできない (商 23 条 1 項 1・3・4 号、会社 12 条 1 項 1・3・4 号)。兼業によって精力が分散されるのを防ぐ趣旨である。競

業避止義務と異なり、営業の種類を問わない。

● **競業避止義務**　支配人は、営業主の許可を受けなければ、自己または第三者のために、営業主の営業の部類に属する取引（競業取引）をすることができない（商23条1項2号、会社12条1項2号）。競業避止義務の対象となる競業取引とは、営業主の営業の部類に属する取引であり、営業主の営業と同一または類似の商品やサービスを対象とする取引のことをいう。支配人が営業主の営業に関する機密に通じていることを利用して、営業主と競業関係になるような営業を行い、自己または第三者の利益を図ることを防止する趣旨である。株式会社の取締役（会社356条1項1号）・執行役（会社419条2項）、持分会社の業務執行社員（会社594条1項）、代理商（商28条1項、会社17条1項）の競業避止義務と同趣旨の規定である。

● **義務違反の効果**　支配人と営業主との間に高度の信頼関係があることを前提として課される営業避止義務や競業避止義務は、営業主の私的利益を保護するために支配人に課される義務であるから、営業主の許可（黙示の場合を含む）があれば支配人は義務違反とはならない。それでは、営業主の許可がないのに支配人が営業や競業を行った場合はどうなるであろうか。

　商法23条1項（会社12条1項）は、営業主と支配人との間を規律するものにすぎず、取引安全を図る必要があるから、営業主の許可がないのに支配人が営業や競業を行ったとしても、その行為は当然には無効となるわけではない。しかし、商法23条1項（会社12条1項）の義務違反は債務不履行となり、営業主は支配人に対して損害賠償請求をしたり、支配人を解任したりすることができる。

　支配人に対して損害賠償請求をする場合、営業主が損害額を証明する必要があるが、それは非常に困難な作業であることから、営業主を保護するため、商法23条1項（会社12条1項）に違反した場合には、当該行為によって支配人または第三者が得た利益の額は、営業主に生じた損害の額と推定される（商23条2項、会社12条2項）。

[3] 表見支配人

　ある者が支配人かどうかは、支配権の有無によって実質的に判断される。支配人であるかのような名称を有していても、実質的に支配権が与えられ

ていなければ、支配人ではない。しかし、支配人でない使用人が支配人であるかのような名称を有しているときに、支配人であると信頼して取引に入ったのに、営業主からこの者が支配人ではないことを理由に取引の効力を否定されると、相手方は不測の損害を被ることになってしまう。

そこで、取引安全の見地から、権利外観法理または禁反言則を採り入れ、表見支配人の制度が設けられた。すなわち、商人の営業所の営業の主任者であることを示す名称を付した使用人は、当該営業所の営業に関し、一切の裁判外の行為をする権限を有するものとみなされる（商 24 条）。会社についても、本店または支店の事業の主任者であることを示す名称を付した使用人は、当該本店または支店の事業に関し、一切の裁判外の行為をする権限を有するものとみなされる（会社 13 条）。

営業所（商 24 条）または本店・支店（会社 13 条）は、営業所の実質を備えていなければならないと解されている（最判昭和 37 年 5 月 1 日民集 16 巻 5 号 1031 頁〔百選 27 事件〕）。営業所としての実質が認められれば、その名称は出張所でもよい（最判昭和 39 年 3 月 10 日民集 18 巻 3 号 458 頁）。営業（事業）に関する行為かどうかは、行為の客観的な性質・種類等を勘案し、客観的・抽象的に観察して決定される。

表見支配人制度は、民法の表見代理制度の特則として位置づけられる。裁判上の行為は、外観保護の要請が強くないことから、除かれている。表見支配人と認められるためには、以下の要件をみたす必要がある。

(1) 営業の主任者としての名称

営業の主任者としての名称に該当するかどうかは、取引社会において営業の主任者の名称として認められるかどうかで判断される。支店長、営業本部長、店長等の名称は、営業の主任者であることを示す名称であるが、支店長代理や支店次長などは、他により上席の者がいることが外観上明らかであるから、営業の主任者であることを示す名称ではない。

(2) 営業主による名称の付与

表見支配人の規定が適用されるためには、営業主がそのような名称を使用人に付与したことが必要である。使用人が営業の主任者たる名称を用いていることを知りながら営業主が黙認している場合も、営業主による黙示の名称付与があるものとしてよい。

(3) 相手方の善意

相手方が悪意の場合は、表見支配人の規定は適用されない（商24条ただし書、会社13条ただし書）。悪意とは、その者が支配人でないことを知っていることであり、取引時に悪意であったかどうかで判断される。知らないことに過失があっても保護されるが、知らないことに重過失があるときは悪意と同視される。悪意・重過失の証明責任は営業主が負う。

[4] ある種類または特定の事項の委任を受けた使用人

ある種類または特定の事項（たとえば、販売、仕入、資金借入れ）の委任を受けた使用人は、当該事項に関する一切の裁判外の行為をする権限を有する（商25条1項、会社14条1項）。一般的には、部長や課長等がこれにあたると解されている。平成17年改正前商法では、このような使用人として、「番頭・手代」が例示されていたが（旧商43条1項）、改正法で削除された。

ある種類または特定の事項に関し、これらの使用人が委任による代理権を与えられている場合、裁判上の行為を除き、包括的な代理権があるものとされ、内部的にこれに制限を加えても善意の第三者に対抗できないものとされる（商25条2項、会社14条2項）。ここでいう善意とは、代理権に加えられた制限を知らなかったことをいう。知らないことに過失があっても保護されるが、知らないことに重過失があるときは悪意と同視される（最判平成2年2月22日商事法務1209号49頁・集民159号169頁〔百選30事件〕）。

ある種類または特定の事項の委任を受けた使用人であるためには、ある事項の法律行為をすることの委任があったことが必要であり、契約の勧誘や条件の交渉等の事実行為の委任を受けただけでは足りない。

ある種類または特定の事項の委任を受けた使用人は、支配人のような全般的な代理権を有するのではなく、ある種類または特定の事項に関する代理権を有するだけであり、表見支配人のような規定も存在しない。営業主だけでなく、その支配人もある種類または特定の事項の委任を受けた使用人を選任・解任できる。

ある種類または特定の事項の委任を受けた使用人は、登記事項ではないため、小商人もこれらの使用人をおくことができる。営業避止義務・競業避止義務も明文で課されていないが、その類推適用の必要があるとする説

もある。

[5] 物品の販売等を目的とする店舗の使用人

　物品の販売・賃貸その他これに類する行為を目的とする店舗の使用人は、その店舗にある物品の販売等をする権限を有するものとみなされる（商26条、会社15条）。ただし、相手方が悪意であったときは、この限りでない（商26条ただし書、会社15条ただし書）。悪意とは、その店舗にある物品の販売等をする権限を有さないことを知っていることをいう。

　店舗に販売等のためにおかれている物品については、その店舗の使用人に販売等をする権限があると考えるのが通常であるから、商取引の円滑化・安全確保のために、民法の特則を定めたのである。

　これらの使用人の代理権の範囲は、店舗にある物品の販売等に関するものに限られるから、販売契約等の締約もその店舗内で行わなければならない。無形のものを扱う取引を店舗内で行っても、商法26条・会社法15条は適用されない。

C 代理商

[1] 代理商の意義

　代理商とは、商業使用人以外で、特定の商人または会社のためにその平常の営業の部類に属する取引の代理または媒介をなす者をいう（商27条、会社16条）。また、補助される商人または会社を本人という。

　営業主がその営業地域を拡大しようとする場合、支店を設け、商業使用人を派遣して営業を行わせるよりも、各地に居住し、その土地の事情に通じた代理商を利用する方が合理的であることも少なくない（営業主には、報酬が給与ではなく手数料という形をとることによる営業費用の節約や、民法715条が適用されないことによる監督責任の軽減等のメリットが生じる）。保険業の分野では、代理商がよく用いられている。

　代理商は特定の商人または会社のためにその営業を補助する者であり、この点において不特定多数の者のために補助をする問屋・仲立人と異なる。代理商は独立の商人であり、自己の商号・店舗・商業帳簿を有する。代理商は平常の営業を補助するが、これは継続的に委嘱を受けることを意味し、

この点において偶発的に個々の行為について補助するにすぎない単なる代理人・受任者と異なる。

代理商は、本人の代理人として相手方と法律行為を行う締約代理商と、本人と相手方との間で取引が成立するよう各種の仲介・斡旋・勧誘等の法律行為でない事務を行う媒介代理商とに分けられる。

[2] 代理商と本人との関係（内部関係）

代理商と本人との関係は代理商契約の定めによる。代理商契約の性質は、締約代理商においては委任契約（法律行為の委託、民 643 条）、媒介代理商においては準委任契約（法律行為でない事務の委託、民 656 条）であり、民法 643 条以下、商法 504 条〜506 条等が適用されるほか、両者の継続的信頼関係を考慮し、以下の特別な規定が適用される。

(1) 通知義務

代理商が取引の代理または媒介をしたときは、遅滞なく、本人に対して、その旨の通知をしなければならない（商 27 条、会社 16 条）。民法 645 条・656 条の特則である。

(2) 競業避止義務

代理商は、本人の許可がない限り、自己または第三者のために本人の営業の部類に属する取引をすることができず、本人の営業と同種の事業を行う会社の取締役・執行役・業務執行社員となれない（商 28 条 1 項、会社 17 条 1 項）。代理商と本人の利益相反防止のための規定である。支配人の場合とは異なり、代理商は競業行為が禁じられているにすぎない（商 23 条 1 項、会社 12 条 1 項参照）。

(3) 留置権

代理商は、別段の意思表示のない限り、取引の代理または媒介をしたことによって生じた債権の弁済期が到来しているときは、その弁済を受けるまでは、本人のために占有する物または有価証券を留置することができる（商 31 条、会社 20 条）。

代理商と本人との間には一体的な継続的取引関係があるから、民事留置権（民 295 条）と異なり、被担保債権と留置物の牽連関係は必要ではなく、この点において民事留置権よりもその範囲が広い。また、代理商の業務の

性質上、本人が所有しない物品を本人のために占有したり、またその占有を第三者から取得したりすることが少なくないため、代理商の留置権の目的物は、本人のために適法に占有する物または有価証券であれば足り、この点において商人間の留置権（商521条）よりもその範囲が広い。

[3] 代理商と第三者との関係（外部関係）

代理商の代理権の有無およびその範囲は、代理商契約による。物品の販売またはその媒介の委託を受けた代理商は、商法526条2項の売買目的物の瑕疵または数量の不足に関する通知その他売買に関する通知を受ける権限を有する（商29条、会社18条）。商法526条は、商人間の売買において、買主に目的物の検査・瑕疵通知義務を課しているが、売主の代理商に通知の受領権限を与えることで買主の便宜を図ったものである。

[4] 代理商契約の終了

代理商契約は継続的関係を前提とするから、各当事者は委任契約をいつでも解除できるとする民法651条を適用するのは妥当ではない。そこで、代理商契約の期間を定めていないときは、当事者は2カ月前までに予告して契約を解除することができ（商30条1項、会社19条1項）、やむを得ない事由があるときは、契約期間の定めの有無に関わらず、当事者はいつでも契約を解除することができる（商30条2項、会社19条2項）ものとした。

コラム　特約店・フランチャイズ

卸売業者または小売業者の中で、商品の供給者から継続的に商品を購入し、これを他の者に転売することを営業とする者を「特約店」という（実際には、代理店、取扱店等の様々な呼び名がある）。特約店の法的地位は代理商に類似する点が多いが、転売による売買差益を自己の収入とする点で独立の商人であり、代理商とは異なる。特約店と商品の供給者との間には、競業避止義務を含む特約店契約が締結される。特約店契約に関する判例として、最判平成10年12月18日民集52巻9号1866頁〔百選60事件〕、札幌高決昭和62年9月30日判時1258号76頁〔百選61事件〕等がある。

「フランチャイズ」は特約店の特殊な形態であり、コンビニエンスストアや外食店に多く見られる。フランチャイズ・システムでは、本部（フランチャイザー）と加盟店（フランチャイジー）との間でフランチャイズ契約が締結される。加盟店は本部の商標・ノウハウ等を使用して営業を行うことを認められるが、その対価としてロイヤリティを支払わなければならない。フランチャイズ契約では、契約終了後も一定期間は加盟店の競業を禁止するものが少なくない。フランチャイズ契約に関する判例として、最判平成19年6月11日判時1980号69頁〔百選63事件〕、東京高判平成11年10月28日判時1704号65頁〔百選62事件〕、東京高判平成8年3月28日判時1573号29頁〔百選64事件〕等がある。

エクササイズ

問題1　次の各文章の正誤を答えなさい。
(1) 商業使用人とは、特定の商人に従属してその指揮命令に服する企業内補助者をいい、代理権が与えられていない者は特定の商人との間に雇用契約があっても、商業使用人には含まれない。
(2) 商業使用人への代理権授与の委任に関して、包括的・不可制限的な代理権を商法で定めているのは、支配人だけである。
(3) 代理商は、特定の商人のため継続的にその営業上の取引の代理または媒介をなす企業外補助者であり、自らもまた独立の商人である。

問題2　次の各文章の中から正しいものを一つ選びなさい。
(1) 支配人は営業主に代わって営業に関する広範な権限を持つことが認められており、営業主であってもこれを制限することはできない。
(2) 「支店長代理」は営業の主任者たることを示すべき名称にあたる。
(3) 表見支配人は支配人と同一の権限を有する者とみなされるが、裁判上の行為を行うことはできない。

5 商取引主体の金融

ポイント

商人が活動するには元手となる資金が必要である。ただ、一般的な資金調達方法である金融機関からの借り入れ（民法における典型契約）だけでは、企業の多様な資金需要を満たすことは難しい。そこで、典型契約ではなく特殊な契約・取引を用いることで、その様な資金需要をカバーすることが必要となる。本節では、その中からリース取引、担保付取引、営業・事業の譲渡、経営委任と信託に焦点をあて、解説する。

A 資金調達の必要性と資金用途

企業が活動するには、元手となる資金が必要である。すでにそのための資金が企業内にあれば問題ないが、なければ他から調達しなければならない。

企業の資金用途は、企業の日常活動の基礎となる資金（運転資金）と、企業が事業を行っていくにあたって必要な設備を手に入れるための資金（設備資金）とに、大きく分けることができる。運転資金は性質に応じてさらに、①経常運転資金、②増加運転資金、③臨時運転資金、にそれぞれ分けられる。

①は、人件費や原材料の購入費など、事業活動を継続させるために日常的に必要となる資金、②は、業績や取引条件の変化に伴って必要となる資金、③は、賞与や季節性のある取引など一時的に発生する必要的資金である。

各種運転資金は、人件費や原材料購入費など比較的短期間に必要となる資金であるのに対して、設備資金は土地・建物の購入など多額になりやすく、また、当該設備投資からの資金回収も長期に及ぶ。そのため、設備資金を短期間に返済しなければならない方法で調達してしまうと、設備からの収益回収は長期間にわたるため、企業が資金不足に陥る可能性もある。

中小企業を中心にわが国で最も利用されている資金調達方法は、銀行等の金融機関から資金を借り入れる方法（金銭消費貸借契約）であるが、企業活

動の多様化に伴い資金需要も多様化している。各種金融取引を活用することによって、借入れと同様あるいはそれを上回る経済的効用を得ることが可能となる。

B リース取引
[1] リース取引の意義

リース取引とは、資金のない企業がリース会社とリース契約（[2]にて後述）を締結し、当該契約に基づき使用する物件（リース物件）をリース会社が調達したうえで当該企業に一定期間貸し出す取引である。リース取引は、リース契約の内容・目的によってさまざまな種類が存在するところ、金融の機能を有するリース取引としてファイナンス・リースが存在する。

ファイナンス・リースは、企業とリース会社が融資という形で直接金銭をやり取りする代わりに、企業が調達・使用したい物件をリース会社が調達しリース物件として企業に貸し出したうえで、企業から物件購入代金などをリース料として回収するというものである。そのため、リース契約に基づくリース期間の途中で当該契約を解除することができない条項などが各種契約に盛り込まれている（ノンキャンセラブル）。また、リース物件をリース会社から借り受けた企業は、リース物件からもたらされる経済的利益を実質的に享受することができる一方、当該リース物件の使用に伴って生じるコストを実質的に全部負担することとなる（フルペイアウト）など、経済的に金融と同じ機能を有する（図2-5-1）。

[2] リース契約の特徴と法的位置づけ
(1) ファイナンス・リース契約の特徴

ファイナンス・リースを行うにあたって締結されるファイナンス・リース契約には、以下のような特徴がある。①契約の対象物はリース会社とリース契約を締結する企業（ユーザー）が指定した物件で、ユーザー指定の製造販売メーカー（サプライヤー）からリース会社が購入してリースする点、②リース物件購入代金や手数料など、リース会社が概ね全部回収できるようリース料が定められている点、③ユーザーからの中途解約が禁止されている点、④ユーザーが物件の保守・修繕義務を負担する点、⑤物件の瑕疵

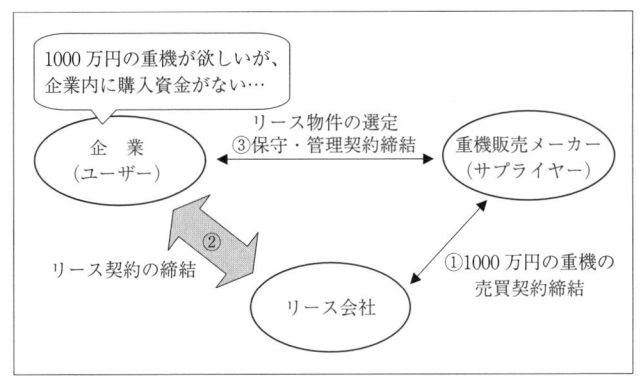

図2-5-1 ファイナンス・リースのしくみ

担保責任はリース会社ではなく、サプライヤーが負う点、⑥ユーザーが物件の滅失・毀損の危険負担を負う点、である。

(2) リース契約の法的位置づけ

　こうした特徴を持つファイナンス・リース契約は、民法や商法において契約類型として明文化はされていない。したがって、ファイナンス・リース契約に関しては、賃貸借契約または賃貸借類似の契約であるとする賃貸借説、民法に定める13種類の典型契約のいずれにも属さない契約であるとする無名契約説など、さまざまな見解[1]が存在する。いずれにせよ、わが国においてファイナンス・リース契約の法的位置づけは確立していない。

　リース業界の見解でも、契約当事者の意図や取引の実態を無視して、ファイナンス・リースを金融や割賦販売といった契約に無理に当てはめるべきでなく、リース契約は賃貸借を中核とし、金融やサービスの側面をも包含した新たな契約類型であるとしている[2]。

(3) リース契約と賃貸借契約の違い

　上記のとおりリース契約の中核は賃貸借であると考えられてはいるものの、リース契約と賃貸借契約とではその内容・性質が大きく異なる。賃貸借契約においては、瑕疵担保責任（民559条・570条・566条）、債務不履行の責任（同415条）、危険負担（同536条）、修繕義務（同606条）などを賃貸人の義務や責任としているのに対して、一般的なリース契約においては、これらすべての事項が、各種契約条項（特約条項）によってユーザー（賃借人）側

の責任とされている。こうしたリース契約の内容は、各リース会社が用意する約款によって個別に締結されているが、わが国においては社団法人リース事業協会が公表しているリース標準契約書によって概ね似通ったものとなっている[3]。

　こうした約款による特約が認められている理由は、特約の内容によってさまざまである。たとえば、リース会社の瑕疵担保責任を免除する瑕疵担保免責特約については、①物件はユーザーが選択したものであり、リース会社は瑕疵に対処できる能力がないこと、②リース会社のリース料請求は実質的には融資の回収であること、③商人間の取引であり、とくにユーザーを保護する必要がないこと、を理由に認められている（最判昭和56年4月9日判夕442号102頁〔百選76事件〕、福岡高判昭和62年2月24日判夕654号178頁）。ただし、リース会社とサプライヤーが緊密な提携関係にあり、両者が経済的に一体であるような「提携リース」である場合（仙台高判平成4年4月21日判夕811号140頁）や、リース取引のユーザーが商人ではなく消費者であるような「消費者リース」である場合は、瑕疵担保免責特約の有効性が否定される可能性もある。

(4) リース契約の留意点

　このようにファイナンス・リース契約は金融的性格を有しており、賃貸借契約とは異なる特徴を有している。

　会社更生手続においては、ファイナンス・リース契約の金融的性格を強調し、リース物件の使用と支払リース料との対価関係を否定し、未払いリース料債権を更生債権として扱うとされている（最判平成7年4月14日民集49巻4号1063頁〔百選78事件〕）。

　また、民事再生手続においても、「申立て時に存在していたリース会社の未払いリース料債権は、ファイナンス・リース契約において、民事再生手続開始の申立てがあったことを解除事由とする特約による解除を認めることで、担保としての意義を有するにとどまるリース物件を、一債権者と債務者との間の事前の合意により、民事再生手続開始前に債務者の責任財産から逸出させ、民事再生手続の中で債務者の事業等におけるリース物件の必要性に応じた対応をする機会を失わせることを認めることにほかならないから、民事再生手続の趣旨、目的に反することは明らかというべきであ

る」とされ、リース料債権は共益債権となって再生手続によらずに弁済されることはなく、再生債権となって再生手続に従って弁済される（最判平成20年12月26日民集62巻10号2561頁）。

　一方で、ファイナンス・リース契約の金融的性格はファイナンス・リース契約の特徴の一つにすぎないため、そのことをもって直ちに、ファイナンス・リース契約の賃貸借性自体が否定されるわけでもない。ファイナンス・リース契約ではないが、リース契約については、建物を一括して賃料自動増額特約等の約定の下に賃借することを内容とする契約（いわゆるサブリース契約）について、借地借家法32条1項に基づく賃料減額の請求が認められた事例がある（最判平成15年10月21日民集57巻9号1213頁、最判平成16年11月8日集民215号555頁）。

C　担保付取引
[1]　総説
　民法が定める約定担保物権は質権と抵当権のみであるが、質権は債権者による占有が要件であり、抵当権は目的物が不動産等に限定される等、応用の幅が狭い。加えて、法定担保物権（①質権・②留置権）についても実務上の要請から、商法は民法の一般原則とは異なる内容を規定している。

[2]　商事債権の担保
● **質権と流質契約の許容**　上記①については民法上、質権設定者が、質権設定行為または債務の弁済期前に、質権者に弁済として質物の所有権を取得させることその他法律の定めている以外の方法での質物を処分することを内容とする契約を締結することは許されていない（民349条）。それに対し、商法では上記民法の規定は適用されず、契約によって質物を処分することを認めている（商515条）。商人が取引にある程度慣れていること、企業取引の迅速性・簡易性が強く要請されていること、などを理由として、商法は民法とは異なり流質契約を認めているのである。

● **商事留置権**　上記②については民法上、被担保債権と物との牽連関係を要求している（民295条）。それに対し、商法では商人間において、その双方のために商行為たる行為によって生じた債権が弁済期にあるときは、債権

者は弁済を受けるまで、その債務者との間における商行為によって自己の占有に属した債務者所有の物または有価証券を留置することができるとしている（商521条）。これを商事留置権といい、商人間の継続的取引関係の維持・拡大のため、担保権設定に伴う煩わしさから解放し取引を迅速化するため、などを理由とする。

D　営業・事業の譲渡
[1] 営業・事業の譲渡の概要（図2-5-2）

　営業・事業譲渡は、企業の営業・事業の一部または全部を契約によって他社に承継させることである。なお、平成17年の商法改正・会社法制定によって、商法では引き続き「営業」が、会社法においては「事業」という用語が使われることとなった。したがって、商法が適用される場合は営業譲渡を用いて、会社法が適用される場合には事業譲渡を用いることとなる。

　営業・事業譲渡は、契約によって企業が保有する営業・事業財産を一体として他企業に譲渡することを意味する。譲渡する営業・事業財産には、営業・事業の資産（売掛金、受取手形、商品、土地、建物、営業権など）や負債（買掛金、支払手形、借入金など）に加え、活動上必要な人員やノウハウなども含まれる。営業・事業譲渡は、譲渡する企業にとっては、不採算部門の切り離しと経営基盤の強化（選択と集中）を図ることができる。その一方で、譲渡を受ける企業（買収企業）にとっては、譲渡内容を当事者間で自由に取り決

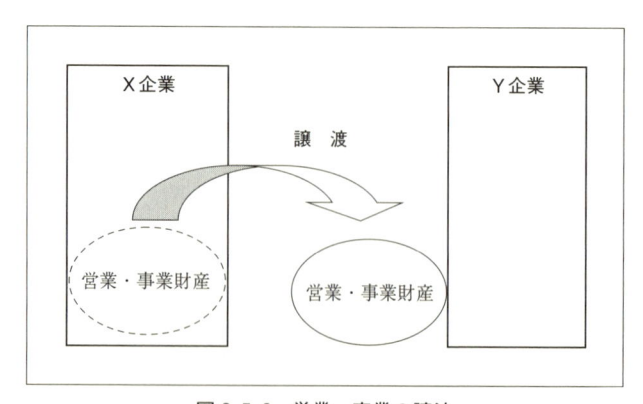

図2-5-2　営業・事業の譲渡

めることができるため、契約の内容次第で債務保証等の簿外債務や不良資産まで引き継ぐリスクを回避することができる。また、個人商人にとって営業・事業の売却は重要な投下資本回収手段ともなる。

[2] 営業・事業の譲渡の意義
(1) 意義
　まず、営業・事業の意義としては、それが商人の営業・事業活動を意味するものとして用いられている場合（主観的意味における営業・事業）と、商人の営業・事業財産を意味するものとして用いられている場合（客観的意味における営業・事業）とがある。

　その上で、営業・事業の譲渡とは、一定の事業目的のため組織化され、有機的一体として機能する財産（得意先関係等の経済的価値のある事実関係を含む）の全部または一部を譲渡し、これによって、譲渡企業がその財産によって営んでいた事業活動の全部または一部を譲受人に受け継がせ、譲渡企業がその譲渡の限度に応じ法律上当然に定める競業避止義務（商16条、会社21条）を負う結果を伴うものをいう（最判昭和40年9月22日民集19巻6号1600頁〔百選18事件〕）。

(2) 営業・事業譲渡の手続
　営業譲渡は当事者間の契約によってなされるが、とりわけ、会社が事業譲渡を行う場合には、株主が投資目的にしていた事業が行えなくなるなど株主に重大な影響を与える可能性がある。そこで、会社が事業の全部または重要な一部の譲渡をするためには、簡易事業譲渡の要件または略式事業譲渡の要件に該当する例外的場合を除き（会社468条）、株主総会の特別決議により事業譲渡契約を承認することが必要となる（同309条2項・467条1項1号2号）。また、事業譲渡に反対する株主には、会社に対する株式買取請求権が認められている（同469条）。

[3] 営業・事業譲渡の効果
(1) 当事者間における効果
●**営業・事業の移転**　営業・事業譲渡契約にもとづき、譲渡人は契約の目的とされた営業・事業財産に属する各種財産を譲受人に対して移転する義務

を負う（大判明治33年11月7日民録6輯10巻42頁）。加えて、営業・事業に関する組織財産中の各種権利については、各権利ごとに給付行為をなし、かつ、それに関する対抗要件の取得に協力しなければならない。

●**競業避止義務**　妨害排除の観点から、譲渡人は当事者の別段の意思表示がない限り、同一の市町村の区域内およびこれに隣接する市町村の区域内において、営業・事業を譲渡した日から20年間、譲受人に譲渡した営業・事業と同一の営業・事業を行ってはならない（商16条1項、会社21条1項）。また、譲渡人が同一の営業・事業を行わない旨の特約をした場合には、その特約は、その営業・事業を譲渡した日から30年の期間内に限り、その効力を有する（商16条2項、会社21条2項）。なお、譲渡人は、特約の有無に関わらず不正の競争の目的をもって同一の営業・事業を行ってはならない（商16条3項、会社21条3項）。

(2) 第三者に対する効果

●**財産移転に伴う対抗要件具備の必要性**　営業・事業譲渡により、営業・事業財産が移転することとなるが、第三者に対抗するためには別途、各権利ごとに登記（民177条）、登録（特許98条1項・99条3項など）、引渡し（民178条）などの対抗要件を具備しなければならない。

●**営業・事業譲渡の債権者に対する効果**　営業・事業譲渡は、一定の事業目的のため組織化され、有機的一体として機能する財産の全部または一部を譲渡する契約であるため、これによって、譲渡人が営業・事業譲渡前に負担していた債務も譲受人に承継されることとなる。ただし、譲受人と第三者（債権者）との間に法律関係を生じさせるためには、債務の引受け・弁済の引受けなど、譲受人による債務負担行為が必要となる。

　商法・会社法は債権者保護のため、営業・事業譲渡に際して、①商号が続用される場合、②商号が続用されない場合、に分けて規定を置いている。

　①譲受人が譲渡人の商号を引き続き使用する場合には、その譲受人も、譲渡人の営業・事業によって生じた債務を弁済する責任を負う（商17条1項、会社22条1項）。商号が続用されたまま営業・事業が譲渡されると、債権者は営業・事業の譲渡がなされたこと自体を知りえず、また、仮に営業・事業譲渡の存在を知っていたとしても自己の債権も譲受人に承継されたと判断するおそれがあるため、譲受人に弁済義務を課している。なお、譲渡

人の商号は続用しないが、営業上の名称を続用している場合、譲受人は会社法22条1項の類推適用により、弁済義務を負う（最判平成16年2月20日民集58巻2号367頁〔百選21事件〕）。

　②譲受人が譲渡人の商号を引き続き使用しない場合においても、譲渡人の営業・事業によって生じた債務を引き受ける旨の広告をしたときは、譲渡人の債権者は、その譲受人に対して弁済の請求をすることができる（商18条1項、会社23条1項）。債務を引き受ける旨の広告は、「債務引受」の文字で表示する必要はなく、取引における一般通念として債務を引き受ける旨の記載があれば足りる（最判昭和29年10月7日民集8巻10号1795頁）が、単なる挨拶状は債務引受の広告に当たらないとしたものも存在する（最判昭和36年10月13日民集15巻9号2320頁〔百選23事件〕）。

●**営業・事業譲渡の債務者に対する効果**　営業・事業の譲渡がなされると譲渡人の債権は原則として譲受人に移転するが、商号が続用されている場合に契約の当事者間で特定の債権を除外する合意があると、債務者はこのような譲渡を知らずに譲受人に支払をなしてしまうおそれがある。そこで商法・会社法は、営業・事業の譲渡に際して、譲渡人の営業・事業によって生じた債権について、その譲受人にした弁済は、弁済者が善意でかつ重大な過失がないときは、その効力を有する、と規定している（商17条4項、会社22条4項）。なお、商号の続用がない場合は、一般原則に従い、譲受人によって対抗要件が具備された場合には、債務者は譲受人に弁済しなければならない。

E　経営委任と信託
[1] 経営委任と信託事業の意義

　経営委任と事業信託は、企業の経営再建・事業再生のために利用される手法である。

　まず経営委任とは、企業が自己の営業・事業を他者に委任する契約である。企業の営業・事業を委任された受任者は、当該営業・事業を委任者の名で行うこととなる。その経営委任には、営業・事業の損益が受任者に帰属する①狭義の経営委任と、それが委任者に属する②経営管理とがある。

　①は、受任者が委任者に対して自己の計算で営業・事業をすることに対

する一定の対価を支払うことを約束するため、営業・事業譲渡の場合に準じて、委任者が競業避止義務を負う。②は、委任者が受任者に対して、その活動に対する見返りとして、所定の報酬を支払うことを約束するものであるため、一種の準委任契約（民656条）となる。

次に信託とは、委託者が信託行為を行うことによって、受託者に対して、土地や金銭といった各種財産を移転し、受託者は委託者が設定した信託目的に従って受益者のためにその財産（信託財産）の管理・処分などをする行為である。このうち、受託者に対して企業の事業財産を信託財産として信託する行為を事業信託という。

[2] 経営委任と事業信託の活用方法

経営委任は、委任者である企業と受任者である企業が協働することで企業結合と同様の効用をもたらす。具体的なメリットとしては、信託という形態でなく会社形態を採ることによって、権利義務の主体として法人格を有していること、会社形態が組織として安定していること、一般的に会社という制度が信託に比べて認知度が高いこと、などがある。それに対するデメリットとしては、経営の主導権が委任者と受任者との間で不明確となること、協働関係が崩れた場合に法的・経済的な問題に発展する可能性があること、異なる企業が協働するため意思統一のために別途コスト（新たなシステム導入など）がかかること、などがある。

一方、事業信託は、営業・事業譲渡とは異なり、期限つきで事業財産を信託するため、期限満了時に当該財産が戻ってくるという特徴がある。具体的なメリットとしては、信託契約に基づいてガバナンスや収益分配等を柔軟に設定できること、受託者責任が信託法に基づいて明確化されていること、信託行為により倒産隔離効果を得られること、などがある。それに対するデメリットとしては、対象となる事業財産について対抗要件を具備するための手続き・債務引受のための手続きが複雑となること、などがある。

経営委任と事業信託の異なる点は、経営委任の場合、事業の全部を委任する場合にだけ株主総会特別決議が必要であるのに対して、事業信託の場合は、事業譲渡の場合と同様に、重要な一部の譲渡であっても同決議が必要となる。また、経営委任の場合は、資産の譲渡や債務引受の面倒な手続

きも不要である。しかし、経営委任と比較して、事業信託の方が受託者の責任は重く、受任者が倒産した場合には、受託者からの倒産隔離を図ることができるため、投資家にとっては、事業信託の方が経営委任よりも得られるメリットは大きい。

注)

1) その他「実質金融契約説」、「所有権留保割賦販売契約説」、「使用権設定契約説」などが存在する。
2) 社団法人リース事業協会ホームページ
   http://www.leasing.or.jp/annnai/hou/hou1.html 参照。
3) 江頭憲治郎『商取引法』(弘文堂、第6版、2010) 206頁。

コラム　担保権と証券化取引（仕組債）

　本節Cで触れた担保権については、米国サブプライムローンの破綻を契機に、証券化取引の是非に関する議論の中で注目を集めた。

　そもそもサブプライムローンとは、信用度（返済見込み）の低い者向けの住宅ローンのことである。近時、同ローンが大きな問題となった理由は、審査もろくに行われないままローンが組まれるなど返済される担保性に乏しかったこと、さらにそのようなローン債権を他の金融商品に組み込んだ上で新たな証券として投資家に販売されたため、リスクの所在・程度が判別しづらいものとなっていたこと、などによる。

　本来住宅ローンは、住宅を取得する人がその住宅の資産価値を担保として必要な資金を借り入れ、一定期間、返済をするシステムである。

　しかし、証券化技術を活用することで各種債権は証券化され、新たな投資対象の金融商品としてリパッケージされる。特に証券化技術を応用した仕組債は、主に社債をベースにしてはいるものの、オプションや先物といった各種権利（担保権含む）をデリバティブによって債券のキャッシュフローに組み込み、新たな債券としてリパッケージしている。

　本文で述べた担保権の所在や機能は、証券化技術によって変化させることが可能であり、それがサブプライムローン問題において、債務の引き当て財産や責任の所在を不明確にするという新たな問題を発生させたのである。

エクササイズ

問題1 次の各文章の中から正しいものを一つ選びなさい。

(1) リース会社の瑕疵担保責任を免除する瑕疵担保免責特約がリース契約に盛り込まれた場合、いかなる場合でも、その特約の有効である。
(2) 企業が保有する、一定の営業・事業目的のため組織化され、有機的一体として機能する財産を、営業・事業財産という。
(3) 会社が事業の全部または重要な一部の譲渡をするには、必ず株主総会の特別決議による承認が必要である。
(4) 企業の営業・事業を委任された受任者は、当該営業・事業を受任者の名で行うこととなる。
(5) 狭義の経営委任において、委任者は競業避止義務を負わない。

問題2 次の各文章の中から誤っているものを一つ選びなさい。

(1) リース物件取得価額等を全額回収するため、リース料の設定に加えて中途解約を禁止したリース取引形態をフルペイアウト方式という。
(2) リース会社の未払いリース料債権は、民事再生法上の再生債権となる。
(3) 営業・事業の全部または重要な一部の譲渡をするために必要な株主総会特別決議要件は、定款の定めをもって緩和することが可能である。
(4) 商号を続用せずに営業・事業譲渡を行う場合においても、譲渡人の営業・事業によって生じた債務を引き受ける旨の広告をしたときは、譲渡人の債権者は、その譲受人に対して弁済の請求をすることができる。
(5) 営業・事業の損益が委任者に属する経営委任のことを、経営管理という。

第Ⅱ編

商取引法各論

第1章　売買取引
　第1節　商事売買取引
　第2節　国際売買取引
　第3節　電子売買取引
第2章　仲介取引
　第1節　売買仲介取引
　第2節　運送仲介取引
第3章　運送取引
　第1節　運送取引の基本構造、陸運取引
　第2節　運送証券
　第3節　海運取引の主体と人的設備
　第4節　海運取引の展開
　第5節　空運取引の展開
　第6節　複合運送取引
第4章　施設取引
　第1節　倉庫取引
　第2節　場屋取引
第5章　保険取引
　第1節　保険取引の基本構造
　第2節　生命保険取引
　第3節　損害保険取引
　第4節　責任保険取引と第三分野保険

第 1 章 売買取引

アウトライン

　古来より、商取引の基本は売買取引（卸売、小売）であり、製造販売（メーカー）を含め、そうした転売行為の商取引に占める割合は、今日なおきわめて大きい。営利性や簡易迅速性といった、商取引の特徴が端的にあらわれる分野でもある。

　第 1 節「商事売買取引」では、商法における売買規制の内容を、とくに民法における売買取引規制との関係において、第 2 節「国際売買取引」では、国境を越える売買取引の拡大に伴い要請される適用規範の統一について、第 3 節「電子売買取引」では、情報通信技術に呼応して近年急速に重要度を増す電子商取引の特徴について、それぞれ検討する。

1 商事売買取引

> **ポイント**
>
> 商法は、民法の売買の特則である商事売買につき断片的な規定を置く。したがって、商事売買の理解のためには、民法の売買についての理解が前提となる。そこで、民商法の売買規制を有機的に理解するために、売買の成立、商品の引渡、代金の決済という時系列に沿い、かつモデル・ケースを少しずつ変形させて、商事売買の特則について説明を試みる。引用してある民商法の条文をいとわずに丹念にめくりつつ、教科書の記述を読んでいって欲しい。

A はじめに

　商法典は、売買につき、民法が基本的なフレームワークを規定していることを前提として、商事売買に関する特則を断片的に定めている。したがって、商法典が規定する商事売買を十分に理解するためには、民法の売買に関する規制と併せて勉強する必要がある。

　ここでは、売買の成立から決済による消滅までの流れに沿い、商事売買に関する規制を織り交ぜて解説する（売買に関する商法の規制としては、本節の他に、第Ⅰ編1章2節も参照のこと）。

B 売買の成立

[1] 商人間売買における特則：申込みを受けた者に諾否通知義務

【ケース1】

　Aは、東京で各地方の名産品の販売を営む商人である。Aは、Bと十数年にわたる取引関係があり、Bの商品を継続的に自己の店舗で販売していた。Bは、これまでも定期的に、一定の間隔で商品をAに対し納品していたので、今回も「いつもどおり」と考え、Aからの注文を待たず、商品をAに対し発送した。

　Aは、商品を受け取ったものの、Bに対し、諾否の通知を発しなかった。この場合においてAB間に契約は成立するか。

ケース1のような商法が適用される商人間の取引（BtoB）では、Aは、Bに対し諾否を通知する義務を負い、拒否しない限り承諾したものとして、契約が成立してしまう。

商法は、商人が平常取引をする者からその営業の部類に属する契約の申込みを受けたときは、遅滞なく、契約の申込みに対する諾否の通知を発しなければならず（商509条1項）、上記通知を発することを怠ったときは、その商人は、同項の契約の申込みを承諾したものとみなす（同項2項）。さらに、商人がその営業の部類に属する契約の申込みを受けた場合において、その申込みとともに受け取った物品があるときには[1]、その申込みを拒絶したときであっても、申込者の費用をもってその物品を保管しなければならない（商510条本文）。

「平常取引」とは、すでにある程度の継続的取引関係にあり、かつ今後も継続が予想される関係を意味し、「営業の部類に属する契約」とは、その概念につき争いがあるが[2]、少なくとも商人が営む事業との一定の関連を意味する。つまり、商法509条は、このように状況を限定した下で、申込者の期待を保護するため、申込みを受けた商人に、当該申込みに対する沈黙・無視を許さず、申込みに対する諾否を義務付けた上、営業の部類に属する契約にかかる物品につき、申込みを受けた者に対し保管義務を課したものである。

このように諾否通知義務の前提として、申込みを受けた者に右義務を課してもよいだけの状況が必要とされているわけであり、商法は、それを営業の部類に属する契約を平常取引している関係と表現する。したがって、商人が、商人が平常取引をする相手方から、その借地権を放棄するようにとの申込みを受けたとしても、それは諾否通知義務の対象たる申込みとはいえないし（最判昭和28年10月9日民集7巻10号1072頁〔百選39事件〕）、銀行取引における保証人脱退の申込みも、承諾が当然に予想されたものでないことが明らかであるから、商法509条の適用・類推適用の余地がない（最判昭和59年5月29日金法1069号31頁）。本条が適用されるためには、長期間にわたり継続的に取引をしている商人間で、買主から注文があると、売主が黙って商品を送っていたというような、一定の限定された状況を必要とするのである。

> **コラム**　ネガティヴ・オプション

　仮にケース1において、Aが一般の消費者であった場合、かかるBtoC取引において、Aは、諾否の通知を発する義務を負わないし、仮に一定の時期までに返答がなければ承諾したものとみなす旨の申込みを受け取ったとしても、返事をする必要もない。かかる申込みをネガティヴ・オプション（注文がないにもかかわらず事業者が消費者に商品を送付した上で、売買契約の申込みを行ったり、事業者の言う条件の下で売買契約の成立を主張して代金を請求することをいう。「送りつけ商法」、「押しつけ販売」：特定商取引59条）という。

[2] 書式の闘い

　売買は契約であるので、申込みと承諾とが合致して初めてその効力を生じる。ここに「合致」とは、あたかも自分の体を鏡で映したごとく、売る・買うということが反対だけで、代金、納期など他の全ての条件がぴたりと一致することをいう。

> **【ケース2】**
> 　AがBに対し、自己の標準契約書式を用いて注文の申込みをしたところ、Bは、承諾の意思表示をする際にそれとは別に自己の標準契約書式を用いて承諾の意思表示をした。この場合契約は成立するか。

　ケース2では、一見すると「売ります」「買います」の合意がなされ、契約が成立しているように見受けられる。しかし、それぞれが自己の標準契約書式を用いているため、裏面記載の事項（保険、裁判管轄など）が食い違っている。したがって、合致がなく契約は成立しない。この場合売主であるBの「承諾」は、新たな「申込み」と評価される。ただ、このようなやりとりが続くと、いつまでたっても契約が成立せず、困った事態となる。

　このように実務上、買主の自己の標準契約書式を用いて売主に対し申込をし、売主が承諾の意思表示をする際にそれとは別に自己の標準契約書式を用いて承諾の意思表示をなすことがあり、これを「書式の闘い」という。「書式の闘い」は、主に国際間の貿易売買で問題となり、国内売買においては、そのような主張がなされることは少ないようである。

C 目的物の引渡と受領
[1] 引渡の意義

次に商品たる目的物の引渡についてであるが、商事売買で一番典型的な目的物は、「動産」であるから、ここでは動産たる商品の引渡についてみてみる。

一般に、引渡の時期・方法・場所は売買契約中の重要条件であるとされる。その理由として、①動産の場合、引渡が動産譲渡の対抗要件とされていること（民178条）のほか、②商品は時期により値段に差異があること、③引渡の時期・方法・場所は、通常、売買当事者間の倉庫料・運賃・保険料その他の費用負担や危険負担の配分、買主による物品の検査義務・瑕疵通知義務の発生と結びついていることがあげられている。

表1-1-1　引渡の種類

現実の引渡	現実に目的物を引き渡すことであり（民182条1項）、	AからBへの売買において、Aが商品をBへと実際に移転すること
簡易の引渡	引き渡す相手方が、現に目的物を所持している場合、現実の引渡をしなくても、意思表示のみでこれを行うこと（民182条2項）。	AがBに対し預けていた目的物をBに売却する場合、いったんAに返却してから改めて現実に引き渡すのは迂遠なので、その代わりに合意のみでBに引き渡したことにすること
占有改定	引渡を行う者（譲渡人：A）が、以後引渡の相手方（譲受人：B）のために目的物を占有する旨意思表示をすることです（民183条）。	BがAから商品を購入したけれども、当該商品が大きくて、すぐに持ち帰ることができず、そのままAの下に預けておくといった場合
指図による占有移転	他人（C）が占有している目的物を譲渡する場合、以後譲受人（B）のために目的物を占有するよう、その他人（C）に命じ、譲受人がこれを承諾した場合に認められるもの（民184条）。B to B取引においてよくみられる引渡形態。	Aが倉庫業者Cに預けていた商品をBに譲渡する際、AがCに対し、以後右商品をBのために所持するよう命じ、Bがこれを承諾した場合
倉庫証券の引渡	現物を第三者（倉庫業者C）に寄託したまま、倉庫証券（倉荷証券（商627条1項）、預証券および質入証券（商598条））等の物品証券を発行するという方法	商品取引所上場商品の受け渡しといった、きわめて限られた場合にのみ利用される。

さて、引渡とは、占有の移転を意味するところ、その具体的態様について民法・商法は、表1-1-1の五つを定めている（この他に、規定はないが、荷渡指図書（D/O：Delivery Order）による引渡も利用されている。これについては第Ⅱ編3章2節・第Ⅱ編4章1節［3］を参照）。このうち何をすれば、債務の本旨に従った現実の提供（民493条）となるかは、当事者間の合意または商慣習（商1条2項）により決まる。

[2] 受領

買主は、売主から引き渡された商品について、契約条件に合致するか否かを検査した後、それを受け入れる。これを「受領」という。受領後の対応は、当該受領した物の性質によって異なる。

特定物（不動産のように、当事者が物の個性に着目して選ばれたもの）に瑕疵があった場合には、替えがきかず、買い主は瑕疵担保責任（民570条）に基づき、解除・損害賠償責任を追及することになる。他方、不特定物（一般の商品（ビール1ダースなど）のように物の個性に着目せず、同等の物であればどれでもよいと考えている場合）に瑕疵（欠陥）があった場合には、当事者は代わりの物をよこせと言えば足りる（代物請求）。ただ不特定物の給付でも、買主が、「履行として認容して受領した」場合には、以後特定物として扱われ、瑕疵担保責任が問題となり得る（大判大正14年3月13日民集4巻217頁、最判昭和36年12月15日民集15巻11号2852頁）。

[3] 目的物の検査・通知義務

商法は、商人間の売買において、買主に対し、①当該売買の目的物を受領したときは、遅滞なく、その物を検査しなければならず（商526条1項）、②(a)右検査により売買の目的物に瑕疵があることまたはその数量に不足があることを発見したとき、および(b)売買の目的物に直ちに発見することのできない瑕疵がある場合において、買主が六箇月以内にその瑕疵を発見したときは、売主がその瑕疵または数量の不足につき悪意であった場合を除き、直ちに売主に対してその旨の通知を発しなければ、その瑕疵または数量の不足を理由として契約の解除または代金減額若しくは損害賠償の請求をすることができないものとする（同条2項3項）。①は、買主に目的物の検

査・通知義務を課すものであり、②は、いわゆる瑕疵担保責任に関する規定である。裁判例を下に本条の内容を補足するに、本条は、その適用が不特定物にまで及ぶかにつき争いがある民法の瑕疵担保責任の規定（民570条）と異なり、不特定物の売買に適用されることにつき異論がない一方（最判昭和35年12月2日民集14巻13号2893頁〔百選51事件〕）、あくまでも民法の瑕疵担保の規定を前提とする規定であるので、民法におけるのと同様、(b)の場合には、解除または損害賠償請求をなし得るのみで、代金減額請求はできない（最判昭和29年1月22日民集8巻1号198頁）。そして、不特定物売買において瑕疵が直ちに発見し得ないものであるときでも、受領後6箇月以内にその瑕疵を発見して直ちにその旨の通知をしなければ、解除または損害賠償の請求をすることができず、その後、買主は、仮に完全な給付が可能であるとしても、売主に対し完全な給付を請求することができない（最判昭和47年1月25日判時662号85頁〔百選52事件〕）。解除権の行使期間については、民法570条、566条3項により買主が当該瑕疵を知ったときから1年以内にその旨の意思表示をする必要があるとされている（東京高判平成11年8月9日判時1692号136頁）。

[4] 目的物の保管等

　売買目的物の保管につき商法は、売主による目的物の供託および競売（商524条）、買主による目的物の保管および供託（商527条）につきそれぞれ規定する[3]。両者を対比して表にしたものが、**表 1-1-2** である。

　両者の違いとして、①売主による目的物の供託・競売が、売主がなしうるものとして規定されているのに対して、買主による目的物の保管および供託は、買主がしなければならないこととして規定されている、②買主がなす競売についてのみ、裁判所の許可が必要とされていること[4]、③買主がとるべき対策においてだけ「保管」があげられている等を指摘することができよう。

[5] 定期行為、定期売買の解除

【ケース3】
Aは、家庭でクリスマスを祝うため、B洋菓子店に、クリスマス・ケーキを注文し、自宅まで届けるよう依頼したところ、Bは、クリスマスが過ぎた12月26日にクリスマス・ケーキを配達してきた。

　特定の日時または一定の期間内に履行をしなければ契約をした目的を達することができない行為のことを定期行為という。設例におけるクリスマス・ケーキはその最たるものである（大判昭和17年4月4日法学11巻12号1289頁）。定期行為の履行につき遅滞があった場合、民法542条は催告をすることなく、直ちにその契約の解除をすることができるものと規定し、これを定期行為の履行遅滞による解除権という。

　債務不履行の遅滞（履行遅滞）に際し、契約を解除するには、原則として相当の期間を定めて履行の催告をすることが必要であるが（民541条）、定期行為については、特定の日時・一定の期間内に履行されることが何より

表1-1-2　売主による目的物の供託・競売と買主による目的物の供託・競売

	要件	効果		事後の処理
売主による目的物の供託・競売	商人間の売買において、買主がその目的物の受領を拒み、またはこれを受領することができないときは	供託できる		遅滞なく、買主に対してその旨の通知を発しなければならない。
		相当の期間を定めて催告をした後に競売できる	その代価を供託しなければならない。ただし、その代価の全部または一部を代金に充当することを妨げない。	
		損傷その他の事による価格の低落のおそれがある物の場合、催告不要		
買主による目的物の保管および供託[5]	商人間の売買において、買主が、その売買の目的物を受領したとき	契約の解除をしたときであっても、売主の費用をもって売買の目的物を保管し、または供託しなければならない。		
		その物について滅失または損傷のおそれがあるとき、	裁判所の許可を得てその物を競売に付し、かつ、その代価を保管し、または供託しなければならない。	遅滞なく、売主に対してその旨の通知を発しなければならない。

も重要であるという性質に鑑み、より早期に解除を認め、契約の拘束力からの解放を認めたものである。したがって、この場合 A は B に対し、催告をすることなく、直ちに契約の解除をなすことができる。

> 【ケース 4】
> A 商店は、クリスマス商戦において販売するため、製造元の B 製菓に、クリスマス・ケーキを注文し、12 月 22 日までに届けるよう依頼したところ、B は、クリスマスが過ぎた 12 月 26 日にクリスマス・ケーキを納品してきた。

ケース 4 は、定期行為であることは同様であるが、B to C 取引であるケース 3 と異なり、B to B 取引であり、商法が適用される。そしてわが国の商法 525 条は、「売買の性質又は当事者の意思表示により、特定の日時又は一定の期間内に履行をしなければ契約をした目的を達することができない場合において、当事者の一方が履行をしないでその時期を経過したとき」、直ちにその履行の請求をした場合を除き、契約の解除をしたものとみなす旨規定する。これを定期売買の履行遅滞による解除という。

これは、定期売買を含む定期行為につき無催告解除を認める民法 542 条の特則として、商人間の売買につき、一歩踏み込み、解除を擬制するものである。その趣旨は、当事者の一方の不履行が履行遅滞にあたるかどうかに関らず、所定期間の経過という客観的事実により、契約の拘束力からの解放を認めるところにある（最判昭和 44 年 8 月 29 日判時 570 号 49 頁〔百選 50 事件〕）。

したがって、この場合 A が解除をなすまでもなく、契約の解除がなされたものとして取り扱われる。

D 契約の消滅
[1] 売買代金の支払い
売主が代金を支払うと契約はその目的を達成して消滅する。買主にとって、売買代金の支払いはもっとも基本的な義務といってよい。代金の支払時期につき民法は、「売買の目的物の引渡しについて期限があるときは、代金の支払についても同一の期限を付したもの」と推定する（民 573 条）。同

時履行の抗弁権（民533条）と同様、売買当事者双方の懸念に配慮した規定といえる。

ただ実際には、売主が目的物の引渡債務を先に履行することも多く、その場合には売主の買主に対する代金支払請求権だけが後に残ることになり、これを売掛代金債権という。また、支払時期が先になるような場合には、買主が売主に対し、支払のため約束手形を発行することも多い。この他にも、電子的方法を活用したさまざまな支払方法が存在する（これらについては第Ⅱ編1章3節を参照）。

上記に述べた他に、消滅時効の完成によって、売買代金債権は消滅する（これについては第Ⅰ編1章2節を参照）。

[2] 交互計算

> 【ケース5】
> 商人Aと商人Bは、長年にわたり、互いの商品を仕入れ、販売してきたが、その支払は、毎月末に、BのAに対する売掛債権の合計額と、AのBに対する売掛債権について相殺を行い、その残額を支払う旨AB間で合意されていた。

一定の期間内の取引から生じる債権および債務の総額について相殺をし、その残額の支払をすることを約する契約を交互計算という（商529条）。交互計算は、**ケース5**のような商人間（BtoB取引）だけでなく、商人と商人でない者（BtoC取引）との間でなすこともできる。交互計算は、売買等商取引の決済の為に締結される補助的な契約であり、商人にとって附属的商行為にあたる（商503条）。

交互計算契約を締結すると、当該期間中の債権債務が独立性を失い、個々の債権の行使だけでなく譲渡・質入・差押等の処分も禁止される（交互計算の消極的効力）[6]。交互計算の消極的効力は、交互計算不可分の原則ともいわれる。また、交互計算の効力として、その期間満了に際し差引計算が行われ、残額債権が確定する（交互計算の積極的効力）。

交互計算を利用することで、個別の債権債務を個々に決済せず、総額を一括して差し引き計算した後決済することができる（決済の簡易化）。さら

に交互計算組み入れにより、計算期間終了時まで債務の履行が猶予され（決済の効率化）、交互計算の当事者は相手方の自己に対する債権を相互に担保視することができる（担保的機能）。

交互計算不可分の原則については、その効力が第三者に及ぶかにつき争いがある。右原則を第三者に対する関係でも認めると、実質的には当事者間の合意で差押禁止財産（民執131条・152条）の創設を認めることになってしまうからである。

ただ判例は、交互計算不可分の原則は、第三者（債権者）に対しても及ぶと捉えている。これによれば、組み入れられた債権につき差押えはできず、転付命令を得ても無効である（大判昭和11年3月11日民集15巻320頁〔百選80事件〕）。交互計算不可分の原則を認めないと、交互計算の最も基本的な機能である決済の簡易化すら実現できなくなるからである。第三者の救済は、交互計算契約の解除権（商534条）を債権者代位権（民423条）により行使する、期末の残額債権（将来債権）を差し押さえる等といった別の方法によるしかない。

注）

1) 商法510条の文言上、申込者が「平常取引をする者」であることは要求されていない。
2) 商人にとっての基本的商行為を指すとする見解、附属的商行為も含めて営業上集団的反復的に行う行為を指すとする見解、申込に対する沈黙が承諾を意味すると当然に予想される類型の取引を意味するとする見解などがある。
3) 本文において前述したとおり、この他に契約の申込みを受けた者の物品保管義務に関し、商法510条が規定する。
4) ただしいずれの場合も、民事執行法195条の形式的競売による。
5) 売主から買主に引き渡した物品が注文した物品と異なる場合における当該売主から買主に引き渡した物品および売主から買主に引き渡した物品の数量が注文した数量を超過した場合における当該超過した部分の数量の物品について準用されている（商528条）。
6) もっとも、交互計算組み入れにより更改（民513）が生じるわけではない。したがって、組み入れられた個々の債権につき確認の訴えを提起し、解除権・抗弁権を行使することもできる。また組み入れられた債権につき付された担保の効力も存続する。

コラム　段階的交互計算

学説の中には、個々の債権が発生する都度そのたびに決済し、その時々の残高債権を確定していくという交互計算（段階的交互計算）を許容するものもある。段階的交互計算と区別するため、商法が規定する交互計算を古典的交互計算とよぶこともある。

段階的交互計算によれば、第三者は、期中の差押え時点における残高債権を差し押さえることができることになる。

コラム　ネッティング

近年金融機関では、スワップ取引をはじめ金融派生商品の取扱高が飛躍的に伸びている。それに伴い、そのリスクヘッジをするためネッティング契約の締結が必要不可欠になっている。交互計算に関連して紹介しておきたい。ネッティングには大要下記の種類がある。

1. Payment Netting

A銀行とB銀行とが履行期を同じくする複数の債権・債務を有する場合に、履行期が到来して履行を行う際に、互いの債権・債務を差引きして、その差額のみの履行を行うこととする取り決めのことである。

2. Novation Netting もしくは Obligation Netting

AとBとの間に履行期を同じくする複数の債権・債務が発生するような場合に、新たな債権の発生のたびごとに、履行期の到来を待たずに、債権・債務の差引きを行って、当該履行期に到来すべき債権は一本としておく取り決めのこと。ほぼ段階的交互計算契約に相当する。

3. Close-out Netting（一括清算ネッティング）

AまたはBのいずれかに一定の事由（破産や会社更正手続の申立てなど、信用力の悪化に関係する事由であるのが通常）が発生した場合に、一定範囲の取引から生じる債権・債務について、履行期や通貨等を異にするすべての債権・債務について差引きを行って、一本の債権とする取り決めのこと（一括清算3条、破58条5項、民再51条、会更63条）。Novation Netting に比べ大きなリスク削減効果がある。

エクササイズ

問題 商事売買に関する次の各文章の正誤を答えなさい。

(1) 商人は、平常取引をする者から契約の申込みを受けたときは、たとえその申込みがその営業の部類に属するものでなかったとしても、遅滞なく、契約の申込みに対する諾否の通知を発しなければならず、その通知を発することを怠ったときは、契約の申込みを承諾したものとみなされる。

(2) 商人間の売買において、売買の性質または当事者の意思表示により、特定の日時または一定の期間内に履行をしなければ契約をした目的を達することができない場合において、当事者の一方が履行をしないでその時期を経過したときであっても、相手方は、契約の解除をなすに際し、解除の意思表示をする必要がある。

(3) 判例によると、交互計算契約を締結すると、組み入れられた債権につき差押えはできず、転付命令を得ても無効である。

(4) 判例によると、不特定物の売買において目的物に瑕疵がある場合において、買主が給付された目的物を履行として認容して受領したときは、当該目的物は以後特定物として扱われ、瑕疵担保責任の規定（民570条）が適用される。

(5) 商人間の売買において、売買の目的物の引渡しについて期限があるときは、代金の支払については、代金の支払についても同一の期限を付したものとみなされる。

2 国際売買取引

ポイント

　国際売買取引は、さまざまな民法的および商法的素材が密接に絡み合って一つのシステムを構成している。売買はもちろんのこと、運送、保険、手形、信用状などである。したがって、国際売買の基本システムを把握することは、それぞれの箇所で勉強する事象の相互関係を理解するうえできわめて有益である。

　また、国際売買契約を規制する法の存在様式は、国内売買の場合とは異なり、条約、商慣習、一般原則など、実に多様である。したがって、法源の多様性を理解するうえで──ひいては、「法とは何か」ということを考えるうえで──格好の材料を提供してくれる。

A　国際売買取引の基本的システム

　国際売買取引はどのような仕組みになっているのであろう。輸出取引に

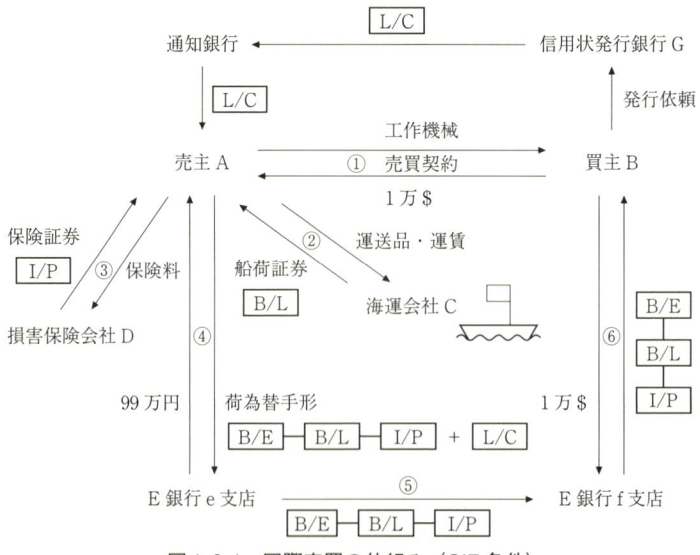

図1-2-1　国際売買の仕組み（CIF条件）

おける契約の締結から商品の引渡・代金の決済までの一連の流れを追ってみよう（図1-2-1）。

① 売主A（日本の会社）は買主B（米国の会社）との間で、工作機械を「CIF San Francisco」条件で1万ドルで売る契約を締結した。「CIF San Francisco」というのは売買代金の中にサンフランシスコまでの運賃・保険料も含まれているということを示す貿易用語（トレード・ターム）である。

② 売主Aは海運会社Cと運送契約を締結し、商品を船積みし、Cから船荷証券（bill of lading、B/L、通常はビーエルと呼称される）を受け取る。船荷証券とは、運送品の受取を証し、その引渡請求権を表章する有価証券である（第Ⅱ編3章2節A参照）。要するに、この証券を所持している者が目的地で運送品を受け取ることができるのである。

③ 売主Aは損害保険会社Dと運送保険契約を締結し、保険料を支払い、保険証券（insurance policy、上図ではI/Pと略記）を受け取る。保険事故（保険金支払事由）が発生した場合、この保険証券を所持している者に保険金が支払われる[1]。

以上で商品を買主に引き渡す手はずは整った。万が一、運送中に損害が発生しても保険をかけているので大丈夫である。次は代金の取立である。

④ 売主Aは、買主Bを支払人とする為替手形（米draft：英 bill of exchange、B/E、通常は為手と呼称される）を振り出し、E銀行e支店に買い取ってもらう（手形割引契約）。為替手形とは、支払委託文句（E銀行またはその指図人へこの為替手形と引換えに上記金額をお支払いください）が記載された手形で、金銭支払請求権を表章する有価証券である。銀行は、為替手形の満期までの金利に相当する割引料を差し引いて、その為替手形を買い取るのである。この事例の場合、1万ドルの為替手形なので、かりにその時の為替レートが1ドル＝100円、割引料が1万円だとすると、99万円で買い取ることになる。E銀行に為替手形を買い取ってもらう際、先に取得した船荷証券および保険証券をはじめとする船積書類を添付する。後述するように、銀行にとってこれらの船積書類は為替手形の担保となっているのである。船積書類が添付されている為替手形を荷為替手形という。

⑤ E銀行は自己のf支店（適当な支店がなければ提携銀行。外国為替の提携銀行のことをコルレス銀行という）に船積書類を添付した為替手形を送る。
⑥ f支店は為替手形を買主Bに呈示し、1万ドルの支払いと引き換えに為替手形と船積書類を交付する。
⑦ そうこうしているうちに船はサンフランシスコに到着し、買主Bは船荷証券を海運会社Cに呈示して運送品を受け取る。かりに運送品に損害が生じていた場合には、損害保険会社Dに保険証券を呈示して保険金を受け取る。なお、⑥において買主Bが1万ドルを支払わない場合には、E銀行にとっては船荷証券・保険証券が債権回収の最後の拠り所となる。

以上で一つの輸出取引が完了する。ところで、買主の信用状態が定かでない場合には、銀行は為替手形を割り引いてくれない。そのような場合には、荷為替信用状が利用される。荷為替信用状ないし商業信用状（documentary letter of credit；commercial letter of credit、L/C、通常はエルシーと呼称される）というのは、信用状発行銀行が、船積書類が一定の条件（信用状条件）[2]を満たしている場合に、為替手形の引受・支払を約する書面である。信用状が利用される場合には、上記①と②の間に、信用状開設の手続がとられる。すなわち、買主B（発行依頼人）は自己の取引銀行Gに対して、信用状の発行を依頼する。信用状発行銀行Gは売主所在地の自己の本支店またはコルレス銀行（通知銀行）を経由して信用状を売主（信用状の受益者）に交付する。そして、上記④において、信用状とともに、信用状条件に合致した船積書類を添付して、E銀行に為替手形を買い取ってもらうことになる。E銀行は発行銀行に荷為替手形の支払を求め、発行銀行が支払った場合には、発行銀行は代金の支払と引き換えに買主に船積書類を交付する。

B　ウィーン売買条約（CISG）
[1] ウィーン売買条約の意義[3]

上記の売買契約もそうであるが、私人の活動は時として国境を越える。そこで何らかの紛争が生じ、裁判所にその紛争が持ち込まれた場合、各国家法が分立した現在の法存在様式においては、いずれかの国の法を適用して解決せざるを得ない（準拠法を決定する法規範を国際私法ないし抵触法という）。

ところが、宗教や風俗が関係する婚姻関係などとは異なり、商取引関係の事柄は、技術的性質を有するものが多い。そこで、20世紀初頭から各国の法を統一する努力がなされてきた。すなわち、さまざまな国際機関が条約という形での統一規範確立への努力を続けてきたのである。日本の国際海上物品運送法、手形法・小切手法となっている船荷証券条約（1924年）、ジュネーヴ統一手形条約・小切手条約（1930年）もその成果である。しかしながら、これらの統一法条約は、世界的に見れば、成功したものとは言えない。手形条約・小切手条約は英米法系の国々がほとんど参加していないし、国際海上物品運送についての統一法は、統一法の乱立という皮肉な状況を呈しているからである。そのような中にあって、国連国際商取引法委員会（UNCITRAL）の起草のもとに、1980年に採択されたウィーン売買条約（国際物品売買契約に関する国際連合条約、United Nations Convention on Contracts for the International Sale of Goods : CISG）は、私法分野においてはじめて全世界的規模での成功を収めた統一法条約である。

　ウィーン売買条約（以下、CISGと略記する）は1988年1月1日に発効した後、加盟国を着実に増やし、2011年1月1日現在の加盟国は76カ国である（ネットで「CISG status」で検索すれば、現時点の加盟国が分かる）。世界の国際売買の3分の2がCISGの適用を受ける取引であると言われている。また、日本の国際売買の8割がCISG加盟国との取引であると言われている。日本も2008年7月1日に加盟し、2009年8月1日に発効した。ちなみに、CISGは、このように国際売買契約規制規範としてきわめて重要なものであるだけでなく、ドイツ・オランダ・中国などの国家法や、ユニドロワ国際商事契約原則（コラム参照。以下、ユニドロワ原則と略記する）をはじめとする国際的な契約法の一般原則などにも大きな影響を与えている。

[2] CISGの構成と特徴

　以上のように、CISGは全世界的な成功を収めているが、このように多くの加盟国を得るに至ったゆえん、また、統一法としての実効性の確保という観点から、CISGの特徴を挙げてみよう。

　まず、CISGの構成上の大きな特徴は、ハーグ統一売買法[4]などとは異なり、条約本体の中に実体的な統一法を含ませており、いわゆる直接適用条

約（self-executing）の形を採っているということである[5]。これは、多くの国で国内立法の必要性を減殺させ、国家法化の過程で生じる不統一を防ぐという意味を有している。

　つぎに、CISG の内容上の大きな特徴は、いわゆる万民法型統一法であって、国境を越える売買契約についてのみ適用されることである[6]。国際取引に適した規範と国内取引に適した規範はおのずから異なるのであって、CISG は国際取引の特性を反映するものとなっている。

　また、CISG は、実際的かつ明快・簡易であり、理論的ドグマの影響を一貫して排斥している結果、取引に従事する当事者にも理解しやすくなっている。たとえば、ハーグ統一売買法の ULIS では、「引渡(delivery)」は「契約に適合する物品を交付すること」であると規定されていた（ULIS 19 条 1 項）。すなわち、引渡があったか否かの判定にあたり、契約適合性という法的価値判断を加える必要があった。そしてさらに、この「引渡」概念が危険の移転時期（同 97 条 1 項）や買主の代金支払時期（同 71 条）と結び付けられていたために、非常に複雑な構造になっていた。それに対し、CISG は、可能な限り物理的事象に結びつけた規定形式を採用し、ビジネスにおける常識的感覚にも適合したものになっている。引渡義務の内容についても、「売買契約が物品の運送を伴う場合には、買主に送付するために物品を最初の運送人に交付すること (handing the goods over)」（CISG 31 条 a 号）と規定し、抽象的な概念の使用を避けている。このことは、異なった法体系や社会・経済体制の存在する世界で広く受け入れられるための不可欠の要請であった。

　CISG のもう一つの内容上の大きな特徴は、その守備範囲を売買契約の成立の問題と売買契約から生ずる売主・買主間の権利義務についてのみとして、契約自体の効力や、売買の対象となった物品上の所有権に対して契約が及ぼす効果には関与しないこととし（CISG 4 条）、さらに、任意法規性を明確にし（同 6 条）、当事者間で確立した慣行や商慣習を尊重する結果（同 8 条・9 条）、別段の拠り所のない場合のための補充規定的側面を示していることである。これらの事柄は、多くの加盟国を得るための重要な要素となっている。

　そしてまた、統一法の実効性確保という観点から重要なことは、条約の解釈原則として、適用における統一促進の必要性を顧慮すべきことを謳っ

ていることである（同7条1項）。具体的には、条約の起草過程を顧みるとともに、各国の判決や仲裁判断を参照することであるが、それを実現するために、UNCITRAL事務局は、CLOUT（Case Law on UNCITRAL Texts）という世界中の判決・仲裁判断についてのデータベースを構築している[7]。さらに、統一法の並立を防ぐため、ハーグ統一売買法の加盟国がCISGに加盟する場合には、ハーグ統一売買法の廃棄手続をとることを義務付けている（同99条3項～6項）。

[3] CISG ないし統一法の必要性

　ここで、CISGの必要性ひいては統一法の必要性について、一言付け加えておこう。まず第1に、先述したことから明らかなように、国際取引に適した解決が可能となることである。たとえば、日本法が準拠法とされた場合には、これまでは民法や商法を適用して問題を解決するほかなかったが、CISGに加盟した結果、国際売買に適した規範によって問題解決をはかることができるようになる。第2に、外国法が準拠法とされた場合に、裁判官ないし当事者は当該外国法を解釈・適用するのに大きな負担を強いられてきたが、その負担が著しく軽減されることになる。第3に、契約当事者が準拠法としてそれぞれ自国の法を主張し、折り合いがつかない場合の有効な解決手段となる。第4に、準拠法は多くの場合どちらかの当事者の国の法になるが、その結果、一方当事者にとっては自国法、相手方にとっては外国法ということになり、一方当事者に有利、相手方に不利になる。しかしながら、CISGが適用される場合には、このような有利不利は生じない。

　以上のように、統一法は、国際取引契約規制としてきわめて有用な法規範であるとともに、公平な国際取引法秩序を実現させるものなのである。

[4] CISG の内容

　先述したように、CISGの条文は明快・簡易である。したがって、条文を一読するだけで、かなりの程度まで理解することができる。そこで、ここでは、いくつかの重要事項を取り上げることにする。

(1) 適用範囲

　CISG が適用されるのは、営業所が異なる国に所在する当事者間の物品売買契約であって（CISG 1条1項柱書）、これらの国がいずれも締約国である場合（同項 a 号）、または、国際私法の準則によれば締約国の法の適用が導かれる場合である（同項 b 号）[8]。当事者が二つ以上の営業所を有する場合には、契約締結時以前に当事者双方が知り、または想定していた事情を考慮して、契約およびその履行に最も密接な関係を有する営業所をいう（同10条 a 号。1条2項も参照）。当事者の国籍や民事・商事の区別は関係ない（同1条3項。2条 a 号も参照）。なお、製作物供給契約も含め通常の物品売買契約に適用されると考えて大差ない（同2条・3条）。

　以上のように、CISG はその適用要件として当該取引と締約国との間に一定の関係があることを要求しているが、ICC（International Chamber of Commerce、国際商業会議所）の仲裁判断には、締約国と何ら関係のない売買契約について、CISG を国際的な取引慣習を反映するものであるとし、準拠法に優先して CISG を適用したものがある[9]。また、CISG 加盟以前の日本の判決例においても、東京地判平成10年3月19日判タ997号286頁は、旧法例9条2項の申込みを認定するに際し、CISG 14条1項を、また、義務履行地を特定するに際し、同31条 a 号をそれぞれ参照している。これらの仲裁判断や判決は、国際取引契約についてのグローバル・ルールの存在——国家法への依存時代の終焉——を象徴するものとして、きわめて重要な意味を有する。

(2) 書式の闘い (battle of forms)

　CISG においても、契約は申込みと承諾が合致することによって成立する（同14条・18条・23条）が、国際売買ではいわゆる「書式の闘い」が重要な問題となる（第Ⅱ編1章1節 B [2] 参照）。そこで、CISG は19条2項において、この問題の解決をはかっている。すなわち、申込みに対する承諾を意図する応答が追加的または異なる条件を含む場合であっても、当該条件が申込みの内容を実質的に変更しない一定の場合には承諾となり、契約の内容は、申込みの内容に承諾に含まれた変更を加えたものとする旨を規定する（いわゆる last shot doctrine）。しかしながら、同3項において、代金、支払、物品の品質もしくは数量、引渡しの場所もしくは時期、当事者の一方

の相手方に対する責任の限度または紛争解決に関するものは（ほぼすべての契約条件がこれらのうちのいずれかに該当すると考えられる）、申込みの内容を実質的に変更するものとすると規定しているために、2項がほとんど機能しなくなってしまっている[10]。

(3) 契約違反に対する救済

CISG は、売主または買主の契約違反に対し、代替品引渡を含む履行請求、代金減額、損害賠償、契約解除等の救済を認めているが（CISG 45 条 1 項、61 条 1 項）、代替品引渡請求および契約解除については、原則として、「重大な契約違反」があった場合にのみ認めている（同 46 条 2 項・49 条 1 項 a 号・64 条 1 項 a 号・72 条 1 項・73 条 1 項。ただし、49 条 1 項 b 号・64 条 1 項 b 号参照）。重大な契約違反とは、「相手方がその契約に基づいて期待することができたものを実質的に奪うような不利益を当該相手方に生じさせる」違反である（同 25 条）。ただし、予見可能性がなくてはならない（同ただし書）。重大な契約違反への該当性については、契約解除や代替品引渡という効果を伴うため、国際売買におけるその結果の深刻さを反映し、裁判や仲裁においては、かなり厳格に解される傾向にある[11]。

なお、CISG は契約責任の発生原因として過失を要求しない。そこで、日本法ならば、そもそも過失がないので契約責任が発生しない場合や、過失相殺によって損害賠償額が減殺されるような場合は、免責（同 79 条）および損害軽減義務（同 77 条）という概念を使って当事者間の利益調整をはかっている。すなわち、履行請求権を認めている点で、救済方法のメニューについては大陸法の立場を採用し、他方、責任の発生態様については英米法の立場を採用することによって妥協をはかっているのである。

(4) 不適合の通知義務

買主が物品不適合を主張する条件として、CISG は、38 条において物品検査義務を、39 条において不適合の性質を特定した合理的な期間内の通知義務を買主に課しているが、ここでも国際売買の特性を反映し、裁判や仲裁においては、通知義務が厳格に解される傾向にある。不適合の性質を特定していないとして、通知義務を尽くさなかったとされた事例は非常に多い。

(5) 危険の移転時期

　国際売買は地理的な隔たりがあるため、次のような一般的特性がある。すなわち、①運送中に物品が滅失・損傷する可能性が高いこと、②したがって、物品に保険が付されていること、③損害発生が買主に到達してはじめて発見されることが多いこと、そして、そのとき保険証券も買主の手許にあること、④物品に対する支配が運送証券を介して観念化していることである。その結果、国際売買においては、運送中の危険は買主が負担するのが合理的である。そこで、CISG は、危険は売主が運送人（複合運送の場合は第一の運送人）に物品を交付した時に買主に移転するとして（同 67 条 1 項）、国際売買の特性を反映させるとともに、コンテナによる複合運送に適した準則（C〔3〕参照）を設定している。

C　インコタームズ
〔1〕インコタームズの意義[12]

　国際売買では、契約中の重要な条件に関して、それを簡潔・明確に表示するため種々のトレード・タームが使われる。FOB や CIF などである。これらのトレード・タームは、もともとは「価格＝引渡条件（price=delivery terms）」とよばれ、この簡略な用語でもって、売買代金にはいかなるものが含まれているか、売主の引渡義務はいつ完了するか、ということを示す慣習として発達したものであるが、現在では危険の移転時期や書類の交付義務等のさまざまな要素が内包されている。したがって、トレード・タームに含意されている事柄に関する CISG の諸規定（31 条・32 条・34 条・67 条など）は、その任意法規性のゆえに、後述するインコタームズに取って代わられることになる。

　さて、取引社会において、ある用語の意味・内容について確固とした共通の理解が確立していれば、取引の交渉も容易である。しかし、使用された用語の意味・内容についての了解が異なれば、紛争発生の余地も大きくなる。そこで、商取引界は、貿易における用語法の統一のため種々の努力を払ってきた。その中で最も重要なものがインコタームズ（INCOTERMS：International Commercial Terms の略）である[13]。

　インコタームズは、FOB や CIF といったトレード・タームが契約中で

使われた場合における、売主・買主のそれぞれの権利義務内容を具体的に示すものであり、ICC によって 1936 年にはじめて公刊されたものである。その後、貿易実務に対応させるために数度の改訂がなされ、2010 年版が最新のものである。

　1980 年版では、コンテナ輸送を含む運送手段の発達を顧慮したトレード・タームが追加され、1990 年版では、取引における EDI（Electronic Data Interchange、電子的データ交換）にトレード・タームが対応できるように改訂がなされるとともに、すべてのトレード・タームにおいて、各当事者の義務が 10 項に整理され、売主の義務に対応させて買主の義務が示されるようになった。たとえば、売主の物品引渡義務の内容は、いずれのトレード・タームにおいても、「売主の義務」の第 4 項（A4）に規定され、それに対応する買主の義務は、「買主の義務」の第 4 項（B4）に規定されている。

　また、2010 年版では、11 種のトレード・タームが大きく二つに分けられた（2000 年版では 13 種あった）。すなわち、「いかなる単数または複数の輸送手段にも適した規則」（EXW、FCA、CPT、CIP、DAT、DAP、DDP）と「海上および内陸水路輸送のための規則」（FAS、FOB、CFR、CIF）である。前者は、[3] で後述するように、コンテナによる複合運送（第Ⅱ編 3 章 6 節参照）にも適したトレード・タームであり、他方、後者はコンテナ輸送には適しないトレード・タームである。このようにコンテナ輸送への適否が強調された結果、1980 年版でせっかく追加されながらあまり利用されてこなかったコンテナ輸送ないし複合運送に適合するトレード・タームが、今後活用されることも期待される。

[2] インコタームズの適用態様

　多くの契約書において、「この契約で使用されているトレード・タームはインコタームズ 2010 年版に従って解釈される」という趣旨の文言が裏面に印刷されている。援用可能統一規則とよばれるゆえんである。援用可能統一規則は、契約で用いられる用語・契約内容等について、当事者が援用することにより国際契約中に取り込まれることを予定した一定のルールである、と一般に定義されている。数ある援用可能統一規則の中でも、最も重要なものは、インコタームズと、同じく ICC が公刊している信用状統一

規則（1933年、最終改正2007年）である[14]。

　これらの援用可能統一規則は、制定主体という側面から見れば、多くの場合、標準契約書式や普通取引約款（第Ⅰ編1章1節参照）と同様に、国家権限が関与しない機関によって作成されている。援用可能統一規則が普通取引約款の例として挙げられることがあるのは、そのことの反映である。しかし、援用可能統一規則は、その解釈・適用のされ方を見れば、標準契約書式や普通取引約款に比べて、客観的法規範に近接している。

　ところで、これらの援用可能統一規則の適用根拠をめぐっては、さまざまな見解が主張されているが[15]、インコタームズについては、その適用根拠を論じる余地がわずかながら残ってはいるものの、信用状統一規則に関しては、論じる実益はない。なぜならば、全世界で発行されている信用状には、ほとんど例外なく、信用状統一規則に拠る旨が記載されているからである。ただし、日本の裁判官はこれらを商慣習であると考えているようである。たとえば、東京地判昭和62年5月29日金判781号38頁は、信用状が信用状統一規則に準拠することは商慣習となっているとしている（もっとも、例にもれず、本件信用状にも信用状統一規則に拠る旨が記載されていたので、商慣習となっている旨の摘示はあまり意味がない）。また、大阪地判昭和50年12月5日判時814号136頁および神戸地判昭和61年6月25日訟月32巻12号2908頁は、トレード・タームの解釈につき、適用根拠を明示することなくインコタームズを利用している。これらの判決に鑑みれば、それに拠ることのみならず、信用状統一規則やインコタームズ自体が商慣習であるという裁判官の意識が存在していると考えられる。なお、CISGの慣習捕捉条項（9条）も、その起草に際し、インコタームズが念頭におかれている。

[3] トレード・タームの内容

　インコタームズに規定されているトレード・タームには四つの類型がある。E類型（EXW）は、売主が自己の施設またはその他の指定場所（工場、製造所、倉庫など）において買主に物品を引き渡すものである。F類型（FCA、FAS、FOB）は、買主が手配・指定した運送人・船側・船上で売主が物品を引き渡すものである。C類型（CPT、CIP、CFR、CIF）は、売主が運送契約を締結するが、船積ないし出荷後の危険・費用は負担しないものである。ま

た、D類型（DAT、DAP、DDP）は、売主が仕向地までの一切の危険・費用を負担するものである。

これらのトレード・タームのなかで、最も頻繁に利用されるものはFOB（本船渡）とCIF（運賃保険料込）である。FOBとは、Free on Boardの略称であり、CIFは、Cost, Insurance and Freightの略称である。CIFでは、売主は運送契約および保険契約を締結しなければならず、売買代金にも運賃や保険料が含まれている。それに対し、FOBでは、売主にはそのような義務はなく、買主が手配した船舶に物品を積み込むだけでよい。したがって、売買代金には運賃や保険料は含まれていない。ただし、FOB、CIFとも、売主の引渡義務は、船積港において本船上に物品を置くことによって完了し、危険もその時点で売主から買主に移転する[16]。先述したように、航海中の危険を買主が負担するところに国際売買の特性が反映されている。

ところで、FOBやCIFはコンテナの出現以前に発達してきたトレード・タームであるので、物品の引渡義務にしろ、危険の移転時期にしろ、本船に積み込まれる時点が重要な臨界点として位置づけられている。ところが、コンテナの出現は複合運送をもたらし、もはや本船への積込時は当事者の役割分担、費用および危険の分岐点としてさほど意味をもたなくなっている（コンテナ輸送においては、通常、ターミナルで運送人に物品が引き渡される）。そこで、先述したように、ICCは、インコタームズ1980年版より、複合運送に適合したトレード・タームを追加し、その普及に努めている。現行のインコタームズ2010年版において、FOBに対応するそれはFCA（Free Carrier）であり、CIFに対応するのがCIP（Carriage and Insurance Paid to）である。FCAでは、買主が提供した輸送手段に物品が積み込まれた時、または、買主が指定した運送人に物品の処分が委ねられた時に売主の引渡義務は完了し、危険もその時に移転する。CIPでは、売主が契約した運送人（複合運送のときは第一の運送人）に物品を引き渡すことによって売主の引渡義務は完了し、危険もその時に移転する。しかしながら、商人達はFOBやCIFに慣れ親しんでいるため、残念ながら現段階ではFCAやCIPはあまり用いられていない。

コラム　ユニドロワ国際商事契約原則

　ユニドロワ国際商事契約原則（The UNIDROIT Principles of International Commercial Contracts）は、「国際商事契約のための一般的規範を示す」（同原則前文）ことを目的として、ユニドロワ（私法統一国際協会）が1994年に発表したものである。その後、代理等についての条文も組み込んだ2004年版が公表されている。同原則は、国家法でもなければ、条約でもなく、国内立法化を求めるモデル法でもない。また、一定の取引実務の裏付けがある慣習でもない。しかしながら、諸外国の裁判や仲裁においては、かなり利用されてきている。さらに、UNCITRALが2007年7月の総会において、ユニドロワ原則を適宜利用することを推奨することを決定したこともあり、今後は、CISGの解釈・適用においても、ユニドロワ原則の重要性はますます大きいものとなろう[17]。

注）

1) 保険証券の有価証券性については議論がある。国内保険契約においては、保険証券は証拠証券にすぎないと考えてよいが、国際取引で用いられる保険証券は、以下で述べるように流通するものであり、有価証券的である。

2) 信用状条件に合致していない船積書類が添付されていても、買取銀行は信用状の買取に応じないし、発行銀行は支払いに応じない（厳格一致の原則）。C［2］で後述する信用状統一規則は、種々の船積書類について、一定の条件を定めている。たとえば、船積船荷証券（第Ⅱ編3章2節A［4］参照）であること（同規則20条aⅱ。国際海運7条2項も参照）、保険証券上の最低付保金額がCIFまたはCIP価格の110％でなければならないこと（同規則28条fⅱ）などである。

3) ウィーン売買条約についての概説書には、曽野和明・山手正史『国際売買法（現代法律学全集60）』（青林書院、1993）、ペーター・シュレヒトリーム（内田貴・曽野裕夫訳）『国際統一売買法』（商事法務研究会、1997）などがある。

4) 国際売買についての統一法の最初の成果は、1964年にハーグで採択され、1972年に発効した「有体動産の国際的売買についての統一法（ULIS）に関する条約」および「有体動産の国際的売買契約の成立についての統一法（ULF）に関する条約」である。この両者はあわせてハーグ統一売買法条約とよばれる。加盟国は9カ国に留まった。UNCITRALは、両統一法をたたき台としてCISGの起草作業を進めた。

5) これに対し、条約の本体部分では締約国の義務や発効要件等を定め、その付属書（annex）に国家法化されるべき私法規範を定めているものもある（いわゆる枠条約）。ジュネーヴ統一手

形条約・小切手条約やハーグ統一売買法条約などはこの例である。なお、船荷証券条約のように、直接適用の方法と国家法を制定する方法との二者択一権を締約国に認めている場合もある。国家法が制定された場合には、当該国家法のみが法源となるが、その解釈にあたっては、もともと統一法条約であったことを考慮しなければならない。

6) これに対し、国内的事象に適用される私法も統一するものを統一私法型統一法という。ジュネーヴ統一手形条約・小切手条約などはこの例である。
7) ネットで「CLOUT」で検索すれば出てくる。国際取引法フォーラムによる日本語訳もある。「CLOUT 国際取引法フォーラム」で検索すれば出てくる。なお、CISG のデータベースには米国のペース大学のものもある。CLOUT よりも充実している。「Pace CISG」で検索すれば出てくる。
8) 1条1項b号および95条については、やや厄介な問題がある。その問題については、山手正史「CISG──総論と適用範囲」民商法雑誌137巻3号（2007）249頁以下、曽野・山手・前掲注3) 36頁以下を参照。
9) 山手正史「商事売買と法」落合誠一ほか編『岩波講座・現代の法7（企業と法）』（岩波書店、1998）179頁。
10) ちなみに、ユニドロワ原則2・1・11条はCISG 19条1項、2項と同様の規定を有するが、3項に相当する規定は置いていない。また、2・1・22条において、いわゆるknockout rule を採用し、書式の闘いの問題についてのさらなる解決をはかっている。
11) CISG に関する諸外国の判決・仲裁判断については、近く『判例コンメンタール　ウィーン売買条約』（商事法務）が発刊される予定であるが、さしあたり、山手正史「1980年国連国際物品売買条約──解釈上の諸傾向を中心として」国際経済法5号（1996）139頁以下を参照。
12) 後述するように、インコタームズは民間団体であるICCの公刊物であるので、普通の六法には載っていない。ICC 日本委員会で和英対訳版を入手することができる。
13) トレード・タームの統一的解釈への試みには、古くは、CIF に関する「ワルソー・オックスフォード規則」（1932年、その前身は1928年のワルソー規則）があった。また、FOB を中心とする「改正アメリカ貿易定義」（1941年、その前身は1919年のアメリカ貿易定義）があった。ワルソー・オックスフォード規則はインコタームズに取って代わられ、アメリカ貿易定義は、米国の各州によって採用されたUCC（Uniform Commercial Code、統一商法典）がトレード・タームの定義規定を含んでいたために、しだいに使われなくなった。そして、そのUCCのトレード・タームに関する規定も、インコタームズの国際的地位の確立を前に、2004年版において削除されるに至っている。また、UNCITRAL は1992年5月に開かれた総会で、インコタームズの国際貿易における広汎な利用を推奨する決議を採択した。すなわち、国際取引界におけるこの分野での用語法の統一は、インコタームズによってほぼ確立されたと言ってよい。
14) 海上運送の分野では、共同海損についてのヨーク・アントワープ規則（1890年、最終改正2004年）も重要である（第Ⅱ編3章4節B[1]参照）。
15) 大別すれば、文字どおり援用可能統一規則として把握する立場と、国際的商慣習（lex mer-

16) インコタームズ 2000 年版までは、危険は物品が本船の手すり（ship's rail）を通過した時に移転するとされていたが、危険が架空で移転するという時代遅れのイメージを避けるため、本文のように改められた。
17) ユニドロワ原則の公式注釈の翻訳には、1994 年版のものではあるが、曽野和明・廣瀬久和・内田貴・曽野裕夫訳『UNIDROIT 国際商事契約原則』（商事法務、2004）がある。2004 年版の公式注釈の原文（英語、フランス語、イタリア語、スペイン語）および条文の日本語訳は、ネットで「UNIDROIT Principles 2004」で検索すれば出てくる。また、ユニドロワ原則の適用態様については、森下哲朗「UNIDROIT 国際商事契約原則の現状と意義」上智大学法学会編『変容する社会の法と理論』（有斐閣、2008）151 頁以下、山手・前掲注 15）79 頁以下、CISG の解釈・適用に際してのユニドロワ原則の用いられ方については、山手正史「ウィーン売買条約（CISG）判決に現れた UNIDROIT 原則」奥島孝康先生古稀記念論文集第 2 巻『商法学の諸相』（成文堂、近刊）を参照。

エクササイズ

問題 次の各文章の正誤を答えなさい。

(1) 日本の会社の中国にある支店と中国の会社との間で締結された工作機械 100 台の売買契約には CISG が適用される。

(2) FOB、CIF ともに、売主の引渡義務は船積港において本船上に物品を置くことによって完了するが、FOB ではその時に危険も移転するのに対し、CIF では売主が仕向地までの運送契約や保険契約の締結義務を負うので、危険は仕向港で物品を荷揚げした時に移転する。

3 電子売買取引

ポイント

近年、インターネットに代表されるネットワークシステムの発展が著しく、そこで行われる取引（電子商取引）も活発である。ネット上の取引（契約）についてどのような規制が設けられているのかについて説明する。また、ネット取引に必要となる決済手段にはどのようなものがあるか、特に電子決済システムの仕組みについて取り上げる。

A 電子商取引の概要

電子商取引（electronic commerce：e-commerce）にはさまざまな形態がある。それは、①電子的方法を用いた取引の交渉や契約締結など、迅速な取引を行うために企業（Business）と企業との間で行われる企業間取引（B to B）、②既存の店舗が書籍その他の商品をオンラインで、またはインターネット専業業者が商品などをオンラインで個人消費者（個人顧客：Consumer）に販売する対消費者取引（B to C）、③ネットオークションなどで個人の所有する物品などを販売する個人間取引（C to C）という三つの類型に大別できる。

①では、通常の商事売買取引（第Ⅱ編1章1節参照）と同様に、両当事者が商取引について十分な知識のある商人同士の取引として商法の規定を適用し、自己責任の原則に基づいて、簡易・迅速に取引を行わせればよい。これに対し、②は、企業に対して、十分な知識のない個人顧客との取引であるから、個人顧客の側から契約条件の交渉をするのはきわめて困難である。そのため、個人顧客を消費者ととらえ、個人顧客が企業に対して一方的に不利益な立場にならないように法的な保護が与えられている（電子消費者契約及び電子承諾通知に関する民法の特例に関する法律。以下、「電子契約特」または「電子契約特例法」という）[1]。③は、商人ではない個人間で電磁的方法（インターネット、電子メールなど）を用いて取引を行うものであり、原則として民法における契約理論に即して処理されることになる。

本節では①と②を中心に、電子商取引の法的問題を取り扱うことにする。

コラム　電子商取引に関するガイドライン

　電子商取引は、デパートなどの店舗に出かけなくともネット上で商品を検索して注文することができ、複数の店舗を訪れなくとも検索サイトで商品やサービスの価格を比較検討することもでき、決済も電磁的な方法で行うことができるなど、大変便利である。しかしながら、電子商取引には、対面取引にはない問題もある。たとえば、他人が本人のIDなどを入手する「なりすまし」のほか、電子商取引では簡単に取引が成立する反面、ネット上の契約画面に誤入力をしたような場合に、錯誤を理由に事後的に取引の成立を否認することが認められるか否かなども問題となる。電子商取引は刻々と新しい形態のものが現れており、それに対処できるよう詳細な条文をあらかじめ設けておくことは困難である。そこで電子商取引に関するトラブルを未然に防止するために、経済産業省は「電子商取引及び情報財取引等に関する準則」というガイドラインを設けている。その詳細については同省ホームページを参照されたい。

B　電子商取引契約の成立

[1] 契約の方式

　電子商取引についても、民法上の契約成立に関する準則が適用され、申込みと承諾の意思表示が合致したときに契約は成立する。

　電子商取引契約は、契約当事者が各自の情報端末（パーソナルコンピュータなど）に情報を入力することで成立する点で、対話者間の取引とは異なるが、入力すれば瞬時に情報が伝達されるため隔地者間の取引とも異なる取り扱いが必要となる。

(1) 民法の規定

　民法によれば、手紙などの書面により隔地者に対してなされた意思表示は、相手方にその通知が到達した時からその効力を生じる（到達主義。民97条1項）。ここにいう到達とは、郵便受けに入れられた場合、相手方が意思

表示を実際に了知することまでは要求されず、了知可能な状態に置かれればよい、具体的には意思表示が相手方の勢力範囲（支配圏）内に置かれることで足りると解される（最判昭和36年4月20日民集15巻4号774頁）。

電子商取引では、電子メールによる意思表示を例にとると、電子メールが相手方のメールボックスに到達すれば、その電子メールを読んでいなくとも了知可能な状態に置かれたと考えられる。

ところで、民法は、隔地者間の契約の成立時期を承諾の通知を発した時に成立すると定める（民526条1項）。これは、郵便のように隔地者からの承諾の意思表示が到達するまでに時間を要することを考え、契約成立時期を承諾の意思表示を発した時点として取り扱う趣旨である。日本ではこの規定に基づいて申込みの意思表示に対する承諾の意思表示を発した日を契約成立時点とする。

(2) 商法の規定

さらに、隔地者間の取引を行うのが商人である場合（企業間取引（B to B）など）、早期に法律関係を確定する必要がある[2]。その場合、企業は商人として取り扱われるため、隔地者間において承諾の期間を定めずに契約の申込みを受けた者が相当の期間内に承諾の通知を発しなかったときは、その申込みは効力を失い（商508条1項）、商人が平常取引をする者からその営業の部類に属する契約の申込みを受けたときは、遅滞なく、契約の申込みに対する諾否の通知を発しなければならず、その通知を怠ったときは、その商人は契約の申込みを承諾したものとみなされる（商509条。第Ⅱ編1章1節参照）。

[2] 消費者との電子商取引の特則

企業間取引では迅速決済の要請が働くため、上記の法制で問題はないであろう。

しかし、個人が電子商取引を行う場合、必ずしも十分な知識があるわけではないことから、意思表示が到達した時点で契約が成立するとした方が安全であろう。そこで、企業と消費者との電子商取引（B to C）については、民法526条1項の適用が排除され、承諾の通知が到達したときに契約が成立するとされている（電子契約特4条）[3]。

ここにいう承諾は、電子メールやウェブ上での入力および送受信などの方法で伝達することになるが、電磁的な方法では伝達が即時に行われることから、パーソナルコンピュータを用いてインターネットを利用する方法に加えて、ファクス、テレックス、留守番電話などによる承諾も対象となると解される[4]。

[3] 電子商取引契約と錯誤

(1) 民法に定める錯誤

電子商取引では、インターネットの画面に表示された情報などをもとに契約を締結するが、現物売買と異なりその商品とじかに接して契約するわけではないため、画面に表示された粗悪品を優良品と信じたり、契約条件を良く読まずに契約する場合もあり得る。

このように、錯誤、つまり、表意者の誤認識・誤判断が原因で、表意者の主観と現実との間に食い違いが生じている場合にはどうすべきかが問題となる。その中で契約の本質的な部分について判断の誤りがある場合（要素の錯誤）には、その意思表示は無効となる（民95条）。ただし、その錯誤につき表意者自身に重大な過失がある場合は、無効の主張をすることができない（民95条ただし書）。

これについては、企業間取引や個人間取引については、私的自治の原則に基づき、自己の判断で行動すべきことになるため、民法の原則通りの適用があるということになろう[5]。

(2) 電子契約特例法による修正

これに対し、企業と個人消費者との間では、十分な情報をもたないため企業に対して契約交渉力の劣る消費者について、基本原則をそのまま適用するとかえって不都合が生じることになる。そこでここにおいても、特別法による基本原則の修正が図られている。

消費者が行う電子消費者契約の申込みまたはその承諾の意思表示について、その電子消費者契約の要素に錯誤があった場合であって、当該錯誤が表1-3-1の①および②のいずれかに該当するときは、民法に定める錯誤の規定（民95条ただし書）は適用されない（電子契約特3条）[6]。

ただし、（ア）当該電子消費者契約の相手方である事業者（その委託を受け

表 1-3-1　電子消費者契約と錯誤

	電子契約特3条	具体例
①	消費者がその使用する電子計算機を用いて送信した時に当該事業者との間で電子消費者契約の申込みまたはその承諾の意思表示を行う意思がなかったとき	意図しない申込み行為（まったく申込みを行う意思がないにもかかわらず、操作を誤って申込みを行った場合）
②	消費者がその使用する電子計算機を用いて送信した時に当該電子消費者契約の申込みまたはその承諾の意思表示と異なる内容の意思表示を行う意思があったとき	意図と異なる内容の申込行為（操作を誤って申込内容を入力してしまい、訂正しないまま、意図と異なる内容の申込みを行ってしまう場合）

た者を含む）が、当該申込みまたはその承諾の意思表示に際して、電磁的方法によりその映像面を介して、その消費者の申込みもしくはその承諾の意思表示を行う意思の有無について確認を求める措置を講じた場合、または、（イ）その消費者から当該事業者に対して当該措置を講ずる必要がない旨の意思の表明があった場合は、電子契約特例法3条の規定は適用されず、民法95条がそのまま適用されることになる。つまり、企業（事業者）が消費者の誤操作による送信ミスを防ぐべく最終決定がなされる前に確認画面を表示するなどの対策をとっている場合で、なお消費者が誤入力・誤送信をした場合は、電子契約特例法3条の規定は適用されないことになる。現実の電子商取引契約では確認画面が設定されていることが多いため、消費者の入力ミスによる錯誤が認められるケースは限定されることになろう。

C　電子商取引契約の効果
[1] 電子商取引契約の効果

電子商取引契約についても、契約に関する民法の一般原則が適用される。すなわち、契約の成立に伴い契約当事者間に債権・債務関係が発生する。債権の効力が実際に問題となるのは、債務者が任意に債務を弁済しないときである。契約が履行されない場合（債務不履行時）には、債権者は、①裁判所に強制履行を請求すること（民414条）、②契約を解除すること（相当の期間を定めて債務者に履行の催告をし、その期間内に履行がないとき。民541条以下）、③債務者が債務の本旨にしたがった履行をしないときには損害賠償を求めること（民415条以下）ができる。

[2] 電子商取引契約の無効・取消

　もっとも、電子商取引では、現物取引に比べて真正な取引か否かの判別は困難なことから、詐欺的行為が行われることもある。たとえば、インターネットの画面に表示された商品がないにもかかわらずあるように見せかけて販売すること、画面に表示された商品が実は粗悪品であること、ネットオークションで共犯者と価格を不当につり上げて商品を販売することなどが考えられる。

　詐欺行為は、欺罔（ぎもう）者がはじめから意図的に違法な欺罔行為を行う場合であって、はじめは契約を履行するつもりであったが後に何らかの事情で履行不能となった [1] の場合とは異なる。この場合、詐欺にあった者は、詐欺による意思表示を取消すことができ（民96条）、代金の支払いをなしている場合には不当利得返還請求を行うことができる（民703条）。また、不法行為として損害賠償を請求することもできる（民709条）。

D　電子商取引契約の決済

[1] 本人確認

　電子商取引においては、契約当事者同士が顔を合わせることなく契約が締結される場合が多い。たとえば、未成年者や成年被後見人などの制限能力者と取引をする場合には取消権を行使されることも想定されるため、取引安全の観点から、本人確認を行う必要がある。ネットショップサイトなどでは事前に消費者本人の個人情報を提供させて会員登録を行い、IDとパスワードを入力させる方法がとられている。もっとも、それらが暗号化されていなければ、それらを不正に入手した他人が本人になりすまして契約を行う、といった問題も起こる可能性がある。

　そこで本人確認が必要となる。その一つが電子署名であり、電子署名法[7]3条は、電磁的記録による情報に本人による電子署名が行われているときは、真正に成立したものと推定すると定める。このような電子署名は公開鍵方式（RSA署名）を基盤とするのが主流である[8]。

[2] 電子商取引の決済方法

　本人確認がなされた後に、決済となる。電子商取引の決済方法は、①前

払式、②同時履行式、③後払式に分けることができる。

　①はプリペイド型ともいうが、金額などの価値をカードに記載する（プリペイドカード）ほかコンピュータ・サーバに記録させる（プリペイド型電子マネー）ものである（資金決済3条）。

　②の代表例には、代金の支払と商品の交換を同時に行う代金引換方法がある。この方法によれば、①では代金は支払った商品が送られてこない場合が、逆に③では商品を送ったが代金が支払わないというリスクがあるが、それを回避することができる。実際には、商品を運搬する宅配会社などに代金の受領を委任・代行させ、代金と商品を交換するなどの方法がとられる。

　③の代表例はクレジットカード決済である。クレジットカード決済は、カードの利用者がウェブ上の支払画面において、クレジットカード番号、有効期限などを入力することで決済され、当該利用者に商品などを販売した販売店は、カード会社から利用者の購入した代金の支払を受ける。カード会社は、利用者からカードの決済日に利用者の金融口座から代金相当額の引き落としを受けるというものである。クレジットカード決済では、カード会社が利用者の信用度（利用限度額）を定め、本人確認を行っている点に特色がある[9]。

　これらの他に、コンビニエンスストアなどにおける代金収納サービスがある。これは、オンライン取引で商品を注文した際、その受取りおよび代金の支払いを注文者が指定したコンビニエンスストアの店舗で行うものである。これは①～③のいずれの機能ももたせることができる決済方法である。

[3] 電子記録債権による決済
(1) 電子記録債権の意義

　[2]で述べた決済方法は、対消費者取引（BtoC）や個人間取引（CtoC）で活用されているが、企業間取引（BtoB）のように大量かつ継続的な取引においては、それに応じた支払決済方法が必要になる。そこでは、売主甲は乙から仕入れた商品を顧客に販売し、その代金を得てから後日（たとえば2ヵ月後）に支払うというように、甲から乙への仕入代金の支払期日が後にな

る場合が多い。このような取引が成立するには、甲は期日に支払うことができるという甲の信用が基礎となる（信用取引）。

そのための決済手段として、電子記録債権法に基づく「電子記録債権」がある。電子記録債権は、「債権」を電子化して流通させるしくみである。

電子記録債権とは、「発生又は譲渡」について「電子記録」を要件とする「金銭債権」をいう（電子債権2条1項）。すなわち、電子記録債権は、既存の指名債権や指図債権とは異なる金銭債権と位置づけられ、それは電子記録によって新たに発生することになる。前述の例でいえば、乙の持つ債権（売掛代金債権などの指名債権）を電子化するというのは、当該指名債権それ自体が電子化されるのではなく、当該債権とは別の新たな債権として電子記録債権が発生し、当該電子記録債権が電子的に流通・決済されるということである[10]。

(2) 電子記録債権の発生・譲渡

通常の電子記録債権は「発生記録」をしたときに生じる（電子債権15条。なお、電子債権31条・35条）。その電子記録の請求は、原則として当事者（電子記録債権者と電子記録義務者）の「双方」がしなければならない（電子債権5条1項）。もっとも「双方」と規定されているが「共同」でとはなっていないため、当事者が別々に請求することもできる。その場合、すべての当事者が電子記録請求をしたときに電子記録の請求の効力が生じる（電子債権5条3項）。

電子記録債権の発生記録事項には、①記録することが必須である必要的記録事項（債務者が一定の金額を支払う旨、支払期日、債権者・債務者の氏名（名称）・住所等。電子債権16条1項）と、②金銭債権として成立するために不可欠とまではいえない事項であるため、当事者が記録することを選択した場合に限って記録できる任意的記録事項（他人への譲渡記録を禁止・制限することや紛争の解決方法等。電子債権16条2項）がある。電子記録債権には、それを利用するための多様なニーズに合わせてさまざまな事項を記載できるという特色がある。

電子記録債権の譲渡は、譲渡記録をしなければ効力を生じない（電子債権17条）。譲渡記録には電子債権記録機関への記録が要求されており、電子債権記録機関は、同一の電子記録に関し2以上の電子記録の請求があった

場合には、請求の順序に従って記録しなければならないから（電子債権8条1項）、法制度上、電子記録債権の二重譲渡は生じないことになる。

(3) 電子記録債権の決済

電子記録債権も「金銭債権」であるから、支払や相殺などによって消滅する。もっとも、電子記録債権の要件は「発生又は譲渡」（電子債権2条1項）とされており、「消滅」については電子記録が要件とされていないから、債権が消滅した旨の記録がなくとも消滅する。これは、仮に支払につき電子記録を要件とすると、その記録がなされるまでは支払当事者間においても支払としての効力が生じないことになり、たとえば債務者の支払後も消滅記録がなされるまで繰り返し債権者が債権の行使ができるという不都合が生ずるからである[11]。

電子記録債権の典型的な消滅原因である支払について、電子記録名義人に対して電子記録債権の支払をしたときは、当該電子記録名義人がその支払を受ける権利を有していない場合であっても、支払をなした者に悪意または重過失がない限り、電子記録債権消滅の効力を有する（支払免責。電子債権21条）。これは、取引の安全を保護するため、電子記録名義人としての外観を信頼した債務者を免責するものであり、手形と同様の制度となっている（手40条3項）。その他にも手形と同様の制度設計となっているものが多く見られる（混同や時効期間など。電子債権22条・23条）ことから、実務上は電子記録債権の決済についても手形（手形交換所における決済）に準じた取扱いがなされることになろう[12]。

┃┃┃コラム┃┃┃　約束手形による決済

企業間の信用取引の手段としてかねてより使われてきたのは、約束手形である。約束手形とは、振出人（甲）が受取人（乙）に対して、一定の期日（満期）に一定の金額（手形金額）の支払を約束する有価証券である（手75条）。甲が乙に振り出した約束手形は、さらに乙が他人（丙）に裏書譲渡することもできる。支払決済は、支払期日（満期）に丙が甲に請求してなされる。一枚の約束手形「用紙」の上に債権が表章されるため、債権の存在を証明（可視化）できるというメリットがある。しかし、約束手形「用紙」それ自体の

紛失や盗難の危険性があることや手形金額が 10 万円以上の手形については、印紙税が課される（印税 8 条・2 条・別表第 1 の番号三）ことから、その利用は近年著しく減少している。電子記録債権は、紙の手形に代わる「電子手形」として、特に（これまで約束手形を多く利用してきた）中小企業における決済・企業間信用面での利用が期待されている[13]。

注）

1) 夏井高人監修『IT ビジネス法入門——デジタルネットワーク社会の法と制度』(TAC 出版、2010) 56 頁〔夏井高人〕。
2) 契約の成立時期に関する法制として、国際物品売買契約に関する国際連合条約（ウィーン売買条約：CISG。第Ⅱ編 1 章 2 節参照）では、申込みに対する承諾は、同意の表示が申込者に到達した時にその効力を生ずる、として到達主義に立つ（CISG 18 条 2 項）。
3) 河野太志「電子消費者契約及び電子承諾通知に関する民法の特例に関する法律の概要」NBL 718 号（2001）31 頁。
4) 河野・前掲注 3) 31 頁。
5) 夏井・前掲注 1) 69 頁〔夏井〕。
6) 河野・前掲注 3) 30 頁。
7) 電子署名法（電子署名及び認証業務に関する法律）は、一定の要件を満たす技術を応用して利用される電子署名のみについて、法律上、電子文書の真正性を推定することのできる電子署名として認める。
8) 実際の手順は次の通りである（松本博編『情報化社会の法学入門——ネットワーク時代への法的アプローチ』（法律文化社、第 2 版、2009）80〜81 頁〔藤村賢訓〕）。電子署名を利用する者は、文書の作成前に公開鍵と秘密鍵と呼ばれるペア鍵を作成し、秘密鍵を用いて暗号化したメッセージを作成し、相手方に送信する。暗号化されたメッセージを受信した相手方は、事前に公開されている暗号解除用の公開鍵を用いて、暗号文を平文に複号することによってメッセージの送信者を特定する。秘密鍵と公開鍵はペアで作成されているため、A という秘密鍵で暗号化されたメッセージは同じく A の公開鍵でしか暗号解除することができないことになる。これにより、メッセージ受信者のなりすましを一定程度防止することができる。
9) なお、近年、スパイウェアなどにより（利用者や加盟店だけではなくカード会社についても）クレジット番号などが盗まれる情報流出の問題があり、セキュリティ対策が問題となっている。
10) 電子記録債権についても取引安全の保護の要請が働く。たとえば、意思表示の瑕疵（民 93 条〜96 条）のうち、民法に第三者保護の規定が設けられていないものについて、第三者が善意・無重過失であれば保護するものとする（電子債権 12 条 1 項）などである。他方、電子記録債権は対消費者取引（B to C）の利用も想定されるので、消費者保護を図る旨の規定も設けられ

ている（電子債権12条2項2号・20条2項3号）。
11) 始関正光ほか「電子記録債権法の解説 (4)」NBL 866号（2007）49〜50頁。
12) それに当たるのは、全国銀行協会（全銀協）が構築を進めている「でんさいネット」http://www.densai.net/であり、2012年5月に業務開始予定とのことである。
13) 松嶋隆弘「電子記録債権法の概要」会計・監査ジャーナル19巻11号（2007）58頁。

エクササイズ

問題1　電子商取引に関する次の各文章の正誤を答えなさい。
(1) 電子商取引契約において申込の意思表示を電子メールにより行った場合、その電子メールを受信した者がチェックをし忘れたまま放置し続けたとしても、申込の意思表示は到達したと考えられる。
(2) 電子商取引契約において申込の意思表示を電子メールにより行った場合、その電子メールが文字化けなどのデータ異常を起こしており、その内容を判読できないとしても、申込の意思表示は到達したといえる。
(3) 東京の企業が行った電子商取引契約の申込に、北海道の消費者が契約を承諾したという電子メールを発信した場合、契約の成立時点は常に電子メールの発信時である。

問題2　電子記録債権に関する次の各文章の正誤を答えなさい。
(1) 電子記録債権について支払がなされれば、その旨の電子記録がなくとも債権支払の効力は発生する。
(2) 誤った記録が行われないように、電子記録の請求は、常に、電子記録債権者と電子記録義務者が共同で行わなければならない。
(3) 電子記録債権の譲渡は、譲渡記録がなくとも、当事者の意思表示のみによって譲渡することができる。

第2章 仲介取引

アウトライン

　売買取引にせよ、各種サービスの提供行為にせよ、これを自己の取引として行って権利義務を負担し、なおかつその計算を自己に帰属させる「自己商」が、商人の基本である。

　しかし種々の理由から、今日では、代理、媒介、取次といった法律構成を用いた「補助商」が、商人のかたちとして一般化している。

　第1節「売買仲介取引」では、売買などの一般的取引行為における補助商の制度について、第2節「運送仲介取引」では、運送取引に特有の補助商、とりわけその権利義務について、それぞれ検討する。

1 売買仲介取引

ポイント

民法は、仲介取引について委任契約(もしくは準委任契約)という契約類型を用意している。ただ、商法は民法の契約類型に関するルールの適用を土台としつつ、商人の特徴に合わせ、その実際の取引をより意識した特則的なルールを設けている。

本節では、企業外補助者(補助商)の中から仲立営業と問屋営業に焦点をあて、解説する(代理(商)・取次・媒介に関する商法の規制については、本節の他に、第Ⅰ編2章4節参照)。

A はじめに

実際の商取引では、経済の進展などに伴い取引内容が多様化していること、商人を取り巻く経済情勢の変化が激しいこと、商人自身には金銭的・時間的な限界が存在すること、などの理由から、商人が自らの取引先を見つけ出し交渉するなど、取引過程のすべてをカバーすることは困難である。

そこで商法は、商人を外部から補助する者として、代理商・仲立人・問屋・運送取扱人などを定め、局面に応じて使い分けられるよう規定している。

本節ではその中から、仲立営業(仲立人)と問屋営業(問屋)に焦点をあて、解説する(なお、代理商については第Ⅰ編2章4節、運送取扱人については第Ⅱ編2章2節を参照)。

B 仲立営業

[1] 仲立営業と仲立人の意義(図2-1-1)

(1) 仲立営業の必要性と仲立人の役割

商法は、他人間の商行為の媒介をすることを営業とする仲立人を規定している(商543条)。媒介とは他人間の法律行為の成立に尽力することを内

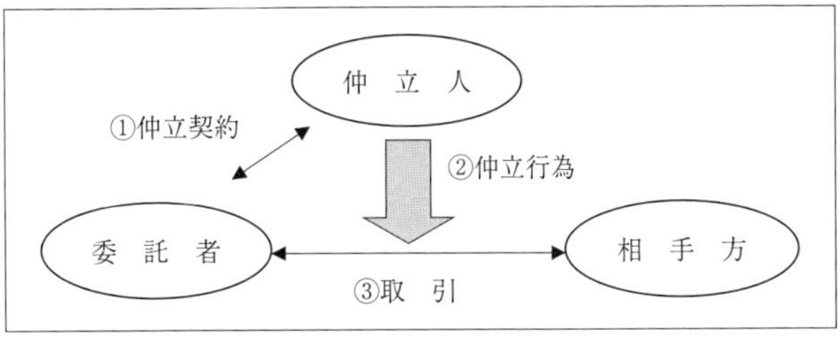

図 2-1-1　仲立営業のしくみ

容とする事実行為である。つまり媒介は、あくまでも契約の締結を促すものであって、代理や問屋営業とは異なる（問屋営業についてはCにて後述）。具体的な例としては、旅客運送契約や宿泊契約の媒介をする旅行業者や外国為替ブローカーがこれに当たる（商事仲立人という）。

なお、非商人間で投機目的でない不動産売買の媒介のみを行う不動産業者や結婚相談所などは、商事仲立人には当たらない（民事仲立人という）。

仲立人（商事仲立人・民事仲立人）は、媒介を引き受けることを業とすることで商人となり、商法が適用されることとなる（商502条11号・4条1項。最判昭和44年6月26日民集23巻7号1264頁〔百選41事件〕）。

(2) 仲立契約の法的性質

仲立人と仲立人を利用し媒介を委託する者との間に締結される契約を仲立契約という。

この仲立契約には、①仲立人は、委託者に対して契約の成立につき積極的に尽力すべき義務は負わないが、契約が成立したときは、委託者は仲立人に対して報酬支払義務を負うというもの（一方的仲立契約）と、②仲立人は、委託者に対して契約の成立につき積極的に尽力すべき義務を負担し、それにより契約の成立があった時には、委託者は仲立人に対して報酬支払義務を負うというもの（双方的仲立契約）、がある。

前者は請負類似の契約であり、後者は準委任契約であるとされるものの、当事者間で別途約定があるなど特段の事情のない限り、仲立契約は双方的仲立契約と解されている（通説）。

[2] 仲立人の権利・義務
(1) 仲立人の権利
● **仲立人の給付受領権**　仲立人は、当事者間の媒介をなすだけであって、自らがその行為の当事者や代理人となるわけではない。そのため、仲立人はその媒介をした行為について当事者のために支払その他の給付を受領することができない（商544条）。ただ、別段の意思表示（黙示によるものを含む）または慣習が存在するときは給付受領権が認められる（同条ただし書）。

なお、仲立人が買主の特段の意思表示または慣習に基づいて代金の保管をした場合には、仲立人の業務上の保管とされ、業務上横領罪が成立しうることになる（最判昭和25年9月22日刑集4巻9号1766頁）。

● **仲立人の報酬請求権**　仲立人は商人であるため、特約の有無にかかわらず当然に報酬（仲立料）請求権を有する（商512条）。

ただ、仲立人に報酬請求権が発生するためには、①仲立人の媒介によって当事者間に契約が成立したこと、②報酬請求前に結約書（B [2] (2)にて後述）の交付手続きを終えていること、が必要である（商550条1項・546条）。また、他人間の契約成立に尽力するという媒介の性質から、仲立人の報酬は当事者双方が平分して負担する（同550条2項）。これは、仲立人が委託のない契約当事者に対しても公平に利益を図り、かつ各種の紛争防止義務を負担することから規定されている。

民事仲立人については、委託のない者に対する報酬請求権が認められない（最判昭和44年6月26日民集23巻7号1264頁〔百選41事件〕）。また、非商人間の媒介を行う宅地建物取引業者（民事仲立人）につき、取引の相手方を紹介された依頼者が、当該業者を排除して直接取引を行った場合、当該業者には報酬請求権が認められる（最判昭和45年10月22日民集24巻11号1599頁〔百選83事件〕）。

(2) 仲立人の義務
● **仲立人の義務**　仲立契約は双方的仲立契約、つまり準委任契約であると解されているため、仲立人は受任者として委任者に対して善管注意義務を負う（民656条・644条）。加えて、商法においても各種要請の下、委託者・相手方当事者双方に対する仲立人の義務を各種規定されている。

● **見本保管義務**　仲立人がその媒介する行為につき見本を受け取ったとき

は、その行為が完了するまで保管しなければならない（商545条）。これは、仲立人が見本を保管することによって将来発生するおそれのある紛争に対応・解決するため規定されている。

　具体的には、見本によって目的物を決定し、見本と目的物とが同一の品質を有することを担保する見本売買においてこの義務が活用される。「その行為が完了するまで」とされている理由は、行為完了時点で、目的物の品質に関する紛争のおそれがなくなる、あるいは解決される、ためである。

● **結約書交付義務**　仲立人によって媒介された契約が成立したときは、仲立人は遅滞なく契約当事者の氏名または商号（商548条の場合を除く）、契約成立の年月日およびその要領を記載した書面（結約書）を作成し、署名をした後、これを各当事者に交付しなければならない（商546条1項）。

　また、仲立人は各当事者に交付した書面に各当事者による署名をさせた後、相手方当事者にそれを交付しなければならない（同条2項）。さらに、当事者の一方が書面を受領しない、または署名しないときは、仲立人は遅滞なく相手方に対してその通知を発しなければならない（同条3項）。

　これは、結約書を作成・交付することで仲立人によって契約が成立したことを明らかにし、後の紛争を未然に防止あるいは迅速に解決するために規定されている。つまり、結約書自体はそのような目的を実現するための証拠書類にすぎず、契約書でもなければ、法律行為の成立要件でもない。

● **帳簿作成・謄本交付義務**　仲立人は、帳簿（仲立人日記帳）を作成して、その帳簿に結約書記載事項を記載しなければならない（商547条1項）。また、仲立人の媒介により成立した契約の各当事者は、いつでも仲立人が自己のために媒介した行為につき、その帳簿の謄本の交付を請求することができる（同条2項）。

　この義務は、仲立人によって契約が成立したことを明らかにし、後の紛争を未然に防止あるいは迅速に解決するため設けられたという点で、見本保管義務や結約書交付義務と同じ機能を持つ。

● **氏名または商号の黙秘義務**　契約の当事者がその氏名または商号を相手方に示してはならない旨を仲立人に命じたときは、結約書および仲立人日記帳謄本にその氏名または商号を記載してはならない（商548条）。

　実際の取引（とりわけ商取引）においては、匿名性を重視して相手方に氏名

や商号を知らせない方がより有利な条件で取引できる場合も存在することから、匿名委託を容認すべく黙秘義務が設けられている。

● **仲立人の介入義務**　仲立人が、当事者の一方の氏名または商号をその相手方に示さないときは、相手方に対して自ら履行をする責任を負う（商549条）。これを仲立人の介入義務という。この介入義務が実際に問題となる局面は、黙秘義務の箇所で触れた匿名委託においてである。

仲立人が契約の一方当事者より匿名委託を受けた場合、一方の当事者と他方の匿名の当事者との間で取引が成立するところ、匿名委託者が債務を履行しないなど、取引に問題が発生した場合に損害を被るのは取引の相手方である。そこで、このような相手方を保護するために商法は仲立人の介入義務を設けている。

C　問屋営業
[1] 問屋営業と問屋の意義（図2-1-2）
(1) 問屋営業の必要性と問屋の意義

問屋とは、自己の名をもって（権利義務の帰属主体となって）、他人のために物品の販売または買入れをなすことを引き受けることを業とする（営業する）者をいう（商551条）。ここでいう物品には、有価証券も含まれる（最判昭和32年5月30日民集11巻5号854頁）。なお、自己の名をもって、他人のために法律行為をなすことを引き受けることを取次という。

代理商や仲立人を設置することによっても取引を拡大することはできるが、問屋を活用することによって、委託者は問屋のノウハウ（技術・販路等）

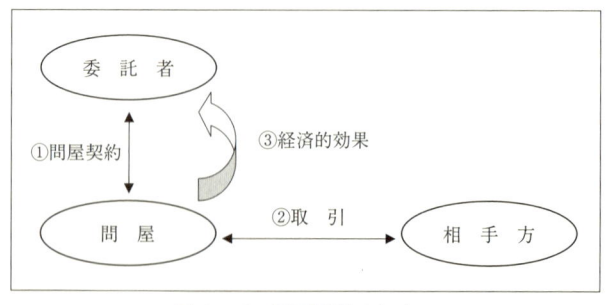

図2-1-2　問屋営業のしくみ

を利用しつつ匿名で取引を行うことができ、経費削減と商機拡大を同時に図ることが可能となる。

(2) 問屋営業と仲立営業・代理商との違い

問屋、仲立人、代理商は、商人を外部から補助する企業外補助商である点では共通するものの、いくつか異なる点も存在する。

まず、問屋営業と仲立営業との違いは、問屋は自己の名をもって売買契約を締結する取次を行うのに対して、仲立人は他人間の法律行為の成立に尽力する媒介を行う点にある。また、問屋のなす法律行為の範囲についても、問屋は売買契約の引受けに限られているものの、仲立人の媒介にそのような制限はない。

次に、問屋と代理商との違いは、補助する商人が特定の商人であるか不特定多数の商人であるかである。つまり、代理商は特定の商人の補助を行うのに対し、問屋は不特定多数の商人の補助を行う。なお、仲立人と運送取扱人も不特定多数の商人の補助を行う点では問屋と同様である。

[2] 問屋の法律関係

(1) 問屋の法律関係

図 2-1-2 のとおり、問屋の法律関係は問屋を中心としつつ、三当事者の組み合わせにより、①問屋と委託者、②問屋と相手方、③委託者と相手方の三つからなる。以下でそれぞれ解説する。

(2) 問屋と委託者との法律関係

問屋は委託者との間に問屋契約を締結する。この契約は物品の売買契約につき委託者が受託者である問屋に委託することを内容とするため、その本質は委任契約（民 643 条）である。そこで商法は、問屋と委託者との間においては商法のほか、民法の委任および代理に関する規定を準用すると規定している（商 552 条 2 項）。

ただし、問屋は自己の名をもって他人のために物品の売買契約を締結するため、民法の代理とは異なり、問屋のなした法律行為は問屋自身に帰属するものの、売買契約によってもたらされる経済的効果は委託者に帰属する（民法の代理と区別し、間接代理ともいう）。また、物品販売の委託を受けた問屋が、他の問屋に再委託をした場合には、再委託を受けた問屋と委託者と

の関係につき複代理の規定を準用すべきではない（最判昭和31年10月12日民集10巻10号1260頁）。

(3) 問屋・委託者と相手方との法律関係

問屋は自己の名をもって売買契約を締結するため、問屋と相手方とは売買契約の当事者関係となる。つまり、問屋は相手方に対して行った売買契約によって自ら権利を得て義務を負うことになる（商552条1項）。たとえば、売買契約中に取消ないし無効原因が存在していたか否かについては、委託者ではなく、問屋自身の状況によって決まることとなる（例外として後述する [3](2) 問屋の指値遵守義務を参照）。

他方、委託者と相手方の法律関係は、問屋が自己の名をもって他人のために物品の売買契約を締結するため、問屋の有する権利義務を委託者に対して移転しないかぎり、発生しない。つまり、委託者と相手方はそれぞれ問屋に対してのみ権利行使をすることができる。

[3] 問屋の権利・義務

(1) 問屋の権利

●**問屋の権利**　問屋は、自己の名をもって他人のために物品の販売または買入れをなすことを引き受けるため、委託者に対して受任者としての権利を持つことに加え、委託者のために行った行為については相当な報酬を請求することが認められる（商512条）。

●**介入権**　問屋は、取引所の相場ある物品の販売または買入の委託を受けたときは、自ら買主または売主となることができる（商555条1項前段）。これを問屋の介入権という。

問屋は委託者のために第三者と売買契約を締結する立場にあることから、問屋自ら買主または売主となることで、問屋と委託者との間で利害対立局面が発生しうる。ただし、当事者間の利害関係が一致しているなど利益相反の可能性がない場合に、取引の時間的・金銭的コストを削減するため、商法は問屋に介入権を認めている。

問屋が介入権を行使する場合、売買の代価は、問屋が買主または売主となることを委託者に通知した際の取引所の相場による（同項後段）。

問屋は、介入権を行使した場合においても、委託者に報酬を請求するこ

とができる（同条2項）。

● **供託権・自助売却権**　問屋が買入の委託を受けた場合において、委託者が買入れた物品を受取ることを拒みまたは受取ることができないときは、問屋はその物を供託し、または相当の期間を定めて催告をした後に競売することができる（商556条・524条1項）。

民法では、目的物の競売可能な場合を、弁済の目的物が供託に適さないとき、またはその物について滅失もしくは損傷のおそれがあるときに限定し、裁判所の許可を得た上で行うとしている（民497条）。

それに対して商法は、取引の迅速性の要請から、供託権と自助売却権の選択を問屋に認めている。ただし、いずれの場合にも、問屋は遅滞なく委託者に対してその通知をしなければならない（商556条・524条1項後段）。

損傷その他の事由による価格の低落のおそれがあるものは、催告なしに競売することができる（商556条・524条2項）。

問屋は競売によって得た売買代価の全部または一部を代金に充当してもよいが、残った代価は供託しなければならない（商556条・524条3項）。

● **留置権**　問屋は、当事者間で別段の意思表示をしていない限り、委託者との問屋契約に基づく取引によって生じた債権の弁済期が到来しているときは、その弁済を受けるまで、委託者のために当該問屋が占有する物または有価証券を留置することができる（商557条・31条）。

商人間の取引においては商事留置権（商521条）も存在するが、問屋の委託者が商人であるとは限らないことから商法では留置権が設けられた。

民法では、被担保債権と留置物との間に牽連性が必要であるが（一般留置権、民295条）、商法では委託による債権を担保する目的から、そのような牽連性は要求されない。

(2) 問屋の義務

● **問屋の義務**　問屋と委託者は委任の関係にあたるため、問屋には善管注意義務が課される（民644条）。民法が定める一般義務に加えて、商法においても各種要請の下、問屋の義務を以下のとおり規定している。

● **履行担保義務**　問屋は、委託者のためになした販売または買入について、相手方がその債務を履行しない場合は、両者の間で別段の意思表示または慣習がある場合を除いて、自らその履行をなす責任がある（商553条）。

民法では、受任者が委任者のために善管注意義務を尽くした上で法律行為を行った場合、受任者に責任は発生しない。また、問屋契約の場合、委託者と取引の相手方には直接の法律関係が発生しないため、取引の相手方が債務を履行しない場合に損害を被るのは問屋ではなく委託者となる。

　商法では、委託者が不測の損害を被り、問屋制度自体が利用されなくなることを避けるため、問屋に履行担保義務を課して問屋制度の信用維持を図っている。

　取引の相手方が債務を履行しない場合、問屋が負う履行義務の範囲は、相手方が問屋に対して負担する義務と同一である。つまり、売買契約の基本部分（物品の代金支払・給付）に加えて、目的物の瑕疵に基づく代金減額義務や損害賠償義務なども範囲に含まれることとなる。

　なお、問屋は、相手方が問屋に対して対抗できる抗弁（同時履行の抗弁や不完全履行など）について、問屋の履行担保義務を主張する委託者に対抗できる。ただし、問屋と委託者の間で別段の意思表示または慣習がある場合、問屋は履行担保責任を負わない（商553条ただし書）。

●**指値遵守義務**　問屋が委託者の指定した金額より廉価にて販売し、または高価にて買入を行った場合は、自らその差額を負担するときは、その販売または買入は委託者に対して効力を生じる（商554条）。

　問屋は一般義務として善管注意義務を負っていることから、売買契約の委託につき、委託者から値段を指定され委託された場合（指値委託）は、その値段（指値）に従って売買をしなければならない。

　ただし、問屋が指値と異なる条件で売買を行ったとしても、指値と実際に行った売買条件との差額を負担すれば、委託者の利益は害されないため、商法では上記のような規定内容となっている。

●**通知義務**　問屋は、物品の販売または買入れをなしたときは、遅滞なく、委託者に対して、その旨の通知を発しなければならない（商557条・27条）。

　民法では、受任者は委任者の請求があるときはいつでも委任事務の処理の状況を報告し、委任が終了した後は、遅滞なくその経過および結果を報告しなければならないと規定している（民645条）。

　しかし、この民法の規定によると、委任者からの請求があったとき、または委任が終了した後でなければ委任者は物品の売買契約の結果を知るこ

とができない。

商法では、取引の迅速性を確保しつつ委託者の利便性向上を図るため、民法とは異なる内容の規定を置いている。

なお、その場合の通知事項は、売買契約がなされた事実に加え、売買の相手方や履行時期など売買契約の内容も含まれると解される。

(3) 準問屋

準問屋とは、自己の名をもって他人のために販売または買入れ以外の行為をなすことを引き受けることを業とする者である（商558条）。商法では、物品販売の取次を営業として行っている者を問屋とし、物品運送の取次を営業として行っている者を運送取扱人としている（運送取扱人については第Ⅱ編2章2節参照）。つまり、商法はそれら以外の取次を営業として行っている者を準問屋として、これに問屋の規定を準用している。具体的に準問屋に該当する例としては、広告出版の取次業者、保険契約の取次業者、旅客運送の取次業者などが挙げられる。

コラム　金融商品取引業者（証券会社）の責任

問屋は、自己の名をもって、他人のために物品の販売または買入れをなすことを引き受けることを業とする者であり、その典型例に証券会社がある。

なお、証券会社という名称は、現在も実務上は使用されているものの、平成19年に証券取引法から金融商品取引法へと改正されたことに伴い、法律上の名称は金融商品取引業者へと変更されている。

金融商品取引業者は、一般的には、有価証券の売買や売買の仲介を業者名義で依頼人のために行っている会社であり、問屋となる。そのため、金融商品取引業者に対しては、本文でも触れたように、問屋としての民法上・商法上の各種義務が課されている。ただ、近時、金融商品・金融取引の複雑化に伴い、投資者保護の必要性が高まっている。

そこで、民法や商法の特別法として投資者保護のための法律が各種制定されることとなり、民法上・商法上の義務のほかにも各種義務が金融商品取引業者に対しては課されることとなった。

たとえば、金融商品取引紛争訴訟においては、民法の規定によるほか、

金融商品販売法（平成12年5月31日法律第101号）や消費者契約法（平成12年5月12日法律第61号）の一般投資者の保護規定を利用して業者を訴えることが可能である。前者は、①業者側の説明義務が無過失責任化、②説明義務違反と顧客に生じた損害との間の因果関係および損害額につき推定規定が整備され、これにより証明責任が業者側に転換されたこと、③証明責任の業者側への転換を、後者は、消費者契約に特化した一定の民事ルールを新たに設けることにより、消費者の利益を擁護しようとしていることを、それぞれ特徴とする。

また、各種業法によっても金融商品取引業者の取引は規制されている。とりわけ、金融商品取引法においては、金融商品の販売勧誘時に、適合性原則（金商40条：顧客の知識、経験、財産の状況及び金融商品取引契約を締結する目的に照らして不適当と認められる勧誘をしてはならないというルール）を遵守したうえで、各種説明義務（たとえば、契約締結前書面の交付：金商37条の3）を果たさなければならないなど、投資者保護のために各種規制が課されている。

[4] 問屋の破産
(1) 問屋の破産がなぜ問題となるのか

問屋は、自己の名をもって、他人のために、物品の販売または買入れをなすことを引き受けることを業とする者である。

問屋制度利用に伴う各種メリット享受のため（C [1] (1) 参照）、問屋営業においては、法律上の効果が帰属する主体（問屋）と、法律行為によってもたらされる経済上の効果が帰属する主体（委託者）とが乖離したものとなっている。

ただ、図2-1-3で示したような問屋の破産の場合に、委託者と問屋の相手方との間でどのような処理が法的になされるのかにつき、商法は明文規定を置いていない。

つまり、問屋が破産した局面において問題となるのは、法的帰属主体と経済的帰属主体が分離しているにもかかわらず、問屋が委託を受けて相手方と取引をした結果得た物品と、問屋がそれとは別に以前から有していた物品を同じものとして、どちらも問屋債権者の一般担保として破産財団に

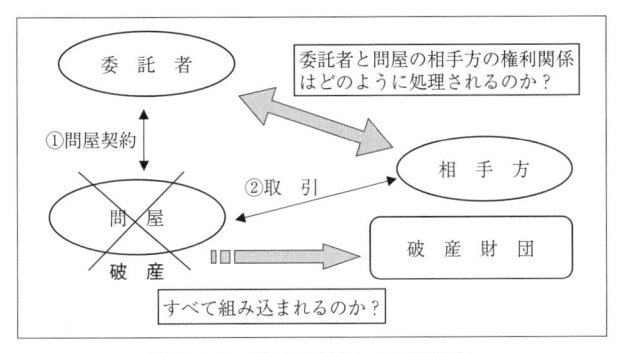

図 2-1-3　問屋の破産とその問題点

組み込まれるのか、委託者は取戻権を行使できるのか（破62条、民執38条、民再52条、会更64条）である。

(2) 学説と判例

この問題につき、学説は大きく二つの立場に分かれている。

まず、従来の通説的見解は、法形式を重視し、民法の代理に関する規定の準用は問屋と委託者の内部関係に限って認められ、それが問屋の一般債権者にまでは当然に及ばず、委託者が問屋以外の一般債権者に権利を主張しうるためには、問屋からの対抗要件を具備した各種権利移転がなければならない、とする。

つまり、委託者がそのような権利移転行為をしないまま問屋が破産した場合には、問屋の一般債権者による強制執行への第三者異議の訴え（民執38条）や、破産時における取戻権行使（破62条・64条）を、委託者はできないこととなる。

それに対して近時の多数説は、法形式にとらわれず経済実態を重視する。つまり、問屋の委託者は、問屋の債権者とは異なり、問屋に対する権利を一般担保目的とするにとどまらず、最終的には実質的権利者となって利益を有することとなるため、委託者の利益を他の債権者よりも優先すべき、とする。

判例も、問屋が権利を取得した後に、これを委託者に移転しない間に破産した場合は、委託者は右権利につき取戻権を行使できる、としている（最判昭和43年7月11日民集22巻7号1462頁〔百選86事件〕）。

エクササイズ

問題1 仲立・問屋営業に関する次の各文章の中から正しいものを一つ選びなさい。

(1) 仲立人は、代理人ではないため代理権を有していないが、別段の定めを設ければ、当事者のための給付受領権が認められる。
(2) 仲立人の報酬については、別段の定めを設ければ、これをないものとすることができる。
(3) 商事仲立人は商人であるが、民事仲立人は商人となることができない。
(4) 問屋の委託者が目的物の受領を拒否し、問屋が供託・競売をした場合には、遅滞なく委託者に通知しなければならないが、この通知が供託・競売の効力発生要件となる。
(5) 問屋と委託者との間で別段の意思表示があれば、問屋が物品の販売または買入れをなした場合に、委託者に対して通知を発しなくともよい。

問題2 仲立・問屋営業に関する次の各文章の中から誤っているものを一つ選びなさい。

(1) 商事仲立人ではない民事仲立人も、媒介を引き受けることを業とすることで商人となり、商法が適用される。
(2) 営業の範囲内において他人のためにある行為をすれば、特約がなくても、仲立人は、相当な報酬を契約当事者に請求することができる。
(3) 契約の一方当事者が仲立人に委託をしていなかった場合であっても、仲立人の報酬は当事者双方が平分して負担する。
(4) 民事仲立人については、委託のない者に対する報酬請求権が認められない。
(5) 仲立人は、取引所の相場ある物品の販売または買入の委託を受けたときは、自ら買主または売主となることができる。

2 運送仲介取引

> **ポイント**
>
> 　商品が買主の手に移るまでには、運送人や倉庫業者が重要な役割を果たすのみならず、中途で運送人から倉庫業者へ、またはその逆の授受がなされ、そのための中間業者が関与することも珍しくない。そして、運送距離が伸長し経路や手続も複雑化するなかで、運送全体を統制し荷主の利益を最適化するニーズも高まっている。古くは運送取扱人、今ではフレイト・フォワダーがその役割を担っている。彼らによる物品運送仲介取引とは、いかなる法的内容を有するのであろうか。

A　運送仲介取引の展開

[1] 運送仲介取引の意義

　売買商人の最も重要な補助者として、運送人と倉庫業者とがある。運送人は価格の低いところから高いところへと商品の場所的移動を行うことで商品価値を高め、倉庫業者は価格の低いときから高いときへと商品の時間的保管を行うことで商品価値を高めている。

　もっとも、商品が売主の手から買主の手に渡るまでには、中途で運送人から倉庫業者へ、またはその逆の授受がなされ、そのための中間業者が関与することがむしろ普通である。また現代では、運送距離が伸長し、経路や手続が複雑化して、運送、倉庫寄託を含む運送全体の統制を、荷主自ら行うことが難しくなっている。運送取扱人とは、最も確実、低廉、迅速な経路と時期を選び、これを遂行する最も適切な運送人を選択して、取次をなす商人に他ならない。

　そして、ひとり取次行為だけでなく、荷造り、保管、引渡し、必要書類の作成など、運送付帯事務の処理をも行って、荷主の便益を増進することが求められることとなり、いわゆる通運業者が発生した。さらに、到達地運送取扱を含む付随小運送、委託者の名において運送契約を締結する代理運送、他の運送機関を下請けとする利用運送などを行って、一貫運送に近

づける努力が通運業者のなかで払われるようになると、フレイト・フォワダーが生成することとなった。

運送はこれを全体としてみると、ターミナル、港湾、空港という結節点（ノード）をもって、道路、航路、空路という経路（リンク）をつなげ、ここにトラック・鉄道、船舶、航空機という輸送手段（モード）を適用して、展開されるものといえる。活動の主体は、リンクでは（実行）運送人、ノードでは運送取扱人ないしフレイト・フォワダーである[1]。

今日的意義の運送仲介取引とは、荷主と（実行）運送人との中間的立場を利用して、利用運送、運送の取次・代理を行うほか、文書作成、付保、積替え、保管、通関等の付帯業務をも手掛けて、ノードを基盤に運送を合理化する手続といえる。とりわけフォワダーは、自ら輸送手段を保有しないことから輸送手段の選択が自由であり、多様な経路を形成することにより最適な物流システムの構築に奉仕する。陸海空のいずれモードも、そしてそれらの組み合わせをも選択できるからである。

[2] 運送仲介取引の実施主体
(1) 運送取扱人

運送取扱人とは、自己の名をもってかつ委託者の計算において物品（貨物）運送契約を締結することを引き受ける行為、つまり運送の取次をなすことを業とする者をいう（商559条1項）[2]。運送の取次であれば、陸海空を問わず、これらを複合した運送でもよい。そうした行為は営業的商行為にあたる（商502条11号）。

運送取扱人は、荷主に代わって運送方法、運送人の選択や荷造り、積替えなどの業務を的確かつ迅速に行うという専門業種である。沿革的には問屋から分化したものと考えられており、その特殊性に基づく若干の固有規定に服しつつも、共通点の多い問屋業に関する規定の一般的準用を受ける（商559条2項）。また、荷主の実際上のニーズは取次に限定されず各種の法律行為、事実行為の委託契約を含むため、委任、準委任および代理に関して民法規定の準用を受けるのみならず（商552条2項、民643条以下）[3]、これまで、旧通運事業法（昭和24年法律第241号）、貨物利用運送事業法（平成元年法律第82号）によって漸次業務内容の多様化が承認され、なおかつ約款が

整備されて、実務への対応が図られてきている。

(2) フレイト・フォワダー

　フレイト・フォワダーとは、混載を含む利用運送に基礎を置き、ときに運送取扱、運送代理を行うほか、輸送関係書類の作成、貨物の集配、輸出入通関、保管、在庫管理、付保代行等の運送付随業務をも手掛ける運送仲介業者をいう。その際、当該取引が運送の申込みにあたるのか（自己商としての行為）、それとも運送の委託にあたるのか（補助商としての行為）は、契約の全趣旨とくに損益の帰属主体に着眼して判断される。

　輸送手段を所有または支配しこれを実際に運航する者を実行運送人といい、荷主と運送契約を締結し、その履行のために下請人としての実行運送人を利用する者を利用運送人（または契約運送人）という。ここに利用運送人は、荷送人に対し自ら運送契約上の義務を負い、自らが収受する運送賃と実行運送人に対して支払う運送賃との差額を取得することを目的とするから、物品運送の取次をなすことにより報酬を取得する運送取扱人とは相違する。

　利用運送人は、貨物運賃の重量逓減制（重量が増えるにつれて単位当たり貨物運賃は安くなる制度）を利用し、集荷した小口貨物をコンテナなどの大口貨物に仕立てる混載を行うことで、荷主に対してはより低い運賃率を提供し、実行運送人に対しては集荷等付随業務を肩代わりして貨物引き受けの効率性を提供している。この面に着目し、コンソリデーター（混載業者）とも呼ばれる。

(3) 旅行業者

　なお、旅客運送に関しても仲介業がみられる。旅行業者（旅行2条1項3項・6条の4第1項）が旅行者の依頼を受けホテルを予約する行為は、通常、仲立にあたる。他方、航空会社の代理店である旅行業者が旅行者の航空券を発行するのは代理商としての行為となる（旅行2条1項4号）。

　企画旅行契約（旅行2条4項・12条の10）は、旅行業者に特別補償および旅程保証の責任を負わせた旅行者のための特別委任契約であるが（標準旅行業約款・募集型企画旅行契約の部28条・29条および受注型企画旅行契約の部29条、30条）、企画旅行における宿泊契約は旅行業者の名で締結され、つまり取次による例が多く、旅客運送契約は、運送人のための代理（航空運送の場合）あるいは

旅行者のための取次（貸切バスの場合）などのかたちが採られる。旅客運送の取次をなす者は運送取扱人ではなく、準問屋にあたる（商558条）。

B　運送仲介取引の法規制

　物品運送の仲介業者として今日代表的な立場を占めるフレイト・フォワダーに関しては、貨物利用運送事業法附則（平成14年法律第77号）が登録に関する手続を定めるが、その業務に即応した包括的私法規範は存在せず、附合契約条款である約款によって第一義的に規律されるほか、利用運送については運送に関する商法、条約の規定に従い、付随業務にかかる代理、仲立および取次については民商法の規定に従う。以下では、このうち運送に関する取次、すなわち運送取扱に関する商法規制、そして利用運送を中心としたフォワーディング業務に関する約款規制の内容を整理する。

[1] 運送取扱業務
(1) 運送取扱人の権利

●**報酬請求権と留置権**　運送取扱人は、特約なくして相当の報酬を請求することができる（商512条）。この報酬は、運送取扱人が運送品を運送人に引き渡したときに、直ちに請求できる（商561条1項）。

　運送取扱は委任契約の一種であり、したがって運送取扱人は、運送人に支払った運送賃等の費用を委託者に請求できるほか（商559条2項・552条2項、民650条）、運送品を運送人に引渡したときは、運送の終了を待たずにただちに報酬を請求することができる（商561条1項）。

　運送取扱人は、運送人と同様、運送品に関して受取るべき報酬、運送賃その他委託者のためになした立替または前貸しについて、留置権が認められる（商562条）。しかし、報酬を請求できるのは運送品を運送人に引渡した後なので（商561条1項）、実際上、運送品の処分権行使（商582条）によって運送人を通じて間接的にこの権利を行使できるにすぎない。

●**介入権**　運送取扱人は、反対の特約がない限り、第三者と運送契約を結ばずに自ら運送を引き受けることができる（商565条1項）。これを介入権という。介入権が行使されると、運送取扱人は委託者に対し運送人と同一の権利義務を持つことになる（商565条1項）。

運送取扱人が委託者の請求により貨物引換証を作成したときは、介入が擬制される（商565条2項）。ただ、貨物引換証は運送人がこれを発行すべきものであり、運送取扱人にその発行を請求するということは、委託者が運送取扱人に対して同時に運送人となるべきことの申込みをなし、運送取扱人がこれを承諾して貨物引換証を作成・交付していると評価することもできる。その場合には擬制ではなく現に運送契約が成立していることになる。

(2) 運送取扱人の義務と責任

運送取扱人と委託者との関係は委任であるから、運送取扱人は善管注意義務を負い（民644条）、運送取扱契約上の債務を履行せずに委託者に損害を与えた場合には、債務不履行による損害賠償責任を負う（民415条。なお、不法行為責任との請求権競合について第Ⅱ編3章1節参照）。この点、商法560条は、運送取扱人は自己またはその使用人が運送品の受取り、引渡し、保管、運送人または他の運送取扱人の選択その他の運送に関する注意を怠らなかったことを証明するのでなければ、運送品の滅失、毀損または延着について損害賠償責任を免れないと規定しており、両者の関係が問題となる。

かつての通説は、運送取扱人が自らのみならずその履行補助者の故意過失についても責任を負うのと、無過失の証明責任が運送取扱人に負わされているのとを捉えて、運送取扱人の責任を加重した民法に対する特則と解していた。しかし今日の判例・通説は、民法の債務不履行責任を具体的に規定した注意的規定に過ぎないとして、これに特別の意義を認めていない（最判昭和38年11月5日民集17巻11号1510頁）。

損害賠償額についての特別の規定はなく、一般原則による。免責約款も公序良俗に反しない限り認められ（大判大正5年1月29日民録22輯200頁）、委託者による約款を除外する旨の意思表示がなければ免責約款による意思をもって契約したものと推定される（京都地判昭和30年11月25日下民集6巻11号2457頁）。また、高価品については、運送人の場合と同様、委託者の明告がなければ責任を負わない（商568条・578条）。

商法560条は、運送取扱人に「運送に関する注意」をも要求している。しかし、運送取扱人は自ら当然運送に従事するわけではないから、運送に関して直接注意をなす義務を負うことはなく、介入権行使の結果、運送取扱人が自ら運送した場合に限って関係してくるにすぎない（広島区判大正8

年12月25日新聞1659号15頁）。

なお、運送取扱契約の当事者は運送取扱人と委託者であり、運送取扱人と荷受人との間には直接の法律関係はないが、商法は、運送取扱契約における運送品受取人に運送契約の場合の荷受人と同様の地位を認めている（商568条、583条）。

(3) 中間運送取扱と到着地運送取扱

複合運送の場合などで、運送手段が異なったり積み替えの必要があったりして、第1の運送取扱人（元請運送取扱人）が自己の名をもってかつ委託者の計算において、第2の運送取扱人を選任し必要な運送取扱を行わせることがある。これを中間運送取扱といい、商法560条の適用がある。すなわち、元請運送取扱人は、自己の名をもってかつ委託者の計算において中間運送取扱人と運送取扱契約を締結し、委託者に対し下請運送人たる中間運送取扱人の選定についての責任を負う（商560条）。しかし、中間運送取扱人自身の過失については責任を負わない。これは、自己が一度引き受けた事務処理を他人に任せるのではなく、他人との間で運送取扱契約を取次ぐことを内容とする委任を受けているという理解から、導かれる結論である。

運送人から直接に運送品受取人に引き渡しが行われずに、到着地においてその地の運送取扱人が受け取り、保管、通関手続などののち運送品の受取人に引き渡されることは少なくない。到着地におけるこのような業務を到達地運送取扱という。これを行う者は自己の名において運送人と運送契約を締結することはないから、商法上の運送取扱人ではない。しかし、そうした業務は運送の取次に必然的に付帯するものであるから、運送取扱人に関する規定が準用されると解されている。判例によれば、到着地運送取扱人は最初の運送取扱人の指図に従い運送の取扱いをなすことを要し、これに違背したために生じた損害について、荷主に対し最初の運送人と同一の責任を負うべき慣習が存する（大判大正13年6月6日新聞2288号17頁）。

[2] フォワーディング業務

フレイト・フォワダーによる、混載利用運送を中心とし、文書作成、積替え、倉庫寄託等を付帯する運送仲介行為を、ここではフォワーディング業務と呼ぶことにする。

航空分野を例にとると、国際航空貨物利用運送について適用される「標準国際利用航空運送約款」(平成2年運輸省告示第594号、最終改正・平成21年国土交通省告示第1383号、以下本節では「約款」と略す) に基づき、利用運送人は次のとおりの権利を有し義務を負う。なお、ここに国際運送とは、ワルソー条約、ハーグ (ヘーグ) 改正ワルソー条約、モントリオール第四議定書またはモントリオール条約 (以下本節では「条約」と略す) のうち適用あるものに従い、それ以外の場合にあっては航空運送契約による出発地および到達地が本邦と外国との組み合わせである運送をいう (約款2条1項)。

(1) フレイト・フォワダーの権利

● **報酬請求権、費用等償還請求権**　運送人は、運賃表に定める運賃、料金その他の費用を収受する (約款12条)。

運送人が、貨物利用運送事業に附帯して行う貨物の荷造り、保管または仕分け、代金の取立ておよび立替えその他の貨物利用運送事業に附帯する業務等を引き受けた場合には、当該業務等に係る料金を収受する (約款18条1項)。

運送人が、運送保険契約の締結を引き受けた場合には、当該保険に係る保険料を収受する (約款18条2項)。

運送人が、貨物に関する公租、公課などを立替えまたは支払をした場合には、荷送人および荷受人は連帯してこれを運送人に償還する責任を負う (約款20条)。

● **自助売却権**　航空運送状記載の到達地に到着後、引渡し不能または荷受人の引取り拒絶が生じた場合には、運送人は当該運送状に記載された荷送人の指図に従う (約款32条1項)。正当な理由によりその指図に従うことができない場合は、運送人に通知した後、荷送人の再指図を求める。当該指図が30日以内に得られなかったときには、荷送人または荷受人に通知のうえ、貨物を一括してまたは数口に分け競売または任意売却に付し、処分することができる (約款30条2項)。運送人は、この売却代金を運送人自身およびその他の運送機関に対するすべての運賃、料金その他の費用および売却費用に充当することができる。ただし、貨物の売却によっても荷送人は不足金額の支払の責任を免除されない (約款30条4項)。

● **運送裁量権**　運送の開始もしくは完了または貨物の引渡しについて日時

は定められない（約款21条1項）。

運送人は、航空運送状に記載された場合であっても、特定の航空機もしくは特定の経路により貨物を運送し、または特定の運送予定に従い、特定の地点で接続する義務を負わない（約款同条2項）。

運送人は、運送区間の一部につき、航空運送事業者の行う貨物の運送以外の運送を利用して運送することができる（約款同条3項）。

(2) フレイト・フォワダーの義務と責任

● **航空運送状作成義務**　航空運送状とは、荷送人と運送人との間の貨物運送に関する契約を証する書類をいう（約款2条3項）。荷送人が作成し貨物の引渡しと同時に運送人に引き渡すのが原則であるが（約款3条）、荷送人から求めがある場合、運送人はこれを作成しなければならない（約款5条）。

● **破損等損害および遅延損害に対する責任**　貨物の運送またはそれに付随して運送人が行うその他の業務から生じ、またはこれらに関連して生じる貨物の破壊、滅失もしくは毀損による損害（破壊等損害）または遅延による損害（遅延損害）について、運送人は、当該破壊等損害または遅延損害の原因となった事故が航空運送中に生じたものである場合には、責任を負う（約款36条2項）。ただし、運送人は、自己が当該破壊等損害または遅延損害を防止するために必要なすべての措置をとったこと、またはとることが不可能であったことを証明した場合には、責任を負わない。

モントリオール条約の適用を受ける貨物の運送またはそれに付随して運送人が行うその他の業務から生じ、またはこれらに関連して生じる貨物の破壊等損害については、当該破壊等損害の原因となった事故が航空運送中に生じたものであることのみを条件として、運送人は責任を負う（約款同条6項、遅延損害について約款同条5項）。ただし、運送人は、当該破壊等損害が次に掲げる原因の一または二以上からのみ生じたものであることを証明した場合は、その範囲内で責任を免れる。①貨物の固有の欠陥または性質、②運送人以外の者によって行われた貨物の荷造りの欠陥、③戦争行為または武力紛争、④貨物の輸入、輸出または通過に関してとられた公的機関の措置。

運送人の責任は、航空運送状に記載された荷送人の申告価額を限度とし、荷送人がこれを申告をしなかった場合には、損害を受けた貨物1キログラム当たり19SDRを限度とする（約款37条）。

C 運送仲介者発行運送証券とその決済
[1] 航空運送状の意義

航空分野を例に、運送証券の実務についてみる[4]。

航空貨物代理店を通じて航空運送人に運送を依頼し、貨物を引き渡すと、代理店から航空運送状（エアウェイビル、AWB）が発行される。混載貨物の場合には、まず契約運送人である混載業者によって荷主に対して航空運送状が発行され、次いで実行運送人である航空運送事業者の代理店により混載業者に対して航空運送状が発行される。このとき、前者をハウス・エアウェイビル（HAWB）といい、後者をマスター・エアウェイビル（MAWB）という。運送人の違いを除けば両者の内容は基本的に同じである。

航空運送状は、船荷証券とは異なり有価証券として発行されることはない。その作成交付義務は、第一義的には荷送人にある（条約7条）。もっとも実務では、航空代理店が作成し荷送人に交付するのが一般的である。

航空運送状は、反証のない限り、契約の締結、貨物の受取り、運送条件についての証明力を有する（条約11条1項）。貨物の重量、寸法、荷造り、個数についての航空運送状の記載もまた証明力を有する（条約11条2項）。運送契約の証明書類と貨物の受取証としての性質をもつわけである。ただし、ペーパーレス化を前提として、航空運送状以外の手段を運送契約の証拠や貨物受取証とすることも認められている（条約4条2項）。

[2] 航空運送状の決済

国際商業会議所の1933年信用状統一規則は、海上運送における混載業者たる契約運送人が発行するフォワダー船荷証券について、運送品が速やかに船積みされるという保証がない点を捉え、拒絶を原則としていた（1933年同規則20条）。しかし、航空利用運送人が発行するHWABが一般化した後の1983年信用状統一規則では、国際輸送代理店業者連盟（IFFA）の統一複合運送状書式による場合、またはそれが運送人としてあるいは記載運送人の代理人として行為するフレイト・フォワダーによって発行された運送状である場合は、拒絶の対象とされないこととなっている（1983年同規則25条d）。

コラム　航空カルテルと独禁法適用除外

【ケース】　航空会社各社は、高騰した燃料費を燃油サーチャージとして需要者に転嫁する旨合意している。そこで、航空会社を実行運送人として国際物品利用運送等を行うフレイト・フォワダー各社は、航空会社から転嫁された燃油サーチャージ相当額を、全額荷主に転嫁することとした。後者についてのみ、公正取引委員会は排除措置、課徴金納付を命じた（公取委排除措置命令平成21年3月18日をもとに作成）。

　燃油価格の上昇時に、航空会社が航空運賃に付加して請求する価額を、燃油サーチャージと呼ぶ。本来、事業者間のこのような合意は価格カルテルにあたり、独占禁止法3条の「不当な取引制限」として違法性を帯びる。
　ところがわが国では、航空法110条によって、国内および国際航空運賃に関するカルテルは独占禁止法の適用除外とされており、違法性が阻却されている。航空産業は典型的な規制産業であり、円滑な運送を実施するうえでは、国際航空運送協会（IATA）の共通運賃なども必要と判断されたのである。一方、フレイト・フォワダーとよばれる混載業者にはそのような例外はなく、不当な取引制限の要件、通説にしたがえば「公共の利益」に反するか否かで違法性の有無が判断されることになる。
　本件でフォワダー各社は、航空会社から請求されるサーチャージを一旦立て替え、荷主にそのまま請求しようとしただけであり、この間で何ら不当な利得を得るものではないから、「公共の利益」を害してはいないと反論した。しかし、「公共の利益」とは自由競争それ自体と解するのが通説であり、事業者が不当な利得をしているか否かは問題とされない。判例理論には、自由競争経済秩序という法益と当該行為により守られる法益とを比較衡量し、独占禁止法の究極目的に反しないと評価される行為は不問とするというものもあるが（最判昭和59年2月24日刑集38巻4号1287頁）、本件行為によって守られるのは燃油サーチャージの負担を免れるフォワダーの経済的利益だけで、法益とは呼べない。今回の価格転嫁カルテルが違法であることは、やはり否定できない。
　もっとも事は必ずしも単純ではない。すでに欧米の競争当局は、この種

のカルテルの必要性はもはや失われたとして、フォワダーのみならず航空会社による場合も、燃油サーチャージの価格カルテルを違法として摘発しており、こうした流れを受けて、公正取引委員会自体、同趣旨の検討結果を示して国土交通省航空局に航空法改正を求めているくらいである。大体、同じ航空カルテルで、需要者のうちより交渉力の弱い旅客に対する転嫁が合法で、交渉力の強い荷主に対する転嫁は違法であることを、「公共の利益」に還元して説明するのは難しいといわなければならない。

注）
1) 鈴木暁『国際物流の理論と実務』(成山堂、四訂版、2009) 5〜6頁。
2) 運送取扱人の定義につき商法は、「自己ノ名ヲ以テ物品運送ノ取次ヲ為スヲ業トスル者ヲ謂フ（商559条1項）」のように漠然と規定し、同じく問屋の「自己ノ名ヲ以テ他人ノ為メニ物品ノ販売又ハ買入ヲ為スヲ業トスル者ヲ謂フ」(商551条)に倣って、「自己ノ名ヲ以テ他人ノ為メニ運送契約ノ締結ヲ為スヲ業トスル者」としていないのは、運送取扱人の業務範囲が狭義の取次に限定されないことを間接的に示している。
3) 荷為替の取組みに際しては、銀行に対する信用上、運送の委託者自身を荷送人として運送証券の発行を受ける必要があり、そのため仲介業者としては、運送の取次ではなく代理が用いられる。
4) 横山研治「貿易取引システムにおける制度・慣習の生成と変化に関する研究」立命館経済学54巻3号 (2005) 254〜257頁。

エクササイズ

問題 運送取扱を単独で営業する商人は今日では消滅したといわれる。その理由として最も適切なものを次の各文章の中から一つ選びなさい。
(1) 事業者が運送を自前で手配するのが普通になったため。
(2) 運送人が付随事務まで手掛けるのが普通になったため。
(3) 利用運送を媒介とする混載が普通になったため。

第3章 運送取引

アウトライン

　売買が基本であるとはいえ、物品の所有権が移転しただけで、その物理的移転が行われなければ（物品運送）、商取引は完結しない。運送の本来的意味はここにあり、たとえ売買取引のプロセスが電子化されても、その重要性が失われることはない。また、人の物理的移動も（旅客運送）、現代の主要な商取引として無視できない。

　第1節「運送取引の基本構造、陸運取引」では、商法の運送取引規制の基本構造について、第2節「運送証券」では、運送取引に付帯する各種証券をめぐる法律関係について、それぞれ検討する。そして、運送の多様化に対応し、第3節「海運取引の主体と人的設備」では、船舶という特殊用具をめぐる法律関係を、第4節「海運取引の展開」では、これを利用した運送取引の広がりを、第5節「空運取引の展開」では、航空機を利用した運送取引の広がりを、第6節「複合運送取引」では、複数輸送手段をつなげた運送の課題を、それぞれ取り上げる。

1 運送取引の基本構造、陸運取引

ポイント

運送は、運送される対象が物品か人かにより物品運送・旅客運送に区別され、運送の行われる場所により陸上運送・海上運送・航空運送に区別される。本節では、運送取引の基本構造について概観したうえで、陸上運送（物品運送および旅客運送）に関する基本的事項について説明する。

A 総論

[1] 運送取引の意義

運送とは、物品または人を場所的に移動させることをいい、物品または人の運送を引き受ける契約を運送契約という。経済生活が高度に発達した現代社会では、物品または人の移動は世界的な規模で行われており、このような巨大な運送網から企業や個人が享受する利益は計り知れない。それゆえに、運送取引当事者間の利益を調整するための規整は、ますます重要性を帯びている。

陸上・海上・航空のいずれかの運送を業として行う商人を、広義では運送人というが、商法で「運送営業」または「運送人」という場合、運送営業とは陸上運送の場合に限られ、運送人とは陸上における運送を引き受ける者をさす（商569条）。以下では特に断らない限り、陸上運送を業とする者を運送人と呼ぶことにする。

[2] 運送法の体系

商法は、陸上運送を商行為編（第2編第8章）に、海上運送を海商編（第3編第3章）に規定している。海上運送には、海商編とは別に、海上物品運送法がある。陸上運送には、地上・地下での運送のほか、湖川・港湾での運送が含まれる（商569条）ため、商法上の陸上運送と海上運送の区別が明確であるとはいえない。航空運送については、商法に特別の規定はなく、後

述する1929年ワルソー条約および1955年ハーグ（ヘーグ）改正ワルソー条約ならびに1999年モントリオール条約等に依拠した航空運送約款による規制に委ねられている。

運送営業は、今日では企業および一般大衆にとって必要不可欠なサービスであり、運送営業を営む者は公共的任務を担っているため、私的自治の原則を貫くことは妥当ではなく、各種の業法によって監督官庁の厳しい規制に服している。

また、運送契約は、（広義の）運送人が作成した運送約款に基づいて締結されるが、その性質上独占的傾向があり、附合契約性を有するため、運送約款については厳格な監督規制がなされている。このようなことから、運送営業に関する商法の規定は、一般法として補充的に適用されるにすぎない。

B 物品運送

[1] 意義

物品運送契約とは、運送人がその保管のもとに物品の運送を行うことを引き受ける契約をいう。

物品運送契約の当事者は、運送を引き受ける運送人と運送を委託する荷送人である。運送の目的物を運送品とよぶ。物品運送契約では、運送品を運送人が保管することになる。その他、物品運送には、目的地で運送品の引渡しを受ける荷受人がいるが、荷受人は物品運送契約の当事者ではない（図3-1-1）。

物品運送契約は、請負契約（民632条）の一種であり、その法的性質は有償・諾成・不要式の契約である。それゆえ、運送品の引渡しは物品運送契約の成立要件ではないし、運送状の作成交付も同様である。

[2] 運送人の権利

(1) 運送品引渡請求権

運送人は、物品運送契約上の債務を履行するため、荷送人に対して運送品の引渡しを請求できる。物品運送契約の性質上、当然の権利である。

(2) 運送状交付請求権

　運送人は、荷送人に対して運送状（送り状ともいう）の交付を請求できる（商570条1項）。運送状には法定事項の記載と荷送人の署名が必要である（商570条2項）。運送状は、運送契約上の権利その他の財産的価値を有する私権を表章する有価証券ではなく、運送人と荷送人との間の運送契約の証拠として機能する証拠証券である。荷送人の故意または過失により運送状に不実または不正確な記載がなされ、これによって運送人に損害が発生した場合には、荷送人には損害賠償責任が生じる。

(3) 運送賃請求権・費用償還請求権

　運送人は商人であるから、運送という仕事を完成させた場合には、特約がない場合でも、相当の報酬を請求することができる（商512条）。ただし、特約がなければ、報酬の前払いを求めることはできない（民633条）。

　運送品の全部または一部が不可抗力によって滅失したときは、運送人はその運送賃を請求することができず、運送人がすでに運送賃の全部または一部を受け取っているときはこれを返還しなければならない（商576条1項）。運送品の全部または一部がその性質もしくは瑕疵または荷送人の過失によって滅失したときは、運送人は運送賃の全額を請求することができる（商576条2項）。

　運送人は、運送賃に含まれていない費用（保険料、倉庫保管料など）を立て替えたときは、その費用の償還を請求できる。運送賃・費用の支払義務者は荷送人であるが、荷受人が運送品を受け取ったときは、運送人は荷受人に対しても運送賃・費用を請求できる。

　運送人の運送賃・費用償還請求権は、1年の短期消滅時効によって消滅する（商589条・567条）。

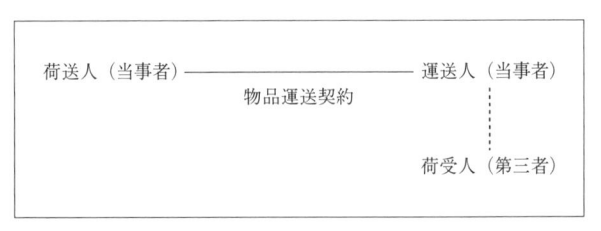

図3-1-1　物品運送契約と荷受人の関係

(4) 留置権・先取特権

　運送人は、運送品に対して受け取るべき運送賃、立替費用または前貸金についてのみ、運送品を留置することができる（商589条・562条）。この留置権は、商人間の留置権（商521条）や民法上の留置権（民295条）と成立要件が異なる。運送人は、商人間の留置権や民法上の留置権の成立要件がみたされれば、これらを行使することもできる。

(5) 運送品の供託権・競売権

　荷受人を確知することができない場合、または、運送品の引渡しに関して争いがある場合（数量不足や物品の品質相違など）には、運送人は運送品を供託して責任を免れることができる（商585条1項・586条1項）。

　供託後、運送人が荷送人に対して相当の期間を定めて運送品の処分について指図をするよう催告したにもかかわらず、荷送人が指図をしなかった場合、または、運送人が荷受人に対して相当の期間を定めて運送品を受け取るよう催告し、その期間経過後にさらに荷送人に対して催告したにもかかわらず、運送品が受け取られなかった場合には、運送人は運送品を競売することができる（商585条2項・586条1項2項）。

　運送人は、運送品の供託または競売をしたときは、遅滞なく荷送人および荷受人に対してその旨を通知しなければならない（商585条3項、586条3項）。

[3] 運送人の義務

(1) 運送の義務・運送品の引渡義務

　運送人は、運送契約に基づいて運送品を受け取り、善良な管理者の注意をもってその保管・積込み、到達地までの運送・取卸しを行い、到達地において荷受人に運送品を引き渡す義務を負う。

　貨物引換証（本書第Ⅱ編3章2節において詳述されるが、送り状（商570条1項）とは異なり、有価証券である）が発行されたときは、貨物引換証の所持人が運送品の引渡請求権を有するので、運送人は貨物引換証の所持人に対して運送品を引き渡す義務を負う。これに対して貨物引換証が発行されないときは、運送人は荷送人に対して運送品を引き渡す義務を負うが、運送品が到達地に到着した後は、争いがなければ荷受人に対して運送品を引き渡す義

務を負う（商583条1項）。
(2) 貨物引換証交付義務
　運送人は、荷送人の請求があるときは、運送品の受領後に貨物引換証を交付しなければならない（商571条1項）。
(3) 処分義務
　荷送人または貨物引換証の所持人は、運送人に対し、運送の中止・運送品の返還・その他の処分を請求することができる（商582条1項前段）。この権利を運送品処分権といい、市場の状況や買主の信用状態に変化が生じたときに荷送人等が迅速に対処できるようにするために認められる。

　運送人は、この権利が行使されたときはその指図に従わなければならないが、この義務に従い運送品を処分したときは、すでになした運送の割合に応じた運送賃、立替金およびその処分に要した費用の弁済を要求することができる（商582条1項後段）。運送品処分権は、運送人の義務を不当に加重するものであってはならず、運送契約の範囲内で行使される必要がある。運送人は、貨物引換証が発行されないときは荷送人に対して処分義務を負うが、運送品が到達地に到着した後は荷受人に対しても処分義務を負う（商583条1項）。貨物引換証が発行されたときは、その所持人に対してのみ処分義務を負う。

　荷送人の運送品処分権は、運送品が到達地に到着した後、荷受人がその引渡しを請求したときに消滅する（商582条2項）。

[4] 運送人の損害賠償責任

　運送人の損害賠償責任について、商法は運送営業の特殊性を考慮し、若干の特別規定をおいている。これらは任意規定であり、当事者間での特約を排除するものではない。

　運送契約のもとで生じる損害賠償請求権を有するのは荷送人であるが、運送品が到達地に到着した後は荷受人も損害賠償請求権を有する（商583条1項）。貨物引換証が発行されたときは、その所持人が損害賠償請求権を有する。

(1) 責任原因
　運送人は、自己もしくは運送取扱人またはその使用人その他運送のため

使用した者が、運送品の受取り・引渡し・保管および運送に関して注意を怠らなかったことを証明するのでなければ、運送品の滅失・毀損または延着について損害賠償責任を免れることができない（商577条）。本条の損害賠償責任が運送人に生じるためには、①運送品が滅失・毀損または延着すること、②運送品の滅失・毀損または延着が、運送品の受取り・引渡し・保管および運送に関して注意を怠ったために生じたこと、③相手方が運送品の滅失・毀損または延着について証明したこと、が必要である。

「滅失」には、物理的滅失のほか、盗難・紛失・無権利者への譲渡などにより事実上引き渡すことができなくなった場合も含まれる（最判昭和35年3月17日民集14巻3号451頁〔百選94事件〕参照）。また、相手方は運送品の滅失・毀損または延着について証明すれば足り、運送人が責任を免れるためには、自己および履行補助者（運送取扱人またはその使用人その他運送のため使用した者）の無過失を証明しなければならず、運送人が履行補助者の選任・監督に過失がなかったことを証明するだけでは足りない（大判昭和5年9月13日新聞3182号14頁）。本条は、損害賠償に関する民法の一般原則を運送契約に関して具体化した注意規定である。

(2) 損害賠償額

民法416条とは異なり、大量の運送品を扱う運送営業の性質から、運送人の損害賠償額が定型化されている。すなわち、①運送品の全部滅失の場合は、その引渡しがなされるべき日の到達地の価格により（商580条1項）、②一部滅失または毀損の場合は、延着がなければ、その引渡しのあった日における到達地の価格により（商580条2項）、延着があれば、引渡しがなされるべき日の到達地の価格により（商580条2項ただし書）、損害賠償額が定められる。ただし、①②のいずれの場合でも、運送品の滅失または毀損のため支払う必要がなくなった運送賃その他の費用は、賠償額から控除される（商580条3項）。

本条は、運送人の保護のために設けられた規定であるから、運送人に悪意または重過失がある場合には本条は適用されず、運送人は一切の損害を賠償しなければならない（商581条）。運送人の履行補助者に悪意または重過失がある場合も同様である。運送人等の悪意または重過失の証明責任は荷送人側にある。本条の重過失とは、ほとんど故意に近似する注意欠如の

状態と解されているが（最判昭和55年3月25日判時967号61頁〔百選96事件〕）、重過失の立証が困難であることから、一定の状況下で運送人の重過失を推認した下級審判例もある（東京地判平成元年4月20日判時1337号129頁）。

　本条は、運送品が全部滅失の場合、一部滅失または毀損の場合の規定であり、運送品が単に延着しただけの場合には適用されない。したがって、運送品の単純な延着により損害が生じた場合には、運送人は民法の一般原則に従い、一切の損害を賠償しなければならない。

(3) 高価品の特則

　運送品が貨幣・有価証券その他の高価品の場合は、荷送人が運送を委託するにあたり、その種類および価格を明告するのでなければ、運送人は損害賠償責任を負わない（商578条）。高価品とは、宝石・貴金属・骨董品などのように、重量および容積に比して著しく高価なものをいう（最判昭和45年4月21日判時593号87頁〔百選98事件〕）。高価品は損害発生の危険が大きく、損害額も巨額になるのに、高価品であることの明告がなければ、運送人はその危険に相応しい注意を払うこともできないし、その危険に見合った額の運送賃を請求することもできなくなるから、同条がおかれた。

　高価品について荷送人が明告しなかった場合、運送人は、運送品の滅失または毀損により生じた損害について、普通品としての損害賠償責任も負わない。なぜなら、普通品としての損害を算定することができないからである。明告はなかったが、運送人が高価品であることを知っていた場合、運送人は責任を負うかどうかについては見解が分かれるが、普通品としての注意をも怠った場合に限り、高価品としての損害賠償請求を肯定してよいものと解するべきである。なぜから、この場合は、普通品としての運送を引き受けているのであるから、それに必要な注意をなすのは当然であるし、荷送人に明告をするよう促して割増運送賃を請求することもできたはずだからである。

　延着の場合に商法578条が適用されるかについても争いがあるが、運送品の延着による損害は、高価品であることによって危険の発生が高まるというわけではないので、本条の適用はないとするのが通説の立場である。

(4) 責任の消滅

　商法は、多数の運送関係を処理する運送人の保護のため、運送品の滅失・

毀損または延着に関わる責任について特別の規定をおいた。すなわち、運送人の責任は、荷受人が留保をなさずに運送品を受け取り、かつ運送賃その他の費用を支払ったときは消滅する（商588条1項）。これを荷受人の側からいえば、荷受人は運送品を受け取り、運送賃その他の費用を支払うときは、まず運送品を検査し、毀損または一部滅失が見つかったときは責任の追及を留保しておかないと、運送人に対して損害賠償請求ができなくなるということである。

ただし、運送品に直ちに発見することのできない毀損または一部滅失がある場合に、荷受人が引渡しの日から2週間以内に運送人に対してその通知を発したとき（商588条1項ただし書）、運送人に悪意があった場合（商588条2項）には、責任は消滅しない。

運送人の責任は、荷受人が運送品を受け取った日から1年を経過したとき、または運送品が全部滅失した場合にはその引渡しのあるべかりし日から1年を経過したときには、時効により消滅する（商589条・566条1項2項）。ただし、運送人に悪意があった場合はこの限りでない（商589条・566条3項）。

商法566条3項および商法588条2項にいう「悪意」の意義については、運送人が故意に運送品を滅失・毀損した場合、または、運送品の滅失・毀損を隠蔽した場合であるとするのが多数説であるが、運送人が運送品に毀損または一部滅失があることを知って引き渡した場合であるとするのが判例である（最判昭和41年12月20日民集20巻10号2106頁〔百選90事件〕）。

(5) 不法行為責任との関係

商法577条以下の運送人の損害賠償責任は債務不履行責任であるが、運送人が自己または使用人の故意または過失により運送品に損害を与えた場合には、債務不履行責任に加えて、運送品の所有権を侵害したとして不法行為の要件（民709条・715条）もみたすことがありうる。この場合、商法577条以下に基づく損害賠償請求権のほかに、民法の不法行為責任に基づく損害賠償請求権も有することになると考えられ、同一の損害について二つの損害賠償請求権が競合するかどうかの問題が生じる。通説・判例（最判昭和38年11月5日民集17巻11号1510頁）は、損害賠償請求権の競合を認める立場をとっている。

発展　免責約款

　運送契約を規整する法令として、商法典第2編第8章（陸上運送契約）、商法典第3編・国際海上物品運送法（海上運送契約）、ワルソー条約・モントリオール条約（航空運送契約）があげられるが、運送契約の内容を決定するうえで実際上重要な役割を果たすのは運送約款である。運送約款には、運送人の責任を軽減したり免除したりする特約条項がおかれることがあり、このような特約条項を定めたものを免責約款という。

　海上運送および航空運送については免責約款の効力を否定ないし制限する規定があるが（商739条、国際海運15条、ハーグ改正ワルソー条約23条、1999年モントリオール条約26条参照）、陸上運送についてはこのような規定はないため、陸上運送に関する免責約款の有効性は、公序良俗や信義則に反しない限り、基本的に有効とするのが商法の立場であると考えられる。しかし、海上運送および航空運送に関する上記の規定との均衡などを考えると、不当に顧客の利益を制限するような免責約款は、無効ないしその適用範囲が制限されるべきであろう。免責約款の制限に関する判例として、最判昭和51年11月25日民集30巻10号960頁〔百選100事件〕がある。

[5] 荷受人の地位

　運送契約では、到達地で運送品の引渡しを受ける荷受人が指定される。運送契約の当事者は運送人と荷送人であって、荷受人は運送契約の当事者ではないが、荷受人も運送の進行に従って運送人に対して一定の権利を有し、義務を負うことになる。

　運送品が到達地に到着するまでは、荷受人は運送人に対して何らの権利も有さず、義務も負わない。

　運送品が到達地に到着した後は、荷受人は運送契約により生じた荷送人の権利を取得する（商583条1項）。その結果、荷受人は、運送人に対して運送品の引渡しを求めたり、その他の指図をしたりすることができ、運送品の一部滅失・毀損または延着による損害賠償請求もできる（商577条）。もっとも、運送品が到達地に到着すれば直ちに荷送人の権利が荷受人に移転

するわけではなく、荷受人が運送品の引渡請求をするまでは、荷送人の権利も併存する（商582条2項）。商法582条2項によれば、運送品が到達地に到着した後に荷受人がその引渡しを請求したときは、荷送人の処分権が消滅するとあるが、「消滅」を文言どおりに読むべきではなく、この段階でも荷送人の権利は消滅せず、荷受人の権利が荷送人の権利に優先すると考えるのが妥当であろう。というのは、運送品の引渡しに関して争いがあるときは、運送人は荷送人の指図を求めることになっている（商586条1項・585条2項）からである。

運送契約の当事者ではない荷受人がこのような権利を取得する法的構成については争いがあるが、運送人と荷送人との間で荷受人を受益者とする第三者のための契約（民537条）が締結されたと解するのが多数説である。

荷受人が運送品を受け取ったときは、荷受人は運送賃その他の費用の支払義務を運送人に対して負う（商583条2項）。この場合、荷送人の運送賃その他の費用の支払義務は消滅せず、両者の義務は不真正連帯債務となる。

C 旅客運送
[1] 旅客運送契約

旅客運送契約とは、運送人が旅客（自然人）を運送することを約し、契約の相手方がその対価として運送賃を支払うことを約する契約である。運送の対象が自然人である点が物品運送契約と異なる。

旅客運送契約の当事者は、運送を委託する者と運送人である。運送を委託する者は旅客自身であることが多いが、親が子の運送を委託する場合などのように、旅客以外の者が契約当事者となることもある。また、旅客運送契約は請負契約の性質を有し、諾成・不要式の契約であり、通常、乗車券が発行される。乗車券の発行は契約の成立要件ではないため、乗車前に乗車券を購入する場合は乗車券購入時に、乗車後に乗車券を購入する場合は乗車時に契約が成立したとみるべきである。

[2] 乗車券の法的性質

乗車券は、個々の運送ごとに発行される普通乗車券、特定の運送区間と運送期間について包括的な乗車を認める定期乗車券、数回分の乗車につい

て事前に一括して発行される回数乗車券に大別される。
(1) 普通乗車券
　無記名で発行されるのが通例であり、乗車前に発行されたものは運送債権が表章された有価証券であると解され、乗車前は乗車券を引き渡しさえすれば運送債権を自由に譲渡することができる。乗車後は、運送人は特定の旅客に対してのみ運送契約上の義務を負うことになり、乗車券は有価証券ではなく、単なる証拠証券となる。
(2) 定期乗車券
　記名式で発行され、権利者の資格が限定されていることから譲渡性がないため、単なる証拠証券ないし免責証券と解する説が有力であるが、定期乗車券も有価証券であり、ただ譲渡性がないだけであるとする説もある。
(3) 回数乗車券
　回数乗車券も無記名のものが多い。判例は、運送賃の前払いを証明し、運送賃に代用される一種の票券であるとするが（大判大正6年2月3日民録23輯35頁〔百選102事件〕）、回数乗車券は運送契約上の権利を表章する有価証券であるとするのが多数説である。回数乗車券を有価証券と解すれば、回数乗車券購入時に運送債権が成立することになるから、購入後に運賃が値上げされた場合でも購入者は追加料金を支払う必要はなくなる。

[3] 運送人の責任
(1) 旅客に関する責任
　旅客の運送人は、自己またはその使用人が運送に関して注意を怠らなかったことを証明するのでなければ、旅客が運送のために受けた損害を賠償する責任を免れることができない（商590条1項）。損害賠償額を定める際には、裁判所が被害者およびその家族の情況（被害者の年齢・収入・家族数・家族の生活状態など）を斟酌しなければならない（商590条2項）。これは、旅客の保護を厚くするため、当事者の予見可能性の有無を問わず、特別損害をも賠償させる趣旨であり、民法416条2項の特則である。
(2) 手荷物に関する責任
　旅客の運送人は、旅客より引渡しを受けた手荷物（託送手荷物）については、特に運送賃を請求しないときでも、物品の運送人と同一の責任を負う

（商591条1項）。この場合は、旅客運送に付随して託送手荷物の物品運送が行われていると考えられ、物品運送と共通性があるからである。手荷物が到達地に到着した日から1週間内に旅客がその引渡しを請求しないときは、運送人は、その手荷物を供託し、または相当の期間を定めて催告した後にこれを競売することができる（商591条2項・524条）。

　これに対し、旅客の運送人は、旅客から引渡しを受けない手荷物の滅失または毀損については、自己またはその使用人に過失がある場合を除いて損害賠償責任を負わない（商592条）。運送人側に過失があったかどうかについては、託送手荷物の場合とは異なり、旅客側に証明責任がある。この場合は、旅客自身が手荷物を保管しており、手荷物は旅客運送の一部にとどまるからである。

エクササイズ

問題1　次の各文章の正誤を答えなさい。
(1) 運送品の引渡しは物品運送契約の成立要件であり、運送状の作成交付も同様である。
(2) 荷送人の運送品処分権は、運送品が荷受人に引き渡されるまでであれば、行使することができる。
(3) 運送中に運送品が全部滅失した場合には、荷受人は、運送人に対して契約に基づく損害賠償請求をすることができない。

問題2　次の各文章から誤っているものを一つ選びなさい
(1) 運送品が運送人の過失により滅失した場合、荷送人は運送賃を支払う必要はない。この場合、運送人は、荷送人が支払いを免れた運送賃相当額を損害賠償額から控除することはできない。
(2) 高価品（商578条）について荷送人が明告しなかった場合、運送人は、普通品としての損害賠償責任も負わない。
(3) 「高価品」とは、重量および容積に比して著しく高価なものをいう。

2　運送証券

ポイント

　有価証券たる船荷証券の発行により、A地点からB地点まで物品を運送している間に、当該物品を処分することが可能となる。船荷証券の特質を、有価証券の代表である手形と比較しつつ勉強してほしい。
　複雑な運送法制を反映し、運送証券に関する規制も複雑となっている。船荷証券に関する知識をベースとしつつ、他の運送証券についても理解を深めてほしい。

A　各種運送証券の意義
[1]　運送証券とは

　商品経済の発展は、A地点からB地点まで物品を移動する物品運送において、右移動のための限られた時間においてすら、迅速に物品を処分しうることを要求する。そのための手段として開発されたのが、物品運送に際し証券を発行し、物品の移動中は物品の引渡しに代えて、当該証券の引渡しをすることである。運送契約は、A地点からB地点までの移動経路に応じ、陸上運送、海上運送、航空運送に大別されるところ、証券もそれに対応し、貨物引換証、船荷証券（Bill of Lading）、航空運送状（Air Consignment Note, Air Waybill）に区別される。広義ではこれらを運送証券と総称する（ただ後述のとおり、航空運送状は、有価証券ではないとされており、狭義では、運送証券とは貨物引換証と船荷証券のみを指す）。

　島国という性質上、国内運送に限られる陸上運送においては、鉄道網・道路網の整備、宅配便等運送産業の発達の結果、わざわざ貨物引換証を物品の移動中に発行して物品を処分するというニーズに乏しいため、貨物引換証はほとんど利用されない。

　また、迅速に目的地に到達する航空運送においては、有価証券とすると荷物と証券とが引換になってしまい、高速輸送が行われる航空貨物に適しないところから、航空運送状は、有価証券ではなく単なる証拠証券である

と解されている。

　以下では、船荷証券を中心に説明し（船荷証券に関する説明は、貨物引換証にほぼそのまま当てはまる）、それと対比する形で航空運送状につき補足的に説明する。

[2] 船荷証券の意義

　船荷証券とは、海上運送人が運送品の受取または船積の事実を証し、かつ、指定港（到達地）においてこれと引換えに運送品を引き渡すことを約する有価証券であり、前述のとおり、運送中の貨物の処分を容易にする目的から認められたものである。船荷証券に表章される権利は、債権の一種である運送品引渡請求権である。船荷証券は、債権的請求権を表章するという点で手形と共通する（「表章」とは、紙の上に権利が乗っていることと理解するとよい）。

[3] 船荷証券の有価証券としての性質

　有価証券である船荷証券は、証券上に債権である物品引渡請求権を表章する（債権的証券）。運送中の貨物の処分を容易にするための仕組みであるので、裏書譲渡により、物品の引渡請求権を移転できるし（法律上当然の指図証券性：商776条・574条、国際海運10条）、譲渡・質入等船荷証券上表章された権利の処分は、その船荷証券によってなされなければならない（処分証券性：商776条・573条、国際海運10条）。

　証券の所持人は、貨物の引渡しを受ける際に船荷証券の呈示が必要である（呈示証券性）。貨物を引き渡す側は、証券の所持人に対し、証券と引き換えでなければ貨物を引き渡す必要がない（受戻証券性：商776条・584条、国際海運10条）。仮に証券の所持人が無権利者であったとしても、船荷証券所持人に対し貨物を引き渡した以上、貨物を引き渡す者は、悪意・重過失がない限り免責される（免責証券性）。

　証券上に表章される物品引渡請求権は、船荷証券の発行でなく、原因関係たる運送契約により発生し、その後、証券に結合される（非設券証券性）。船荷証券上の権利は、本来運送契約によって定められざるを得ないはずであるが（要因証券性）、船荷証券の所持人は、証券記載の文言によって権利を

行使できるとされている（文言性：商776条・572条、国際海運9条）。

また船荷証券は、手形や小切手ほど厳重ではないものの、その本質を崩さない程度の一定の事項の記載が求められる（要式証券性：商769条、国際海運7条1項）。

コラム　約束手形との比較

ここで船荷証券の特徴を明らかにするために、有価証券の典型である手形、特に約束手形と対比してみよう。

前述のように同じ債権的請求権を表章するといっても、約束手形が表章するのは、きわめて抽象性の高い金銭債権であるのに対し、船荷証券が表章するのは物の引渡請求権である。また、その意図する経済的効果についても、前者が支払の確保であるのに対し、後者は前述のごとく、運送中の貨物の処分を容易にするためであり、全く異なっている。

さて、約束手形の場合には、支払確保のため、流通性を高めるという方向だけで考えればよく、そのために証券と原因関係を切断し無因性・文言性を貫徹しやすい。ところが、船荷証券が表章するのは、あくまでも「物」の引渡請求権であり、貨物の処分を容易にするため文言性を採用したとしても、「物」および運送契約との要因性を捨象することはできない。そこで、船荷証券の場合には、その債権的効力に関し、要因性と文言性のどちらを重視すべきか問題が生じるのである。これが後述する船荷証券の債権的効力という問題である。

他方、船荷証券が、貨物の処分を容易にするため「物」の引渡請求権を表章しているということは、運送品と証券が物理的に別個であるのに物権法の平面でこれを統一的に取り扱おうとすることを意味する。船荷証券の物権的効力（商776条・575条、国際海運10条）の問題はまさにこの点の理解にかかっている。物権的効力の問題は、金銭債権を表章するに過ぎない約束手形の場合には、生じる余地がなく、まさに「物」の引渡請求権を表章する有価証券に特有の問題である。

[4] 船荷証券の種類

　船荷証券には、様々な種類のものがあるが、ここでは法文に規定がある受取船荷証券と船積船荷証券についてみておく（国際海運 6 条 1 項）[1]。船積船荷証券（shipped B/L, on board B/L）とは、貨物が実際に船積された旨が記載された船荷証券である。船積により売主の引渡義務が完了する FOB 条件（第Ⅱ編 1 章 2 節参照）のように現実の引渡が要求される場合に船積船荷証券の提供が求められることがある。

　他方、受取船荷証券（received for shipment B/L）とは、運送人が物品を船積のため受け取った旨の記載がある船荷証券である。受取船荷証券は、CIF 条件（第Ⅱ編 1 章 2 節参照）のように、船積書類（船荷証券、貨物海上保険証券、送り状）を売主が買主に交付する形で、売主の物品引渡義務が履行される場合に、利用される。現在では、コンテナ輸送、複合一貫運送など運送形態の発達により（第Ⅱ編 3 章 6 節参照）、必然的に受取船荷証券の交付となる場合が多い。

[5] 航空運送状

　要は、船荷証券の航空運送ヴァージョンと思えばよい。ただ、前述のとおり、航空運送状は、有価証券でなく単なる証拠証券である[2]。

　航空運送状は、MASTER AIR WAYBILL と HOUSE AIR WAYBILL とに大別できる。ごく簡単には、航空会社が作成・交付するものが前者、混載業者が作成するものが後者と整理できる。詳しくは、B [3]（「航空運送状の交付」）を参照されたい。

B　各種運送証券の交付

[1] 船荷証券の交付

　船長は傭船者または荷送人の請求があるときは、運送品の船積後、遅滞なく一通または数通の船荷証券が交付されなければならない（商 767 条）。船荷証券が発行される場合、運送契約上の権利は当該証券に表章され、証券の所持人が権利者となる。

　船荷証券を交付する者は、船長（商 767 条）、代理人（航海士、事務長等：商 768 条）である。国際海上物品運送法上は、これらに運送人が加わる（国際海

運6条1項)。

　傭船者または荷送人は、船荷証券を交付した者から請求がある場合、船荷証券の謄本に署名して交付しなければならない（商770条、国際海運10条）。

[2] 貨物引換証の交付
　運送人は荷送人の請求があるときは、貨物引換証を作成・交付しなければならない（商571条1項）。

[3] 航空運送状の交付
　航空貨物の運送人には、実際に飛行機を運航して貨物を運送する航空会社と、航空会社を利用して独自の貨物運送を行う混載業者があり、運送に当たって、いずれも航空運送状を作成・交付する。混載業者は、実際の航空運送を航空会社に委託するが、その際、航空会社は、航空運送状を混載業者に対し交付する。この場合において、航空会社が混載業者に発行するものを MASTER AIR WAYBILL、混載業者が混載荷物の荷主に発行するものを HOUSE AIR WAYBILL という。

C　各種運送証券の記載事項
[1] 船荷証券、貨物引換証の必要的記載事項
　有価証券である船荷証券、貨物引換証においては、証券上に権利が結合されることから、その特定のため、一定の事項の記載が求められる（必要的記載事項：ただ、証券上に表章される権利はすでに運送契約により発生しているため（非設権証券）、厳格な要式の遵守は求められない）。

　必要的記載事項について、表にして比較してみた（表3-2-1）。

[2] 船荷証券の任意的記載事項
　船荷証券には、上記の他に、本船航海番号（voyage number）、着荷通知先（notify party）、船荷証券番号（B/L number）、故障摘要（remarks）、荷送人申告事項（shipper's declared clause）、免責約款（exception clause）などが記載される。

　これらのうち、解釈上特に問題となるのは、免責約款の効力についてである。判例は、倉庫証券についてのものであるが、免責約款の一種である

表 3-2-1　船荷証券、貨物引換証の必要的記載事項

貨物引換証(商571条2項)	船荷証券	
	商法（商769条）	国際海上物品運送法（国際海運7条）
運送人の署名	船長または船長に代わる者の署名	運送人、船長または運送人の代理人の署名または記名押印
	船長の氏名（船長が船荷証券を作らないとき）	運送人の氏名または商号
	船舶の名称および国籍	船舶の名称および国籍（受取船荷証券の場合を除く。※）
運送品の種類、重量または容積およびその荷造の種類、個数ならびに記号		運送品の種類
		運送品の容積もしくは重量または包もしくは個品の数および運送品の記号
		外部から認められる運送品の状態
到達地	船積港	船積港および船積の年月日（受取船荷証券の場合を除く。※）
	陸揚港但発航後傭船者または荷送人が陸揚港を指定すべきときはそれを指定すべき港	陸揚港
荷受人の氏名または商号	荷受人の氏名または商号	荷受人の氏名または商号
荷送人の氏名または商号	傭船者または荷送人の氏名または商号	荷送人の氏名または商号
運送賃	運送賃	運送賃
	数通の船荷証券を作ったときはその員数	数通の船荷証券を作ったときは、その数
	船荷証券の作成地およびその作成の年月日	

※受取船荷証券と引換に船積船荷証券の交付の請求があったときは、その受取船荷証券に船積があった旨を記載し、かつ、署名し、または記名押印して、船積船荷証券の作成に代えることができる。この場合には、船舶の名称および国籍、船積港および船積の年月日を記載しなければならない（国際海運7条2項）。

不知約款（運送人が受け取った貨物の検査を行いえない場合に、物品についての不正確な記載に基づく文言責任を免れるために、証券表面の物品の内容、重量、数量、品質などの記載に「内容不知」とか「重量不知」とか「品質不知」とか記載するもの）につき、有効と解した上で、その援用を制限しようとしている（最判昭和44年4月15日民集23巻4号755頁〔百選106事件〕）。

[3] 航空運送状

　有価証券でなく、単に証拠証券にすぎない航空運送状においては、必要的記載事項という概念はなく、契約条件の重要事項を記載すればよい。実際の航空運送状は、何枚もの複写式の用片で構成されており、その裏面には、契約条件の重要事項が記載される。これを一般に「裏面約款」という。裏面約款は、IATA で決議された内容であり、IATA 加盟航空会社であれば同じ内容である。ちなみに、平成 22 年 7 月 1 日に裏面約款の改定が行われ、モントリオール条約の適用の有無にかかわらず、モントリオール条約の責任限度額と同じ 19 SDR/キロが適用されることになった。

D　船荷証券の債権的効力
[1] 船荷証券の要因性と文言性

　船荷証券の債権的効力とは、船荷証券所持人と運送人との間における運送に関する債権関係、ことに証券所持人が運送人に対していかなる内容の債務の履行を請求しうるか、またはその不履行の場合にはいかなる内容の損害賠償を請求しうるかを定める船荷証券の効力のことをいう（商 776 条・572 条）。

　船荷証券は運送契約を原因関係として発行される有価証券であって、要因証券である。船荷証券は、本来、運送契約に基づき運送人が荷送人から運送品を受領した後に、荷送人の請求によって運送人が発行するもので、運送契約上の運送品引渡請求権を表章した有価証券である。

　しかし、船荷証券が実際に成立した運送契約上の運送品引渡請求権をそのまま表章するとすれば、実際の契約内容と証券上の記載文言とが相違する場合には、証券の流通が害される。そのために、商法 776 条、572 条は船荷証券に文言性を認めている。

　そこで、船荷証券の要因性と文言性との関係についてどのように解すべきかが問題となる。この問題は、船荷証券（商 776 条・572 条、国際海運 9 条）だけでなく要因証券である倉庫証券（預証券・質入証券について商 602 条、倉荷証券について商 627 条・602 条）についてもあてはまるものであるので、ここで一括して検討する。

[2] 判例

裁判例は、要因性を重視し、受領なしに作成された証券（これを空券という）は無効であるとするもの（大判大正2年7月28日民録19輯668頁、大判昭和2年12月27日新聞2811号10頁、大判大正12年8月2日新聞2177号19頁（倉荷証券に関するもの）、大判大正15年2月2日民集5巻335頁（船荷証券に関するもの）、大判昭和13年12月27日民集17巻2848頁〔百選91事件〕など）と、逆に、文言性を重視し、品違いの場合につき、証券は有効であるとするもの（大判大正2年4月26日民録19輯281頁（預証券および質入証券に関するもの）、大判昭和11年2月12日民集15巻357頁（倉庫証券に関するもの）、大判昭和14年6月30日民集18巻729頁（倉庫証券に関するもの）など）がある。

ごくおおざっぱな整理であるが、空券の場合には要因性を重視し、品違いの場合には文言性を重視しているのか判例であるといいうる。

[3] 学説

他方、学説は、①要因性を重視し、空券・品違いの場合ともに証券を無効とした上で、所持人の救済は、不実記載につき運送人に対する不法行為責任によるとする見解、②文言性を重視し、空券・品違いの場合ともに証券を有効とし、運送人に対する債務不履行責任の追及を認める見解を両極とし、その間に、③（上記の判例の整理と同様に）空権の場合には、要因性を重視して証券を無効とするが、品違いの場合には、文言性を重視して証券を有効とし、証券の記載に文言性を認めるべきとする見解、④（国際海運9条の規定に倣い）禁反言原則の適用により、証券作成者は善意の第三者に対して完全な証券記載の外観にしたがって責任を負担すると説く見解がそれぞれ存し、折衷的解決を志す。最近では、⑤性質論のみから考えるのは正しい解決方法ではなく、証券発行行為に基づく運送人の責任の要件・効果はいかにあるべきかの問題であり、要件は運送人に無過失の証明責任が課された過失責任、効果は証券所持人の信頼利益の賠償（性質は契約締結上の過失）と解すべきである、と説く機能的アプローチも存在する。

E 船荷証券の物権的効力
[1] 船荷証券の物権的効力とは
　船荷証券の物権的効力とは、船荷証券が運送品の上における物権関係を定める効力をいう。商法は船荷証券に引渡証券性（商575条）、処分証券性（商573条）を認めている。倉庫証券（商604条・627条2項）、船荷証券（商776条）においても同様である。

[2] 物権的効力の内容
　船荷証券が運送品の上における物権関係を定める効力のことを物権的効力という。具体的には、処分証券性（商573条）と引渡証券性（船荷証券の引渡が運送品自体の引渡と同様に運送品の占有を移転する効力を生ずるということ：商575条）のことである。

　物権的効力、特に引渡証券性の法的構成をどうするかについては、考え方が分かれている。民法の定める占有移転のメニューとの折り合いをどうつけるかという問題である。

　この点について、①証券の引渡は、民法の占有移転の原則以外に、商法によって認められた特殊の占有移転の原因であって、運送人が運送品の占有を有すると否とを問わず、証券の引渡が運送品の占有を移転するものであるとする説（絶対説）と②証券所持人は運送品の直接占有者たる運送人に対して運送品引渡請求権を有することにより運送品の間接占有権を有するのであり、証券の引渡はこの運送品の間接占有を移転するものとする説とが対立している。後者は、さらに②—1 証券による占有移転も厳格に民法の原則によるべきであって、民法184条の指図による占有移転の要件を具備しなければならないとする説（厳正相対説）と、②—2 証券は、運送人の占有にある運送品を代表し、民法の原則と離れて、証券の引渡のみによって運送品の占有移転の効力を生ずるとする説（代表説）とにさらに分かれる。判例（大判明治41年6月4日民録14輯658頁、大判大正4年5月14日民録21輯764頁など）は代表説であるとされる。なお、③物権的効力といわれるものは債権的効力の反射的効果に過ぎず、不要であり、商法575条の規定は、専ら当事者間の問題として船荷証券を引き渡したときは、売主は完全に売買契約につき履行を了したこととなるとの趣旨を定めたものと解する説（物権

的効力否定説）もある。

注)
1) 大崎正瑠『詳説船荷証券研究』（白桃書房、2003）35 頁。
2) 江頭憲治郎『商取引法』（弘文堂、第 6 版、2010）301 頁。

エクササイズ

問題 次の各文章の正誤を答えなさい。
(1) 貨物引換証は、有価証券ではない。
(2) 船荷証券には、貨物の所有権が表章されている。
(3) 判例によれば、船荷証券上に、証券表面の物品の内容、重量、数量、品質などの記載につき「内容不知」と書いたとしても、その効力が生じることはない。
(4) 判例によれば、要因証券である船荷証券の性質上、空券・品違いのいずれの場合でも、当該証券は無効とならざるをえない。
(5) 約束手形にも物権的効力がある。
(6) 混載業者が交付する航空運送状は、有価証券でなければならない。
(7) 国際海上物品運送法上、運送人は、船荷証券を交付する権限を有する。

3 海運取引の主体と人的組織

ポイント

　営利企業の中で、海上企業が、海を舞台に、船舶を用いて繰り広げる運送取引が海運取引である。本節では、海運取引を営む海上企業の物的および人的組織について概観する。物的設備の中心は船舶であり、人的設備としては、船舶所有者をはじめ船舶共有者、船舶賃借人といった海上企業の主体とそれらを補助する船長・船員などである。

A 海運取引を取り巻く法環境

　海上運送取引に関する法令としては、商法典第3編（物品・旅客の双方を含む。商737条〜787条。以下、海商法という）と国際海上物品運送法（昭和32年法172号）がある。後者はハーグ・ルールズ（Hague Rules）と通称される1924年の船荷証券条約とその後の二つの改正議定書（1968年の通称ヴィスビー・ルールズ（Visby Rules）および1979年SDR改正議定書）を批准・国内法化したものであり、法の名称の通り物品の国際的な海上運送（外航運送）に適用される（同法1条）。したがって、前者の海商法は、国内の海上運送（内航運送。人・物品の双方を含む）に適用される法ということになる[1]。

　わが国が批准した上記の国際条約は現在広く世界的に批准されているが、他に国際海上運送分野に関する国際条約として、1978年「国連海上物品運送条約」（通称ハンブルグ・ルール、既発効）、1980年「国連国際物品複合運送条約」（未発効）、1974年「海上旅客・手荷物運送条約」（通称アテネ条約、既発効。2002年改正議定書、未発効）が成立している。また、現在実質的な世界的統一ルールといってよいハーグ・ヴィスビー・ルールズについては、近年、新たな条約制定の動きが生じ、2008年「全部又は一部が海上運送による国際物品運送契約に関する国際連合条約」（通称ロッテルダム条約、未発効）が成立したところであり、将来の展開が注目される[2]。

　運送以外の海上取引に関する法令では、商法典第3編（商815条〜841条の

2)に海上保険取引に関する規定がある。

さらに、海運取引に関連した海事私法令としては、「船主責任制限法」（昭和50年法94号）、「船舶油濁損害賠償保障法」（昭和50年法95号）、共同海損・船舶衝突に関する商法典第3編（商788条～799条）、海難救助に関する商法典第3編（同800条～814条）の各規定があり、それぞれの背後に、「1989年海難救助条約」（既発効）、「1910年船舶衝突条約」（既発効）がある（もっとも、この2条約については、日本は未批准で国内法改正をしていないため、渉外関係には条約、日本船舶相互の関係には海商法、と適用法規が異なる）。

なお、以上のような法令ではなく、よって直接に海運取引の法源とは認め難いが、海運取引を実際に規律するものとして重要な役割を果たしてい

表3-3-1　わが国貿易に占める海上貿易の割合

（金額ベース） （単位：兆円）

年	輸　出		輸　入		輸出入合計	
	総額	海上貿易額（％）	総額	海上貿易額（％）	総額	海上貿易額（％）
1985	42	36（86.7）	31	27（86.5）	73	63（86.6）
1990	41	34（82.0）	34	26（77.1）	75	60（79.8）
1995	42	31（75.3）	32	23（73.3）	73	54（74.5）
2000	52	33（63.3）	41	28（68.9）	93	61（65.8）
2005	66	46（69.5）	57	41（72.9）	123	87（71.0）
2006	75	53（69.9）	67	50（74.2）	143	103（71.9）
2007	84	55（65.9）	73	52（71.5）	157	108（68.5）
2008	81	55（67.7）	79	59（74.9）	160	114（71.2）

（トン数ベース） （単位：百万トン）

年	輸　出		輸　入		輸出入合計	
	総量	海上貿易量（％）	総量	海上貿易量（％）	総量	海上貿易量（％）
1985	94	94（99.5）	604	603（99.9）	698	697（99.9）
1990	85	84（99.1）	712	712（99.9）	798	796（99.8）
1995	117	116（99.3）	772	771（99.8）	889	886（99.8）
2000	131	130（99.0）	808	807（99.8）	940	937（99.7）
2005	136	134（98.8）	817	816（99.8）	953	950（99.6）
2006	146	144（98.8）	816	815（99.8）	962	959（99.7）
2007	152	150（98.9）	815	814（99.8）	967	964（99.7）
2008	155	154（99.0）	818	816（99.8）	973	970（99.7）

出典：「日本海運の現状」（（社法）日本船主協会，2010年）

る普通（標準）取引約款がある。個品運送に関する各種の船荷証券（B/L）、シーウェイビル、各種の用船運送に関する傭船契約書（C/P）をはじめ、客船約款、船舶保険・海上貨物保険約款、それに、海難救助契約の国際標準書式である Lloyds Open Form（LOF）、共同海損の国際的標準規則であるヨーク・アントワープ・ルールズ（York Antwerp Rules：YAR。近くは 1974 年、1994 年版を経て最新版は 2004 年）なども事実上、国際的に利用される約款類である。

B 海上企業の物的組織——船舶

[1] 船舶の意義

(1) 船舶の一般的定義

　海上企業の物的組織の中核は、船舶である。そこで、まず、「船舶」とはどのようなものを意味するかにつき概説する（表3-3-2）。

　一般的に、船舶とは、「水上を航行するために用いられる構造物」と考えられている。水上には水面・水中も含まれる。航行する（navigate）ために用いられる構造物ということは、ある目的地へ人または物を運搬するのに適するもの（いわゆる航行供用性）である必要がある。したがって、具体的には、運送船一般、工作作業船、のほか、エア・クッション船（ホバークラフトともいう）や潜水艦も船舶に含まれる。一方、水上に浮遊していても移動を伴わない浮標、燈台船、水上ホテル船や、離着陸のためだけに水面を利用する水上飛行機・飛行艇は船舶に含まれないことになる。

(2) 海商法上の船舶

　(1)のような社会通念としての船舶の概念に対し、各法令が法統制上一定のものにつき船舶とし、あるいは船舶ではないと定めている（例、船舶安全則2条、船舶則2条）。では、海商法上の船舶とは何か。商法は、①商行為をなす目的で、②航海の用に供する船舶（櫓櫂船を除く）と定義されている（商684条1項2号、国際海運2条1項、同旨、船主責任制限2条1項1号、油賠2条1号）。まず、①航海船であること。通説によれば、航海とは、湖川港湾を除いた海上を航行することを指し（商569条参照）、湖川港湾の範囲は平水区域と指定された水域と定められるから（商施122条、明治32年逓信省令20号、船舶安全37条）、平水区域のみを航行する船舶は適用外とされる（同旨、判例（東京高決

表3-3-2　船舶の種類（用途別の分類）

商　船	貨物船	コンテナ船	フルコンテナ船、セミコンテナ船	
		一般貨物船	在来貨物船	
			重量物運搬船、多目的船	
		専用船	タンカー	原油タンカー、ケミカルタンカー液化ガス専用船（LNGタンカー、LPGタンカー）
			バラ積専用船	鉱石専用船、石炭専用船、穀物専用船
			木材専用船	木材専用船、パルプ専用船、チップ専用船
			自動車運搬船	自動車専用船（PCC）
			その他	鋼材専用船、土砂運搬船、冷凍・冷蔵貨物運搬船
		その他	LASH、タグボート（曳船、押船）、砕氷船	
	旅客船	定期航路客船、クルーズ船、渡船、水中翼船、ホバークラフト		
	貨客船	カーフェリー（法規上は旅客船）、PORO船（法規上は貨物船）		
特殊船	各種の作業船（浚渫船、クレーン船、海底ケーブル敷設船、石油掘削船）、調査・観測船、巡視船、プレジャーボート			
漁　船	漁ろう船、母船・工船、運搬船			
軍　艦	自衛隊の艦隊			

平成7年10月7日判タ907号269頁））。次に、②商行為船ないし商船であること。この商行為は、主として運送に関する行為（商502条4号）であるが、曳船、救助、水先などの作業または労務の請負（同502条5号）といった営業的商行為、さらに陸上企業（例、石油会社、メーカー）が自家荷物（油、雑貨等）を運送する場合（インダストリアル・キャリア）のように附属的商行為（同503条）も含まれる。しかし、他方で、船舶法35条は、官庁または公署の所有に属する船舶（公用）以外の航海船であれば商行為をしない船舶にも海商法の規定を準用するものとしている。したがって、商行為船でない漁船、学術探検船、気象観測船、プレジャーボートなどにも海商法の適用範囲が拡大される。

[2] 船舶の性質

　船舶は、船体（hull）、船橋（ブリッジ）、甲板（デッキ）、操舵室、船室などの各部分から構成される1個の物（合成物）である。これに対し、羅針盤、救命ボート、救命具、海図、寝台などのように、船舶と別個独立性を有し、

かつ船舶の常用に供される物を属具という。属具は、船舶の属具目録に記載された物は従物と推定される（商685条）。

このように、船舶は法律上、動産であるが（民86条参照）、その形状が大きく、かつ高価であり、登記簿上その個性・同一性の認識も容易である点で、不動産的な取扱いがなされる。すなわち、一定規模以上の船舶については、登記制度をとり（商686条・687条）、賃貸借の登記（同703条）および抵当権の設定（同848条）を認め、また、その強制執行（船舶執行）および競売は不動産と同様の方法で行われる（民執121条）。

また、船舶は、権利の客体でありながら、権利の主体（自然人・法人）と類似の取扱いを受ける。すなわち、名称（船舶7条）、国籍（同1条）、船籍港（同4条）を有するなどである。日本の船舶の要件は、最も進歩した所有者主義をとり、さらに「自国民の所有要件」も絶対的なものとしない（船舶1条）。日本船舶には、日本国旗の掲揚権、不開港寄港権、沿岸貿易従事権などの種々の特権が認められる（船舶2条・3条）。

コラム　日本籍船・外国籍船・便宜置籍船

船舶には人と同様に戸籍に当る「船籍」というものがある。船籍が日本にあれば日本船、外国にあれば外国船という。総トン数2000トン以上の外航船の日本籍船の隻数は、ピーク時の1972年に1580隻であったが、1978年を境に減少の一途を辿り、2006年では、日本籍船の数は95隻となり、全体に占める割合は4%となった。

このように、日本籍船が減少した理由としては、①高額な登録免許税と固定資産税、②最低2名の日本人船員の配乗条件、③船舶設備・検査等の規制の厳格・手続の硬直等が挙げられるが、いずれにしても、わが国の外航商船隊の現状は、自ら所有する日本籍船以外は、外国から借りた外国籍船で補完し、国際競争力の強化を図っている。

ところで、日本商船隊が依存する外国籍船を借りて使う（外国傭船）場合、それはどのような方法で行われるのであろうか。それが便宜置籍船（Flag of Convenience Vessel：FOC）、仕組船といわれるものである。便宜置籍船は、タックス・ヘイブン（租税避難地）であるパナマ、リベリア、バハマ等いわゆ

る便宜置籍国に船籍を置き、税金や船員の資格、労働条件などで便宜を得る船舶であり、また仕組船は日本船社が長期傭船する目的で海外（便宜置籍国が多い）に子会社（ペーパーカンパニー）を設置し、その海外船社が建造し、購入し、かつ海外（大半は便宜置籍国）に置籍される船舶をいう。いずれとも、船舶は日本船社が実質的に支配し、運航するのである。

[3] 船舶の公示

わが国の船舶の公示制度は、多くの国が船舶登録のみの一元制度を採用する中で、私法上の権利関係を明らかにするための登記制度と、行政上の取締りを目的とする公法上の制度である登録制度の二元主義をとる。

まず、船舶の登記について、総トン数20トン以上の船舶（櫓櫂船を除く）の所有者は、船舶登記規則（平成17年法務省令27号）に従い船籍港を管轄する法務局において、船舶の登記をしなければならない（商686条、船舶34条）。そして、この船舶登記をなした後、総トン数20トン未満の小型船舶および櫓櫂船を除き（船舶20条）、船舶所有者は船籍港を管轄する管海官庁に備付けの船舶原簿に登録をし、船舶国籍証書の交付を受けなければならない（船舶5条1項・2項）。つまり、私法上の制度である船舶登記が、公法的な目的（船舶の国籍証明）でなされる船舶登録の前提となっている。

[4] 船舶所有権

船舶は、本来動産であるから、船舶所有権の得喪も、一般の動産所有権の得喪に関する私法上の一般原則による。ただし、船舶には、上述したように登記という公示制度があり、取引の安全を図る必要がないため、民法の即時取得の規定（民192条）は適用されないし、取得時効による所有権取得も消耗が激しい船舶には現実に生じ得ないであろう。

船舶所有権の私法上の承継取得原因として重要であり、しかも発生件数も多いのは、造船契約と船舶売買であるが、これらの取引は、実際には標準書式化（国内または国際的な団体・会社が作成した造船契約書、船舶売買契約書）され、当事者の権利・義務が詳細かつ明確にされている。

[5] 船舶金融（船舶債権者）

　船舶を手段として、海洋を舞台に営利活動を行う海上企業は、船舶の建造、艤装、修繕のため、あるいは寄港地において航海の継続に必要な需品を購入するため、外部から資金や労務の提供を受ける必要に迫られる。こうした海事金融の必要に応えるために設けられたのが船舶抵当権および船舶先取特権制度である（商法第3編第7章、国際海運19条3項、船主責任制限95条、油賠40条3項）。船舶抵当権も船舶先取特権も、ともに現在、海商企業の資金調達に有用な制度で、各国も固有の制度を有している。ただ、船舶先取特権については、船舶抵当権設定後に生じたものでも船舶抵当権に優先する効力を認められ、しかも船舶抵当権とは違い、公示方法（登記）なしに目的物（船舶・属具・未収の運送賃）から優先弁済を受けることができるから、これを広く認めると、船舶抵当権者の利益を害し、海事金融を阻害する結果となりかねない。そこで、近時、船舶先取特権の種類の制限、優先順位等につき国際的に統一を図るため、1926年および1967年に海上先取特権・海上抵当権条約が成立している（1993年にも改正条約が制定された）が、必ずしも成功とは言い難い。わが国はいずれも未批准であり、制度は旧態依然のままであるため、実務上も甚だ問題が多い。たとえば、商法842条で船舶先取特権が認められる債権を限定的に8種類列挙するものについても、その理由はすべて同一ではなく、公益的または社会政策的配慮から認める債権（商842条3号・7号）のような国際的に共通了解されるものもあれば（特に、同条7号債権は条約が認める5種類の債権の中で第一順位）、債権者の共同の利益に貢献した債権であるとの理由で認められる債権（同条1号・2号・4号～6号・8号）のような現代において、また国際的にみてその存在、順位が疑問視される債権が混在していることである。

C　海上企業の人的組織
[1] 海運取引の主体
(1) 船舶所有者・海上運送人

　海上運送をはじめ海上企業を実行するには船舶を必要とする。そして、通常、海上企業者は、自己所有の船舶を持って運送を中心とした企業経営をしている。そこで海商法は、海上運送人を「船舶所有者（shipowner）」の

語で表示する。しかし、海上運送経営にとって船舶の所有は絶対不可欠の条件ではない。他人所有の船舶を賃借、傭船などの形で利用し、海上企業を実行することも可能であるし、それらは実際上もかなりの割合を占める。国際海上物品運送法が、新時代における海上運送企業者を「運送人（carrier）」という包括的名称で表示したのはそうした海運実態を踏まえた上のことである。

このように、海上企業の主体者とは、商法がいう船舶所有者もそして国際海上物品運送法がいう運送人も、まずは自己が所有する船舶により海上運送企業活動を行う者であるが、加えて他船利用者である船舶賃借人、傭船者を包摂した概念である（商759条、国際海運2条2項）。

(2) 船舶共有者

海商法上、船舶共有者とは、船舶を複数により共有し、かつ、海上企業活動のために航海の用に供する者をいう。

船舶共有は、資本の集中と危険の分散を可能にする共同企業形態として、中世から近世かけ大いに利用されたが、株式会社制度の発達・普及に伴い19世紀後半から衰退の一途を辿っている。一時、海運会社と鉄道建設・運輸施設整備支援機構、あるいは海運会社同士による共有など新しい形態の船舶共有がみられたが、現在の利用実態は少ない。商法は693条以下10カ条文をあてるが、海商法の後進性の表徴の一つである。

船舶共有の内部関係については、船舶共有が共有者による共同企業形態であるから、民法の組合に関する規定と商法の規定が適用されると解される。もっとも商法の規定は任意規定であり、船舶共有契約に定めがない限りで適用される。

また、業務執行に関し、船舶の利用に関する事項の決定につき、頭数の多数決ではなく、持分価格による多数決とし、資本多数決の方法が採用される（商693条）。ただし、新たな航海の実行または船舶の大修繕の決定については、決議の反対者に持分買取請求権が認められている（商695条）。

このほか、持分は自由に譲渡しうる（同698条）。ただし、船舶管理人の場合は、他の共有者全員の承諾が必要とされ（同698条ただし書）、また、持分の譲渡等により船舶が日本国籍を失う場合は、他の共有者に持分買取請求権または競売の請求が認められる（同702条1項）。

また、船舶の利用に関する費用負担、航海の終わりにおける損益分配に関しては、持分価格に応じてなされる（同694条・697条）。
　次に、船舶共有の外部関係については、船舶の利用に関して生じた債務について、持分価格に応じて第三者に対して弁済する責任を負う（同696条）。通説は、本規定を強行法規と解している。なお、船舶共有者は、船舶利用の効率性と取引の安全を図るため、船舶共有者の代理人となる船舶管理人を選任し、これを登記しなければならない（同699条）。船舶管理人は、船舶の利用に関する包括的代理権を有するが、船舶の譲渡・賃貸等をなすこと、船舶を保険に付すこと、新たな航海をすることなどの場合は個別の授権が必要である（同700条1項）。

(3) 船舶賃借人（裸傭船者）

　船舶賃貸借（実務では裸傭船（bareboat charterparty）と呼ばれる）は、賃借料を支払い一定期間他人所有の船舶を借り受け（リース）、その占有を支配して海運企業を行うことである。したがって、海商法上の船舶賃借人とは、他人の船舶を賃借し、かつ、商行為をなす目的を持ってこれを航海の用に供する者をいう（商704条1項）。

　船舶賃貸借は、船舶所有によるコスト軽減と一定期間自らの商船隊の増強を図るため、オイル・タンカー等のビジネスにおいて利用されている。しかし、船主が船舶の賃貸借の求めに応ずるのは賃借人が十分な管理能力を備えているか、あるいは相互に特別な資本関係にある場合に限られるから、あまり一般的形態ではない。船舶賃貸借は、一般に船舶のみの賃貸借であり、船舶賃借人は当該船舶が航海に必要な船長・海員等、人的設備および船用品ほか一切の物的設備を自ら手配（艤装）することになる。

　船舶賃借人と船舶所有者との内部関係は、当事者間の賃貸借契約により定められる。契約に定めのない事項に関しては海事慣習に従い、海事慣習もない場合は民法の賃貸借に関する規定（民601条〜622条）により決定される（商1条2項）。

　船舶賃借人と第三者との外部関係に関して、船舶賃借人は、船舶の利用に関する事項につき、第三者に対して船舶所有者と同一の権利義務を有する（同704条1項）。船舶賃借人は賃借した船舶ではあるが、自ら艤装し、海上企業の主体として活動していることに鑑みれば、その企業活動に関して

生ずる権利義務は船舶賃借人に帰属させるのが当然であるからである。つまり、海商法上、第三者との関係についての規定は、「船舶所有者」を「船舶賃借人」に読み替えて適用される。具体的には、運送賃・滞船料・救助料等の支払請求権の取得、船荷証券上の債務、修繕費の支払義務、船舶衝突における第三者への損害賠償責任を負う。本規定により、船舶を賃貸借に出した船舶所有者は第三者との関係で直接法律上の関係に立たないことになるが、ただ、船舶の利用につき生じた先取特権は、先取特権者が船舶の利用が賃貸借契約に反することを知らないときは、船舶所有者に対しても効力が生ずるとして船舶債権者を保護している（同704条2項）。なお、船舶賃借人は、そうした損害賠償責任について、船主責任制限法に従い責任制限ができる（船主責任制限2条1項2号・3条）。

[2] 海運取引の補助者
(1) 船長
●**船長の地位**　船長とは、特定の商船に乗船して、船舶の運航を指揮するとともに、海上企業主体の代理人として法定権限を有する者をいう。

船長は、海上企業主体である船主または船舶賃借人によって選任されるが、船長自らが他の船長を選任することができる（商707条前段）。これを代船長という。

船長の資格要件としては、航海中の船舶、船内の人命・財産を保護するため、海技免状を有することが求められており（船舶職員2条2項・4条・18条）、無資格者から船長を選任した船主等は処罰される（同30条の3）。

船長の地位は、雇用の一般的消滅事由（死亡、期間満了、辞任等）によって消滅する。さらに、船主は、雇用期間の定めの有無を問わず、いつでも船長を解任できる（商721条1項）。なぜなら、船長は広範な権限を有し、船長たる地位が船主との信頼関係の上に成り立っているからである。

●**船長の権限**　船長は、船主から代理権を授与されるが、その代理権の範囲は、船舶が船籍港（船舶法の規定により船舶国籍証書または船舶票を請受けた地。通説、大判明治45年2月17日民録18輯201頁）内にあるか否かで区別される。船籍港内にある間は、船主は直接船長に指図し、自ら業務を行うこともできるから、船長の代理権の範囲は狭くてよい。よって、特に委任を受けた

場合のほか、海員の雇入・雇止をする権限のみ与えられる（商713条2項）。他方、船籍港外にある場合は、航海のために必要な一切の裁判上、裁判外の行為をなす代理権が認められる（商713条1項。ただし、同715条1項2号）。

また、船舶が修繕不能となった場合は管海官庁の認可を得て船長の所有物である船舶を競売することができる（同717条）。また、航海継続のため必要なときは積荷を航海の用に供し（同719条前段）、航海継続のために必要な費用を支弁するために積荷を売却・質入することができる（同715条1項3号）。なお、代理権に船主が加えた制限は、取引の安全保護のため、善意の第三者には対抗できない（同714条）。この点で支配人または船舶管理人と同様である（同21条3項、会社11条3項）。

●**船長の責任**　船長は、職務を行うにつき船主、傭船者、荷送人その他の利害関係人に対して損害を加えた場合、職務執行について注意を怠らなかったことを証明できない限り、損害賠償責任を免れない（商705条1項）。船主の指図に従ったときでも、船主以外の者に対する責任を免れない（同705条2項）。また、船長は海員が他人に損害を与えたときも、監督を怠らなかったことを証明しない限り損害賠償責任を免れない（同706条）。

(2) 海員

海員とは、船内で使用される船長以外の乗組員（通信士、航海士、機関士の職員とそれ以外の部員）で労働の対価として給料その他の報酬を支払われる者をいう（船員2条1項）。船長の指揮の下で船舶の運航を担当するが、船長と異なり、船主の代理人たる地位を有しない。

一般に、海員は、雇用契約を通じて船主の被用者となったうえで、船主と特定船舶に乗り組む雇入契約を締結する（船員31条）。

(3) 水先人

船舶が特定の港湾水域を通り港内で離着岸することは決して容易ではない。そこで、その水域・港での操船に精通した水先人（pilot）による案内が必要となる。水先人は一定の水域（水先区、現在日本に水先区は39あり、そのうち11が強制水先区である）において船舶に乗り込み、当該船舶を導く者であり、水先人としての免許を受けた者である（水先2条1項・2項）。水先人は船主等に継続的に船舶で労務に服するのではないから、船員ではないが、船主等とは雇用契約があり被用者であるものと解される。

水先人の使用が強制される場合（強制水先）、水先人の過失で第三者に与えた損害について船主が責任を負うかについては学説が対立している。船長が水先人の指図に従うことを強制されるような場合には、船主の責任がないとする見解と、強制水先の場合であっても船舶の安全運航に関する船長の責任は解除されず、また権限は犯されない（水先17条2項参照）から、船主の責任はあるとする見解とが対立している。この場合、船主、船長はもとより水先人も「被用者等」に含まれると積極的に解してその責任を制限することができる（船主責任制限2条1項3号・3条1項）。

注）
1) 海商法は商法に先駆けて誕生した長い歴史をもつ法分野であり、それだけに研究文献は枚挙にいとまがない。その中で、私法・公法の両分野にわたって近時の重要なトピックスを体系的に網羅している学術研究書として一書推挙すれば、落合誠一・江頭憲治郎編『海法体系』（日本海法会創立百周年祝賀、商事法務、2003）がある。
2) さしあたり、「特集　ロッテルダム・ルールズ」海法会誌53号（2009）を挙げておこう。

エクササイズ

【問題】　海上企業の物的・人的組織に関する次の各文章の正誤を答えなさい。
(1) 商法が適用または準用される船舶の範囲は、商行為船かつ航海船に限られる。
(2) 商行為を目的として航行の用に供する船舶であっても、総トン数20トン未満の船舶については登記をしなくてよい。
(3) 船長は、その職務を行うにつき、荷送人に損害を与えた場合、それが船舶所有者の指図に従ったものであればその責任を免れうる。
(4) 船長は、船籍港の内外を問わず、航海のために必要な一切の裁判上、裁判外の行為をなす代理権が認められる。

4 海運取引の展開

ポイント

船舶を用いて行う海運取引には、物品運送と旅客運送とがある。海上企業は、海運取引を取り巻くさまざまな危険を克服して活動を展開していかねばならない。本節では、海事に関する制定法にとどまらず、国際条約、普通取引約款などを通して、国境を越えて国際的に、あるいは国内の港間でダイナミックに展開される海運取引分野の理論および実務やそれを規制する法制度を学ぶ。

A 海上企業活動

[1] 海上物品運送[1)]

海上企業活動には、曳船、救助、港内の浚渫（しゅんせつ）、ケーブル敷設、海底の石油・鉱物の掘削などの作業があるが、最も重要なものは海上運送、とりわけ物品の運送サービスである。そして、こうした物品の海上運送のサービス、つまり船舶を用いて貨物をある地（国）から他の地（国）へ輸送するという契約を、海上運送企業者である船舶所有者（海上運送人）が、そうしたサービスを欲する荷主（メーカー、貿易商社など）と締結し、運送を実行して当該貨物を受領する権限を有する者（荷受人）に引き渡すのである。なお、近年、国際間で展開される国際複合一貫輸送においては、フレイト・フォワダー（freight forwarder）やNVOCC（Non-Vessel-Operating Common Carrier：非船舶運航業者）のように、自らは輸送手段（船舶）を保有しないが、それを保有・運航してサービスを提供する実行運送人（actual carrier、例、船会社、航空会社、陸運会社）を利用し、自らが運送契約の主宰者となって荷主と契約を結び、通しB/Lを発行して実行運送人を下請として貨物の運送を引き受けるという仲介者タイプの者が登場し、実際に国際複合輸送を行う上で重要な役割を果たしている。かかる実行運送人でもなく、荷主でもないフレイト・フォワダーやNVOCCを法的にどう性格付けるべきか（たとえば、荷主の代理人か、運送人か）は、今後の課題である。

ところで、海上物品運送は、物品（貨物）の種類・性質、運送方法の違いから大きく傭船（不定期船）と箇品運送（定期船）に大別される。

(1) 傭船契約（charterparty）

傭船（用船）契約とは、一般に荷主（傭船者）が船主と契約し、特定の貨物について船舶の全部または一部を借り切り運送してもらい、一方荷主は、海上運送人たる船主に対して報酬として運送賃（傭船料と呼ぶ）を支払う運送契約をいう（商737条）。傭船契約の内容は、特定の典型約款（例、船舶賃借約款、純傭船約款、免責約款等）を包含する定型的な契約によって定まる。通常、不定期船（貨物需要に応じて不定期に就航する船。通称"tramper"または"tramp"）に利用され、輸送貨物は大口バラ積み貨物（鉄鉱石、石炭、穀物）で、専用船により運送される。

傭船契約は、傭船の形態に従い基本的に航海傭船契約と定期傭船契約の二つに分類されるが、近年の定期船のコンテナ化や海運業のサービスの質的変化に対応するため、実務ではさらに数量契約のほか、コンテナ船の定期運航において、運航業者が相互に船舶のスペースを融通し合い共同運航する方式（一種のコンソーシアム）のスペース・チャーター（スロット・チャーターともいう）などのさまざまな傭船契約の変形版が出現している。

● **航海傭船契約**（voyage charterparty）　航海傭船契約とは、海上運送人である船主・船舶賃借人が、運送賃（傭船料）を支払うことを約した傭船者（荷主）の貨物を輸送するために、一つの船舶で特定の一航海（複数の連続航海を一括して契約する連続航海傭船契約もある）について船舶の全部または一部を利用して物品を運送することを約する契約をいう。

● **定期傭船契約**（time charterparty）　定期傭船とは、船主・船舶賃借人が一定期間（通常1年または数年）一定船舶の全部を船長・海員付きで相手方である定期傭船者（海上運送人）に提供し、当該船舶・船員を定期傭船者の指揮の下におく形で使用に委ねる契約をいう。たとえば、荷主と傭船契約する船会社が自己の所有船で不足する場合に、他の船主から傭船する場合である。なお、船会社が自社保有船をパナマやリベリアなどいわゆる便宜置籍国に登録し、外国籍になった船（便宜置籍船）を再び同じ船会社が傭船する契約をチャーターバック（charter back）という。

● **数量契約**（contract of affreightment : COA）　数量契約とは、特定の航路にお

いて、船舶を特定せず、一定数量（多量）の特定の貨物（油、鉄鉱石、穀類など）を一年またはそれ以上の期間を定めて、同じ条件で輸送する契約である。たとえば、期間1年で3万トン4航海というような内容で将来の貨物輸送をまとめて船主・荷主間で契約する場合であり、近年とみに利用が増えている。

(2) 箇品運送契約

箇品運送契約とは、海上運送人が、船舶やスペースを貸切るのではなく、個々の一般貨物の運送を引き受け、契約の相手方である荷送人がこれに対して運送賃を支払う契約をいう（商749条）。通常、公表したスケジュールに基づき、一定の港、一定の航路に定期的に配船される定期船（"liner"）による小口の貨物（製品や半製品）の運送に利用される。

箇品運送契約は、不特定多数の荷送人からの数多くの種類の貨物の運送を対象とすることから、繁雑さを避けるため、船荷証券（B/L）上の運送約款による画一的な契約が使われる。また、箇品運送では、運送品の個性が重視されるが、船舶の個性は問題にならないため、船荷証券約款に代船約款や積換約款が挿入されることが多い。

コラム　定期傭船契約の法的性質

定期傭船契約は、19世紀中頃に海運の実務に生成し急速に普及発生したため、海商法に直接的規定がなく、従来その法的性質をめぐって多くの学説が主張されてきた。判例（大判昭和3年6月28日民集7巻519頁）および学説の多数は、船舶賃貸借と船員の労務供給契約の混合契約であるとしてきた。すなわち、定期傭船契約を船舶賃貸借契約的に解し、定期傭船者に海上企業の主体性を認め、それによって、定期傭船契約に商法704条を適用ないし類推適用して、たとえば船舶衝突の場面では定期傭船者が対第三者責任を負うべきものとする。これに対して、定期傭船契約を運送契約の一種と解する立場は、海上企業主体は船主であって定期傭船者ではなく、よって商法704条の適用ないし類推適用を否定する。他方、世界の海運業界では、定期傭船契約の場合には船主が対第三者責任を負うべきことが確立されており、最近、わが国でも、定期傭船契約の性質論から論ずるのでは

なく、定期傭船者と船長・海員との指揮監督関係から責任の所在を決すべきであるとの主張が有力になされるようになっている(最判平成4年4月28日判時1421号122頁〔百選(保険・海商)77事件〕)。

(3) 特殊な海上運送契約
● **再傭船(再運送)契約**(sub-charter) 再傭船契約とは、傭船者が借り切った船腹に自己の運送品を積み込まず、さらに第三者と傭船契約または箇品運送契約を締結した場合、この第二の運送契約のことをいう。内航運送の場合は、再傭船契約の履行が船長の職務に属する範囲内においては、船主だけが、再傭船契約の相手方に対し直接に責任を負い(商759条)、他方、外航運送の場合は、傭船者が、運送人として第三者に対して自ら履行責任を負う(国際海運20条1項参照)。

● **通し運送契約**(through carriage) 通し運送とは、一般に数人の運送人が同一の運送品につき地理的区間を相次いで運送することをいう。なお、輸送手段(モード)が複数にわたる(例、トラック→船舶→鉄道)海陸空の通し運送である複合運送や陸上の相次運送については、第Ⅱ編3章6節参照。

(4) 海上運送人の義務および責任
● **外航運送人の義務と責任** 海上運送契約が締結されると、海上運送人は、傭船者・荷送人に船舶を提供し、発航時に、航海を安全に遂行しうる能力を備えた船舶であることを担保する義務を負う(国際海運5条1項)。これを堪航能力担保義務といい、海上運送人の最も基本的で重要な義務である。具体的には、①船舶を航海に堪える状態におくこと(狭義の堪航能力)、②船員を乗組ませ、船舶を艤装し、燃料・食料等を補給すること(運航能力)、③船倉、冷蔵室その他運送品を積み込む場所を運送品の受入、運送および保存に適する状態におくこと(堪貨能力)と明定されている(国際海運5条1項)。

次に、海上運送人は船舶を約定の船積港に回航・碇泊させ、運送品を受取り、船舶内に積込み、適切に積付けなければならない(国際海運3条1項)。発航後は運送品を保管・運送し、陸揚港にて荷揚し、それを荷受人または船荷証券所持人に引き渡す義務を負う(同条同項)。

外航運送人は、自己またはその使用する者が堪航能力担保義務および運

送品の受取、船積から荷揚、引渡までの運送プロセスにおいて運送品の取扱いに関して注意義務を怠ったことにより生じた運送品の滅失・損傷または延着につき損害賠償責任を負うものとされ（国際海運3条1項・5条）、運送人がそうした注意を尽くしたことを証明できなければ免責されない（国際海運4条1項。ただし、証明責任の特則として、同4条2項に注意）。しかも、いずれの責任についても特約による免責が禁止されている（国際海運15条1項）。

一方、外航運送人の責任は、運送品の損害が船員等のいわゆる航海上の過失によりあるいは運送人の故意または過失なき船舶の火災によって生じた場合には、法定の免責として責任を負わないとされる（国際海運3条2項・4条2項）。また、外航運送人の運送品の滅失・損傷・延着に関する損害賠償責任については、一包または一単位に一定金額を倍した金額と運送品の総重量に一定金額を倍した金額のいずれか多い額による責任制限が法定されている（国際海運13条1項）。なお、外航運送人に不法行為責任（民709条・715条）が成立する場合、それと債務不履行責任の関係をどのように解するかという厄介な損害賠償請求権の競合の問題は、立法上解決されている（国際海運20条の2・1条）。

コラム　船舶堪航能力担保義務の法的性質

外航運送に関しては、過失責任とされ、注意が尽くされたことの立証責任は運送人側で負うことが明記される（国際海運5条2項）。これに対して、内航運送人に関する商法738条は、堪航能力の中身も責任の形も立証責任もすべてが明確でないため、特にこれを無過失責任と解するのが従来の通説・判例（最判昭和49年3月15日民集28巻2号222頁）であった。この立場は、①船舶の堪航能力は海上航行の安全にかかわる公益上の理由、②商法738条の「航海ヲ為スニ堪フルコトヲ担保ス」という文言、③商法739条が特約をもってしても堪航能力の担保責任を免除できないとすること、④企業責任と公平の見地、といった点を根拠とする。しかしながら、現在では、過失責任と解する見解が学説の通説的立場となっている。その根拠として、①公益上の理由が直接に無過失責任に結びつくものではないこと、②条文の文言に拘泥すべきではないこと、③免責約款の制限は、堪航能力担保義

務を過失責任と解することによってのみ合理的に理解でき、それが世界の立法例と調和すること、④船主責任の厳格化は海運助長という政策に合致しないことを挙げる。内航船と外航船との間で不均衡を是正する必要性に鑑みれば、過失責任と解すべきであろう。なお、船舶の堪航性維持は、海上保険の重要問題でもあるからその義務違反については法令および約款において保険者の免責事由の一つとされる（商829条2項、船舶保険約款13条）。

● **内航運送人の義務と責任**　内航運送人も、外航運送人と同様に、堪航能力担保義務（商738条）を負い、また、運送の各段階において諸義務が規定される（商740条以下参照）。

内航運送人は、船長その他の船員（一時的に従事する水先人も含む）が職務上故意または過失によって他人に与えた損害を賠償する責任を負う（同690条）。本条は、民法上の使用者責任（民715条）の特則を定めたものであり、船主は船員の選任・監督に関する過失の有無にかかわらず、被害者に対して損害賠償責任を負わなければならない（最判昭和48年2月16日民集27巻1号132頁）。つまり、無過失責任である。これは、船主が航海中の船員を監督することは実際上困難であり、また、船長等の高級船員については国家が公認した資格を有する者から選任するので、船主にその選任に過失はないことになって被害者保護を欠く結果となるからである。

本条の責任要件が充足された場合に、船主が第三者に対して損害賠償責任を負い、船主と船員は第三者に対して不真正連帯債務を負う。この場合に船主が被害者に賠償すれば、船主は加害船員に求償権を有することになるが、その求償は信義則上相当の程度に制限されることがあり得る（最判昭和60年2月12日集民144号99頁）。

なお、海上運送人の責任に不法行為責任（民709条・715条）が関係する場合の債務不履行責任との関係については、第Ⅱ編3章1節を参照。

[2] 海上旅客運送
(1) 意義

海上旅客運送とは、海上において船舶による人（旅客）の運送を引き受け

る契約をいい、その法的性質は、物品運送と同様に請負契約である（民632条）。海上旅客運送には、海商法の777条以下に特殊な規定があるほか、陸上旅客運送の規定や海上物品運送の規定が準用される（商786条・787条）。なお、海上旅客運送については2002年改正の1974年アテネ条約が存在するが、わが国は批准していない。

(2) **種類**

海上旅客運送にも、傭船契約と個別旅客運送契約とがある。前者は、旅客運送のための船舶の全部または一部をもって運送契約の目的とする場合で、往時の移民運送や現在のクルーズ客船による団体観光旅行に利用される。後者は、個々の旅客の運送を目的とする場合であり、定期船による通常の旅客運送がこれにあたる。多くは定型化された客船約款で取引される。

(3) **海上旅客運送人の義務および責任**

海上運送人は、運送賃請求権（商779条）、発航権（同780条）、手荷物の陸揚・放棄・処分権（同786条・740条・779条）を有するほか、義務として、一般的な特定船舶を回航し、乗船準備を整える義務、旅客に対する船舶堪航能力担保義務（同786条1項）、遅滞なく発航し、直行する義務や、特殊なものとして船舶修繕中の住居食料提供義務（同783条）、航海中の旅客の食料を負担する義務（同778条）、旅客の船内携帯手荷物を無賃運送する義務（同779条）等である。

また、海上旅客運送人の責任については、陸上旅客運送人と同様、運送人は自己またはその使用人が運送に関し注意を怠らなかったことを証明しなければ、旅客が受けた損害を賠償しなければならないとされる（商786条1項・590条1項）。手荷物責任も陸上物品運送人と同一の責任である（同786条1項・591条・592条）。

B 海上危険

[1] 共同海損

(1) **意義**

船舶の運航にはさまざまなリスクが伴い、海難事故に遭遇することも稀ではない。その場合、船舶と積荷とが一つの運命共同体をなし、航海を安全に完遂するため救助船を手配したり避難港に入港したり対策を講ずると

いった費用や損害が生ずる。これを共同海損（General Average：G/A）という。

商法は、共同海損を、「船長が船舶および積荷をして共同の危険を免れしめるため、船舶または積荷になした処分によって生じた損害および費用」とし（商788条）、その損害、費用を利害関係人の間で公平に分担させている（同789条）。これが共同海損制度である。この制度の根拠は、船舶および積荷は、海上にあって孤立的な危険共同団体を構成するものであるから、その損害（犠牲・費用）は団体全員に公平に分担させるべきであるとされる。なお、商法の共同海損に関する規定は任意規定であり、実務上は、国際規則であるヨーク・アントワープ規則（以下、規則という）が、船荷証券約款、傭船契約書、海上保険約款中に規定され契約の一部をなす形で適用される。

(2) 成立要件・効果

共同海損の成立要件は、船舶および積荷に共同の危険があること、②船長が危険を避ける目的で故意になした異常の処分であること、③処分によって損害または費用を生じたこと、④船舶または積荷が保存されたこと、である。規則A条も大体同旨の定義をする。共同の危険は、急迫性を要しないと解される（通説）。規則A条の解釈では不要とされる。共同海損の処分とは、事実行為（投荷、船火災の消火、任意座礁、避難港入港など）のこともあれば、法律行為（曳船契約締結）のこともある。処分の主体について、判例・通説は、船長に限るとするが（大判昭和9年7月27日民集13巻1393頁〔百選（保険・海商）96事件〕）、規則A条は特に限定していない。規則の立場が妥当である。損害・費用の範囲は、処分と相当因果関係のあるものに限られるとされる（通説）。規則C条では、共同海損行為の直接の結果として生じたことを要求する。

1994年規則は、油濁をはじめとする環境損害につき、共同海損行為の結果であっても一切認めないとする（C条ただし書、11条(d)）。なお共同海損によって生じた債権は、清算終了の時から1年で終了する。

共同海損の効果は、共同海損行為により損害を受け、費用を支出した者が保存された財産の利害関係人（船舶、運送賃、積荷）に対して分担請求権を取得する（商789条、規則A条）というものである。

[2] 海難救助

(1) 意義

　海難救助は、海難に遭遇した船舶または積荷の全部または一部を義務なくして救助する行為をいい、救助が成功した場合、救助者は被救助者に対して救助料を請求することができる（商800条）。海難救助は、人命・財産の救助という道徳上の至上命令と隣人愛に基づく財産救助の思想と、救助者に報酬を与えて救助を奨励し、海上交通の安全を期すという政策的配慮とが併存する制度である。海難救助は国籍を異なる船舶の間でも行われているから、国際条約（1989年海難救助条約。以下、条約という）が成立しているが、わが国は未批准のため、これは船舶衝突条約と同じく渉外関係にのみ適用される。

(2) 成立要件・効果

　海難救助の成立要件は、①船舶または積荷が海難に遭遇したこと、②船舶または積荷の全部または一部が救助されたこと、③救助者に救助義務がないこと、である。海難とは、航海中の船舶が自力で克服しえない程度の危険が存在することをいう。救助の対象は、船舶、積荷等の財物救助であり、人命救助は、財産と共になされた場合を除き、海難救助とされない（商800条・804条2項、1989年条約16条2項）。なお、近年、海難救助の主眼は伝統的な船舶・積荷等の救助から環境救助へと移行し、1989年海難救助条約は環境被害防止が主眼とされている（条約14条）。救助の対象船舶は、航海船であるが（商684条、船舶35条）、海難救助制度の趣旨や国際条約1条に鑑みて、内水船の救助にも商法を準用するのが妥当である。救助者に私法上の義務なき救助という要件があるが、そうした任意救助は現在きわめて稀で、国際・国内ともにほとんどの救助は職業的な救助業者による「契約救助」（一般にLloyd's Open Form：LOF契約書式を利用）で行われている。

　上記要件が備わり海難救助が成立すると、救助者（船長・海員・船主）は被救助者に対し報酬として救助料を請求することができる（商800条・805条）。救助料請求権は救助をした時より1年で時効消滅する（同814条）。ただし、救助料の額は、特約がないときは、救助された物の価額を最高とする（同803条1項）。積荷の所有者は救助された物をもって救助料を支払えばよいという物的有限責任が認められる。

[3] 船舶衝突
(1) 船舶衝突の意義

　船舶衝突とは、海商法の対象となる船舶（商684条1項、船舶35条）同士が水上（海上・内水域）において接触して損害を生じることをいう。

　船舶衝突は、近年の海上安全促進の成果により大幅に減少したが、なお主要な海難の一つであることに変わりない。しかし、海商法は、損害の負担と時効について規定するのみである（商797条・798条1項）。また、国際的な衝突事故に関しては「船舶衝突についての規定の統一に関する条約」が適用される。

(2) 船舶衝突の効果

　船主間の関係については、①不可抗力または原因不明の場合、「物の滅失は所有者の負担とする」という一般原則により、各船が損害を負担し、②一方に過失がある場合、過失ある船舶の所有者が損害を賠償し（民709条）、③双方に過失がある場合は、過失の軽重を判定できないときは、双方の船主がその損害を平等に負担する（商797条）。衝突条約も同旨の規定を置く（4条1項）。他方、第三者との関係については、①一方に過失がある場合、過失船舶の所有者が損害を賠償し（民709条）、②双方に過失がある場合、判例・通説は商法797条は適用されず、各船舶所有者は共同不法行為者として連帯して損害賠償責任を負うとされる（大判明治44年11月6日民録17輯627頁〔百選（保険・海商）98事件〕）。なお、船舶衝突によって生じた損害賠償債権は1年の時効によって消滅する（商798条1項）。この1年の消滅時効の起算点につき、近時の判例は民法724条により「被害者又はその法定代理人が損害および加害者を知った時」であると解釈した（最判平成17年11月21日民集59巻9号2558頁）。

[4] 船主責任制限制度
(1) 意義

　船主責任制限制度とは、船主が海上企業活動の遂行に関連して生じた損害について債務および一定範囲に責任を制限することをいう。船主責任制限法（昭和50年法94号）として確立されている[2]。本来、海上企業の主体たる船舶の所有者、賃借人、傭船者等は海運取引から生ずる債務や船長等の

不法行為に基づく損害賠償債務について無限責任を負うべきであるが、この有限責任制度は各国の法制に古くから認められ、しかも国際条約として今や世界的に採用されている以上、わが国も国際的性格の強い海運業を政策的に保護する必要があり、そこに制度の合理的理由が認められるとされる（最決昭和55年11月5日民集34巻6号765頁）。

(2) 責任制限制度の態様

● **責任制限の主体**　責任制限できる者は、①船舶所有者等、②救助者、③①、②の被用者等である（船主責任制限3条1項2項）。①は船舶所有者、船舶賃借人、傭船者、これらが法人の場合はその無限責任社員である。保険者も責任制限できる（同98条2項）。③は船長・海員等であり、水先人が含まれる。

● **制限債権・非制限債権**　責任制限の対象となる債権は、責任制限主体によって異なるが、基本的には同一である。①船舶上でまたは船舶の運航（救助者・その被用者等の場合は救助活動）に直接関連して生ずる人の生命・身体が害されることによる損害または当該船舶以外の物の滅失、損傷による損害に基づく債権（船主責任制限3条1項1号）、②運送品、旅客または手荷物の運送の遅延による損害に基づく債権（同2号）、③船舶の運航（救助者、その被用者の場合は救助活動）に直接関連して生ずる権利侵害による損害に基づく債権（同3号）、④損害防止措置により生ずる損害に基づく債権（同4号）およびそれに関する債権（同5号）である。

　一方、責任制限できない債権は、①海難救助・共同海損に基づく債権（船主責任制限4条1号）、②被用者の使用者に対する債権および被用者の生命・身体損害による第三者の債権（同2号）、③旅客の死傷についての債権（同3条4項）、④油濁損害に基づく債権（油賠5条1項）、⑤原子力損害に基づく債権（原賠4条3項）⑥難破物除去責任に基づく債権、がある。

● **責任制限阻却事由**　制限債権であっても、次の場合には責任制限されない。すなわち、船舶所有者等・救助者・被用者等において、故意があるか、損害の発生のおそれがあることを認識しながらした自己の無謀な（recklessly）行為があるとき（船主責任制限3条3項）である。

● **責任限度額**　責任制限は、船舶ごと、かつ一事故ごと（事故主義）について、責任制限主体に対するすべての人および物の損害に関する債権に及ぶ（船主責任制限6条1項）。旅客の損害に関する債権（同2条1項6号の2）とそれ以

外の債権とは同一事故でも別々になされる（同4条2項）。責任限度額は、一般的な物の損害に関する債権のみ制限する場合と、人の損害のみ、あるいは人と物損害の両方を制限する場合に分け、船舶のトン数に法定の金額（SDR）を乗じて算出された金額で制限される（同7条・8条、トン数主義・金額主義）。

[5] 海上保険
(1) 意義
　船舶によって遂行される海上の航行活動にはさまざまな不可避的危険が伴う。船舶は非常に高価な資産であり（外航船の新造船価額は1隻が数十億円、LNG船など特殊船だと数百億円もする）、そこに積載される積荷もまた船価を遥かに上回る価額となることが少なくない。となると、これが海難に遭遇すれば、船舶、積荷その他に多大な損害を与える結果になり、船主の経営に重大な支障を来すことになる。そこで船主は、海上危険すなわち航海に関する事故によってさまざまな被保険利益に生じた損害を填補する保険を掛け海上リスクを平準化し克服しようと努める。船舶保険をはじめとする海上保険がそれである（商815条1項）。海上保険は、商法815条〜841条の2で規定されるが、損害保険契約の一種として、保険法（平成20年6月6日法律65号・第2章第1節ないし第4節および第6節・第5章）の適用を受ける（商815条2項・841条の2）。もっとも、海上保険は歴史沿革および航海危険の特異性ゆえに、実務上、早くから各種の保険約款が発達し、ほとんどが約款による取引である。なお、保険法の施行（平成22年4月1日）に合わせ、船舶保険普通約款の見直しが行われ、同日から改正約款が適用されている。

(2) 海上保険契約の要素
●**被保険利益——海上保険の種類**　海上保険を、被保険利益（被保険者が保険の目的物につき有する経済的利益のこと）の相違によって分類し、若干の説明をする。①船舶保険——船舶を目的とする（商818条）。一般的な船舶（貨物船、タンカー）のほか、特殊船など広く対象とし、通常1年の保険期間で運行中のリスクを引き受けるが、他に建造中のリスクを担保する船舶建造保険、事故による不稼働損害を填補する船舶不稼働損失保険、普通期間保険約款で免責とされる戦争・内乱、水雷等のリスクを対象とする船舶戦争保険、

船舶の所有者、賃借人又は運航者としての賠償責任および費用担保（岸壁損傷、油流出による清掃費用、船骸撤去費用等）を対象とするPI保険（Protection and Indemnity）などさまざまの保険がある、②積荷（貨物）保険——積荷を目的とする（商819条）、③希望利益保険——運送品の到着によって得べき利益または報酬を目的とする（同820条・822条）、④運送賃保険——運送賃（総運送賃）を目的とするが、船舶の賃貸料は含まれない、⑤コンテナ保険——コンテナの所有または運用に伴う危険を担保することを目的とする、⑥責任保険——事故の発生によって生ずる各種の責任を目的とする。主なものに、再保険、衝突損害賠償責任（衝突約款）がある。

● **保険契約者・被保険者**　保険契約者は、本船を実際に運行管理している者である。すなわち、自船運営者であり、定期傭船の場合は船舶所有者、裸傭船の場合は裸傭船者である。現時では船舶管理会社が全面的にマネジメントしていることが少なくなく、その場合は管理者である。被保険者は、通常は船主である。

● **保険事故・免責事由**　商法の「航海に関する事故」とは、普通保険約款にいう「海上危険」と同義であり、沈没、座礁といった航海に固有な事故に限らず、暴風雨、火災、衝突、船員の不法行為など船舶の航海に関連して発生する一切の事故を包含する（大判大正2年12月20日民録19輯1036頁）。船舶保険では、普通約款に特別約款が付帯され（後者が前者に優先適用される（特別約款6条））、特別約款は、引受条件として第1種（全損のみ担保）から第6種（ほぼオールリスク担保）まであり、順に填補範囲が広くなる。第3種は現在引受を行っておらず、第1種も事実上船舶保険でほとんど使用されない。実際に最も多く使用されるのは第5種で、全損・修繕費（一定の限定あり）、共同海損分担額、衝突損害賠償金および損害防止費用を填補する。免責事由については、商法が一定の不法な行為などを定めるほか（商829条）、約款で戦争その他の変乱などが定められている（船舶保険約款11条）。

● **保険期間**　普通期間保険の場合、通常1年間とする。始期・終期の時刻は、特に定めがない場合、約款上は正午である。特定の航海をもって定められる航海保険の場合、商法では、荷物または底荷の船積に着手した時から到達港においてその陸揚が終了した時と定めるが（商821条）、約款では、船舶が発航港において発航のために係留索を解き始めた時または錨を揚げ

始めた時のいずれか早い時に始まり、到着港において錨を降し終えた時または索をつなぎ終えた時のいずれか早い時から 24 時間を経過した時に終わる（船舶保険約款 10 条 1 項）。

● **保険価額**　商法では、保険者の責任開始時における価額とするが（商 818 条）、約款では、契約締結時に当事者間で保険価額を協定する評価済保険とし、保険期間中の保険価額の多少の増減は不可争とする（船舶保険約款 18 条 1 項 2 項）。

注）
1) 戸田修三・中村眞澄編『注解国際海上物品運送法』（青林書院、1997）。
2) 稲葉威雄・寺田逸郎『船舶の所有者等の責任の制限に関する法律の解説』（法曹会、1989）。

エクササイズ

（問題）　次の各文章の正誤を答えなさい。
(1) 船舶所有者は、内航船が堪航能力を欠如していることによって生じた損害については、過失の有無にかかわらず賠償責任を負担すべきであると解するのが判例の立場である。
(2) 海難救助は、義務なくしてその行為をした者には、その救助の結果の如何にかかわらず、成立しうる。
(3) 海上保険契約は、損害保険契約の一種であり、その保険事故とは航海に関する一切の事故をいい、沈没・座礁のほか海賊による被害も含むが、盗難や船員の非行は内部問題であるため含まれない。

5 空運取引の展開

ポイント

　航空旅客の死傷や航空貨物・手荷物の不適切な取扱、延着などさまざまな法律問題が日常的に生じている。航空運送は国際運送と国内運送に区分できるが、前者は、1929年ワルソー条約と1955年ハーグ（ヘーグ）改正ワルソー条約ほか、一連の改正条約（それらを総称してワルソー体制という）、および1999年モントリオール条約によって規制されている。後者は、わが国では、航空運送人の民事責任を定める特別法がないため、民法・商法の一般的な規定、ワルソー体制とモントリオール条約に準拠した航空運送約款によって規制されている。

A　国際運送の規制の沿革とワルソー体制の規制概要
[1]　ワルソー体制の成立

　航空に関する最初の国際条約であるパリ条約は1919年10月に成立するが、航空私法に関するものは含んでいなかったため、1925年10月にパリで第1回国際航空私法会議が開催された。日本を含む43カ国の代表者が参加したこの会議で、航空運送人の責任に関する条約草案が作成され、再検討するための常設機関として国際航空法専門家委員会（CITEJA）が設置された。1929年10月にワルソーで開催された第2回国際航空私法会議で「国際航空運送についてのある規則の統一に関する条約」、いわゆるワルソー条約（以下、改正条約と区別する場合、ワルソー原条約という）がフランス語を唯一の正文として採択され、5カ国の批准により1933年2月13日に発効した[1]。

　第二次世界大戦を経て航空運送は飛躍的に発展し、ワルソー条約を時代にあったものにするため、国際航空法専門家委員会が改正草案の研究に着手したが、その改正作業を国連の専門機関である国際民間航空機関（以下、ICAOと略記する）の法律委員会が引き継いだ。

　その法律委員会は、1951年にマドリードにおいて会議を開き、イギリスのボモント（Beaumont）が提出した条約改正草案を検討したが、合意に至ら

なかったので、小委員会を設置して検討を委ねた。1952年に開かれたパリにおける会議ではワルソー条約を大幅に改正するパリ草案が作成されたが、アメリカなどの反対にあい、ついで1953年のリオ・デ・ジャネイロで法律委員会が開催され、小幅の改正にとどまるリオ改正議定書案が作成された。これを条約化するための外交会議が39カ国と5国際機関の参加により1955年にハーグで開催され、こうしてハーグ（ヘーグ）改正議定書が採択される[2]。

コラム　ワルソー原条約とハーグ改正議定書との関係

　1955年ハーグ改正議定書の第3章に規定するように、改正議定書を批准または加入した原条約の締約国の間では、ワルソー原条約と改正議定書は、「単一の文書」とみなされ、両者をあわせて「1955年にハーグで改正されたワルソー条約」と称される（議定書19条）。他方、ワルソー原条約の締約国でない国がこの議定書を批准・加入した場合、それぞれハーグ改正ワルソー条約に批准または加入したものとみなされる（同21条2項・23条2項）。しかしワルソー原条約だけの締約国と改正議定書だけの当事国の間では共通の条約がないため理論的にはどちらの条約も適用されない。後述の1999年モントリオール条約との関係では、ワルソー体制に含まれるすべての条約・議定書にモントリオール条約が優先適用される（モントリオール条約55条）。

　重要な改正点は、航空運送人の責任限度額を原条約の12万5000金フランから訴訟費用を別枠とする2倍の25万金フラン（当初は約1万6600米ドル、1973年2月から約2万米ドルに相当）に増額したこと、その解釈を法廷地法に委ねたため条約の適用上問題のあった25条の「故意に相当すると認められる過失」という文言を削除し、25条を自己完結的に規定して有限責任の排除を難しくしたこと、新たに使用人の責任について1カ条を設け、使用人も有限責任を採用できることを明らかにしたこと、および旅客切符の記載事項について注意書の条項を追加修正したことなどである。その他はワルソー原条約と基本的に異ならず、過失推定責任もそのまま維持された。

ワルソー原条約の締約国は152カ国に達するが、このハーグ改正ワルソー条約も、137カ国以上が締約国になっており、ハーグ改正議定書の批准に消極的であったアメリカもようやく2003年12月に当事国になったので、後述の1999年モントリオール条約に取って代わられるまで、当分の間、この改正条約が国際航空運送人の責任に関する基本条約としての地位を維持することになる。

[2] ワルソー体制における航空運送人の規制概要

ワルソー原条約は5章41カ条からなり、ハーグ改正議定書は2章27カ条からなるが、以下では、内容的に両者が共通する場合は、条約と示し、異なる場合は、原条約または改正議定書ないし改正条約と区別して述べる。

(1) 条約の適用範囲

ワルソー条約は、航空機により有償(航空運送企業による無償運送を含む)で行う旅客、手荷物または貨物のすべての国際運送に適用される(ワルソー条約1条1項)。航空機の定義をしていないので、他の条約や各国内法などに基づき解釈される。ここにいう「国際運送」とは、第1に、運送契約の当事者が契約で定めた出発地と到達地が二つの締約国の領域にある運送、第2に契約で定めた出発地と到達地が同一の締約国の領域にあり、かつ当事者の合意した予定寄港地が他国(締約国かどうかは問わない)の領域またはそれに準じる地域にある運送のいずれかをいう(同1条2項)。したがって、条約が適用されるかどうかは、旅客や荷主の国籍、運送した航空機あるいは事故発生地などとは無関係に、当該旅客や荷主の締結する運送契約の内容によって決定される。すなわち、運送契約の証拠として交付される旅客切符(航空券)や航空運送状に記載される運送契約上の出発地または到達地が、それぞれ条約の二つの締約国にある運送か、または往復運送や周遊運送のように、出発地および到達地が同一の締約国の領域にあり、かつ契約上の予定寄港地が他国の領域にある運送が国際運送として条約の適用を受けることになる。なお、二つ以上の航空運送人が相次いで行う相次運送についても、運送契約の当事者の意思が一つの運送ととらえうる限り、運送形態いかんにかかわらず、相次運送における最初の出発地と最後の到達地が運送全体の出発地と到達地とみなされ、その両地が締約国の領域にあれ

ば、国際運送に該当し、条約が適用される（同1条3項）。この点は、後述のモントリオール条約でも維持されている。

次に条約の適用される航空運送人について、旅客・手荷物または貨物の運送に従事する航空運送企業がそれに該当するとしても、いかなる範囲の者をいうのか、条約上明らかでない。個人あるいは法人に限らず、国その他の公法人が行う商業航空運送に条約が適用されることは異論をみないが（ワルソー条約2条1項）、軍用機や警察機さらには税関機など公法関係の規律に服する必要のある場合やチャーター運送のように、運送契約を締結する契約運送人と実際に航空機を運航する実行運送人が異なる場合、解釈上問題となりうる。前者については、改正議定書所定の軍当局による運送に適用しない旨の宣言をしない限り適用されると解されるが（改正議定書26条）、後者については、後述する1961年グァダラハラ条約により解消されている。しかし同条約の締約国とワルソー条約の締約国すべてがグァダラハラ条約の当事国になっていないから、同条約が適用されない場合、条約所定の航空運送人を契約運送人と解する多数説に対して、事例によっては実行運送人にも適用を認める見解もある[3]。

この条約は、郵便に関する国際条約に基づく運送、すなわち郵便物ないし小包郵便の運送には適用されない（ワルソー条約2条2項）。

(2) 航空運送人の責任制度——責任原則と責任制限

条約は、その22条で航空運送人の有限責任を採用するとともに、契約法の立場から、同20条で免責の条件として無過失であることの挙証責任を航空運送人に課している。この有限責任と過失推定責任の二つの柱がワルソー条約の基本原則とされている。

条約22条に定める航空運送人の有限責任を破る例外として、条約25条所定の運送人の故意・重過失の立証と同3条所要の運送証券の不交付などが定められている。

コラム　航空運送人の責任制限の趣旨

国際航空機事故に関して、ワルソー条約が有限責任制度を採用した趣旨について、1955年のハーグ国際会議の代表でもあったオランダのドリオン

によると、次のような理由を挙げている[4]。
- ①船舶所有者の責任制限を定める海商法の類推。
- ②財政的に劣弱な航空企業を保護する必要性があった。
- ③壊滅的な危険を航空企業だけに負担させるべきでない。
- ④航空の危険に対して航空運送人が保険をつけられるようにする。
- ⑤潜在的な賠償請求者自身が保険をつけることができる。
- ⑥航空運送人に加重された責任を課す見返りとして責任を制限する。

　その後、半世紀以上経つ間の航空や保険の発展はめざましく、今日ではそのまま当てはまらないが、少なくとも、発足して間もないため財政的基盤の弱い航空運送企業を保護育成しながら、航空事故の被害者の妥当な救済を図るという二つの要請を調和させようとした趣旨であったことは多くの論者の認めるところである。しかし二度の世界大戦を経て航空技術が飛躍的に進歩し、航空機が安全な交通手段となり、保険の普及により危険の分散が可能になったことにより、このような考え方は疑問視され、条約の近代化が図られた。

　条約は、責任原則について、17条から21条にかけて規定する。まず旅客運送の場合、旅客の死傷その他の「身体の障害」による損害については、その損害の原因となった「事故」が航空機上で生じ、または「乗降のための作業中」に生じたものであるときは、運送人は責任を負う（ワルソー条約17条）として、運送人に過失推定責任を課している。運送人がこの責任を免れるためには、20条所定の無過失の立証をしなければならない。

　ここにいう身体の障害（フランス語の正文 lesion corporelle の英訳 bodily injury）による損害には、純然たる精神的（mental）苦痛による損害も含むかしばしば判例で争われているが、アメリカの判例は消極的で、肉体的・外見的障害を伴う精神的損害だけに限定している[5]。

　責任原因の発生時期として、損害の原因となった「事故」が航空機上または乗降のための作業中に生じればよく、損害の発生がその後に生じても条約は適用される。「乗降のための作業中」とは、旅客のいた場所を基準にするのか、搭乗手続き中の行動を基準にするのか必ずしも明らかでないが、

運送人の管理下に旅客が行動している場所および期間に生じた事故は、乗降の作業中の事故と解すべきであろう[6]。

　次に託送手荷物と貨物について運送人が責任を負うのは、その破壊 (destruction)、滅失 (loss)、または毀損 (damage) の場合における損害について、その損害の原因となった事故が「航空運送中」に生じたものであるときと規定している (ワルソー条約18条1項)。この「航空運送中」の意義につき、条約は詳しく定めているが (同18条2項・3項)、要は手荷物または貨物が航空運送人の管理の下にあるかどうかであって、荷送人との契約により指定の場所から空港まで航空運送人が陸上運送した場合に損害が生じたときは、反証のない限り、航空運送中の事故による損害として運送人は条約上の責任を負う。

　運送人は、旅客、手荷物または貨物の航空運送における延着 (delay) から生じる損害についても責任を負う (同19条)。延着について、「通常の運送人であれば合理的に期待しうる期間内に目的地に到着しないこと」と定義することも可能だが、ワルソー条約はそのような定義規定をおかなかったので、延着の意義や損害賠償の範囲などは法廷地法により判断される。改正条約19条の適用上、航空運送人は旅客と受託手荷物の同時運送義務を負うかどうか争われた下級審判例では、受託手荷物の遅延の目安として、1日遅れは許容範囲だが、5日の遅延は客観的に相当な期間を超えていると判示している (仙台地判平成15年2月25日判タ1157号157頁)[7]。

　以上のように、航空運送人は、旅客の死傷による損害 (同17条)、託送手荷物または貨物の損害 (同18条) および延着損害 (同19条) に対し過失推定責任を負い、その責任を免れるには、条約20条による無過失を立証しなければならない。その立証すべき内容は、「運送人およびその使用人が損害を防止するため必要な全ての措置 (all necessary measures) を執ったこと又はその措置を執ることができなかったこと」である。文言上は、運送人に結果責任を負わすように読めるが、条約制定の趣旨から、「合理的な全ての措置」すなわち、通常の運送人なら当然執るであろう措置と解され、したがって、航空運送人は、自己またはその使用人が運送契約に履行にあたって、善良な運送人が通常払うべき注意を払ったことを証明すれば、その責任を免れる。これに関連して、事故原因が不明の場合も運送人が立証責任を負

うのかという困難な問題がある。結論的には法廷地裁判所の判断にゆだねられるが、ワルソー体制における運送人の責任限度額が時代とともに低くなればなるほど運送人に立証責任を帰属させてしかるべきであろう。

なお、当然のことながら、被害者の過失が損害の原因となったことまたは損害の一部となったことを運送人が証明したときは、自国の法律の規定に従い、裁判所は運送人の責任を減免できる（ワルソー条約21条）。寄与過失あるいは過失相殺を認めるかどうかは、法廷地法によって決定される。

ワルソー体制において航空運送人に過失推定責任が課される見返りとして、条約22条は以下のような運送人の有限責任を定めている。

条約22条によると、旅客死傷の場合における航空運送人の責任限度額は、旅客1人あたり、原条約では12万5000金フラン、ハーグ改正条約では25万金フランとし（同22条1項）、託送手荷物および貨物の損害に対する運送人の責任限度額は、高価品の明告と割増料金の支払いがなされない限り、1キログラムあたり、250金フランと規定する（同条2項）。旅客が携行する持込手荷物は1人あたり5000金フランとする（同条3項）。この責任限度額は、託送手荷物と貨物の損害については、ハーグ改正条約でも原条約の額が維持されたが、旅客死傷による損害については、ハーグ改正条約では2倍に引き上げられている。

コラム　責任限度額の各国通貨への換算

ワルソー条約所定の金フランは、純度の高い純分1000分の900の金の65.5ミリグラムに当たると定められている（ワルソー条約22条）。この金フランはその金価額が設定された時のフランス首相の名をとってポアンカレ・フランとも呼ばれている。日本がこのワルソー原条約を批准した昭和28年当時の12万5000金フランは、日本円にしていくらになるか。1978年4月に国際通貨基金（International Monetary Fund：以下、IMFと略記する）IMFが金の公定価格を廃止したが、当初は金1オンス35米ドルと固定され、12万5000金フランは約8300米ドルと換算されていた。当時の1米ドルは360円であったから、298万8000円になり、それに合わせて昭和38年の国内航空運送約款の改訂で、責任限度額が300万円とされた。

金貨以外の各国通貨への換算は、訴訟の場合、判決日における当該通貨の金による価額に従って行うものとするのが有力な見解であるが、日本の下級審判例では口頭弁論終結時を換算の時点とし、金の公定価格が廃止された時の最終公定価格である1オンス42.22米ドルを基本に換算したものがある（東京高判昭和50年10月28日金判533号10頁・民集31巻4号529頁）。アメリカほか多くの国の判例は、この金の最終公定価格で金フランの換算をしたが、中には金の自由市場価格を適用する例もあった。金の自由市場価格は上昇傾向にあり、2011年では1オンス1400米ドルを超えている。

　旅客死傷による損害に対する運送人の責任限度額は、少なくとも原条約あるいはハーグ改正条約の制定当時においては適正額と評価された額であったと思われるが、条約はさらに22条1項ただし書で、旅客は運送人との特約により、さらに高額の責任限度額を定めることを認めている。このただし書は、責任限度額の廃止も含む趣旨と解されており、条約改正過程の中で相対的に低額化した責任限度額を実質的に引き上げる、ないしは廃止する条約上の根拠とされ、後述のように、1966年5月のモントリオール協定、あるいは日本の航空会社が1992年11月に実施した責任限度額を撤廃する国際運送約款改訂に活用された。

　これら航空運送人の有限責任には二つの例外がある。第1に、航空運送人に損害発生につき重大な帰責事由がある場合、第2に、旅客切符を交付しなかった場合（ワルソー条約3条2項）および旅客切符あるいは手荷物切符に「運送人の責任を制限するワルソー条約の適用を受ける旨の注意書」の記載を欠く場合である（改正条約3条2項・4条2項）[8]。

　第1の有限責任の例外を定めるワルソー原条約25条では、「損害が、運送人の故意により生じたとき、又は、訴が係属する裁判所の属する国の法律によれば故意に相当すると認められる過失により生じたとき」は、同条約22条の責任額制限規定の適用がないと規定する。この25条の適用が問題になった大半のケースは「故意に相当すると認められる過失」の存否をめぐって争われているが、その内容が訴えの係属する裁判所の属する国の法律によることとされているため、必ずしも統一した解釈がなされていな

い。「故意に相当すると認められる過失」というのは、ドイツやフランスなど大陸法系の国では、「重過失」(faute lourde) を意味するものと解釈されていたが、英米法系の国では、「故意」も「故意に相当する過失」も一括してWillful Misconduct であると解釈されていた。

わが国の最高裁判例は、大陸法系の諸国と同じ立場から、ダイヤモンドの入った木箱が航空運送中に紛失した事件において、「故意に相当すると認められる過失」を重過失であると解し、比較的容易に認定している[9]。このように、有限責任の例外を定める原条約 25 条の適用が法廷地法の解釈いかんで異なるのは国際的な法の統一を損うので、ハーグ改正ワルソー条約 25 条は、22 条所定の責任限度は、「損害が、損害を生じさせる意図をもって又は無謀にかつ損害の生じるおそれがあることを認識して行った運送人又はその使用人の作為又は不作為から生じたことが証明されたときは、適用されない」と自律的に規定した。これは、英米法系の国で解釈されていた Willful Misconduct の意味ないし概念が条約の中に取り込まれたものと理解されている。

コラム　Willful Misconduct とは

英米法系の国の解釈によると、一般的には、損害の発生する蓋然性について認識をもった、または損害の発生を無謀に無視した意図的な違法行為であるとされている。行為時に損害発生の蓋然性についての認識がなければならないので、その認識のない過失と区別される。しかし損害の発生まで意図する必要はなく、損害発生の蓋然性についての認識があれば足るとされているので、損害を発生させる意図の存在を要件とする故意（dol）とは異なるものである[10]。

ハーグ改正ワルソー条約 25 条に定める「損害の生ずるおそれがあることを認識して」の解釈については、世界の判例・学説に論争があり、「認識すべきであったこと」を含めるかどうかで見解が分かれる。具体的行為者（パイロット）が損害発生の蓋然性を認識したかどうかを基準にする主観説は含めず、損害発生の蓋然性について、通常の注意力ないし思慮分別のあるパイロットなら本来持ったであろう職業人としての一般的な認識を基準

にする客観説は「認識すべきであったこと」も含むとする。イギリスの判例は主観説の立場であり、フランスの判例は客観説を採るが、ハーグ改正議定書の採択会議における議論では、認識すべきことは含めない主観説で決着がつけられたといわれている[11]。わが国で初めてハーグ改正条約25条を適用した中華航空機事故訴訟でも、名古屋地方裁判所は主観説の立場をとることを明らかにしている（名古屋地判平成15年12月26日判時1854号125頁）[12]。

(3) 運送証券

条約は、第2章運送証券において、旅客切符（ワルソー条約3条）、手荷物切符（同4条）および航空運送状（同5条~16条）の3種類についてそれぞれ規定する。運送証券は、反証がない限り、運送契約の締結およびその内容・条件に関し証明力のある証拠証券である（同11条1項）。条約に各運送証券の記載事項が明定されているが（同3条1項・4条1項・8条）、国際航空で一般に使用されている運送証券は、国際航空運送協会（以下、IATAと略記する）の運送会議の決議により決定される様式に従っている。運送証券は証拠証券にすぎないから、各運送証券の不存在、不備または滅失は、運送契約の存在または効力に影響を及ぼすものではなく、運送契約そのものは条約の規定の適用を受けるものとされている（同3条2項・4条2項・5条2項）。ただし、運送証券の交付なしに運送人が運送を引き受けた場合、または運送証券上に運送人の責任を制限するワルソー条約の適用があることを旨の注意書（Notice）の記載のない場合、運送人の責任制限規定を援用することができない。

運送証券については、次の二つの点に注意する必要がある。第1に運送証券のコンピュータ化に伴う問題であり、第2に運送証券の有価証券化の問題である。第2の問題は、1975年モントリオール第四議定書により、航空運送状に代わる運送記録の保存手段が導入できるようになった。もっとも電子記録手段の導入には、荷送人の同意が必要とされ、荷送人が請求する場合貨物に識別および記録された情報にアクセスできる貨物受取証を交付しなければならない（同5条2項）。第2に運送証券の流通性の問題は、ハーグ改正条約の立法過程でも議論された[13]。航空運送状は、海上運送に

おける船荷証券と異なり、証拠証券であり、貨物の受取証としての機能ももつが、譲渡性のないことが特徴である。航空貨物運送の飛躍的発展に応じ、譲渡性のある航空運送状の可能性もあるので、ハーグ改正条約は、流通性のある航空運送状の作成を妨げないと定めているが(同15条3項)、実務では、これまでのところ譲渡可能な航空運送状の発行はなされていない。

(4) 条約の排他的強行性

ワルソー条約は、一方では、17条(旅客死傷による損害)、18条(託送手荷物または貨物の損害)および19条(延着による損害)所定の航空運送人の責任に関する訴えは、名義のいかんを問わず、この条約で定める条件および制限の下にのみ提訴することができるとし(ワルソー条約24条1項・2項)、他方で、運送人の責任を減免する約款の効力を否定し(同23条)、かつ運送約款および損害発生前の特約により、契約の当事者が適用すべき法律を決定することや、条約所定の裁判管轄を変更することを無効としている(同32条)。

前者は、契約責任を前提にした条約ではあるが、航空運送人の責任追及訴訟は、名義のいかん、つまり契約責任によるか、不法行為責任によるかを問わず、可能とし、かつ運送人が責任を負う損害の範囲は、17条から19条に規定する損害に限定しようとする趣旨である。国際航空運送中のそれら以外の損害についても、条約以外のほかの法律により運送人に負わせようとする見解もあるが、それでは条約が国際航空運送人の責任を統一しようとした目的にそぐわないであろう。

後者は、運送人が条約所定の条件および制限を約款や特約で運送人に有利になるように変更あるいは排除することを認めない趣旨であって、運送契約そのものは無効とはならず、条約の適用をうける。

(5) 裁判管轄

条約28条によると、航空運送人の責任に関する訴えは、原告の選択により、条約の締約国の領域内にある①運送人の住所地(domicile)、②運送人の主たる営業所の所在地(principal place of business)、③運送人が契約を締結した営業所の所在地または④到達地のいずれかの裁判所に提起しなければならないと定めている。

原告は、同一の責任追及訴訟に関し同時に複数の裁判所を選択できないし[14]、旅客の住所地を管轄する裁判所への提訴も認められていない。原告

側の法廷地漁り（forum shopping）は許すべきではないが、運送人の訴訟遂行上、不当な不利益をもたらさない範囲で、旅客の住所地の裁判所にも管轄は認められるべきであろう。後述する1999年モントリオール条約では、一定の条件の下に、旅客の死傷損害に限って、事故発生時に旅客が主要かつ恒常的な居住地の裁判所を追加している。なお、これらの管轄裁判所は、たとえば、到達地が到達地空港を管轄する裁判所を指すというように、国内の地域まで指定したものと解されている。なお、訴訟手続は、訴えが係属する裁判所の属する国の法律による（ワルソー条約28条2項）。

(6) 出訴期限

　運送人の責任に関する訴えは、到達地への到達の日、航空機が到達すべきであった日または運送の中止の日から2年の期間内に提起しなければならない（ワルソー条約29条1項）。この点は1999年モントリオール条約35条も同じである。この期間の計算方法については、訴えが係属する裁判所の属する国の法律により定められる（同条2項）。この2年の期間は、中断・停止を認めない除斥期間であるとする見解もあるが[15]、ワルソー原条約の採択会議における経緯から、時効期間と解するのが通説で、その中断および停止については法廷地法によると解されている[16]。

　貨物および手荷物については、この訴えの期間制限に対する例外を定めている。原条約26条によると、荷受人が異議を述べないで、貨物および手荷物を受け取ると、反証のない限り、良好な状態でかつ運送証券に従って引き渡されたものと推定され、毀損があった場合は、その発見後直ちに、遅くとも受取の日から、手荷物については3日以内に、貨物については7日以内に異議を述べなかった場合、運送人に対する訴えは、運送人に詐欺があった場合を除き受理されない（同26条1項・2項・4項）。延着の場合は、荷受人が手荷物または貨物を処分できた日から14日以内に異議を述べなければ同様である（同条2項後段）。この異議は、運送証券に留保を記載するか、異議につき定められた期間内に別個の書面で述べなければならない（同条3項）。ハーグ改正条約では、異議を述べなければならない期間が、手荷物については7日以内に、貨物については14日以内に、延着については21日以内にそれぞれ延長された（議定書26条2項）。

B　ワルソー体制近代化の歩み

　1955年のハーグ改正ワルソー条約は、航空大国であるアメリカの主導の下に成立したものではあるが、改正された航空運送人の責任制度が必ずしもアメリカ人旅客に適正な補償を与えないという不満から、アメリカはそれを批准しようとせず、早くから更なる改正に向けて動き出す。紆余曲折はあったが、ICAOやIATAなどによる半世紀にわたる努力の結果として、1999年に航空運送人の責任に関するすべての条約を統合するモントリオール条約が成立するまで、時系列的には次のような条約や協定が制定ないし運用されてきた。

　1961年グァダラハラ条約、1966年モントリオール協定、1971年グァテマラ議定書、1975年の四つのモントリオール議定書および1995年IATA企業間協定などがその主なものである。以下では、それらの条約と協定の概要を示す。

[1]　1961年グァダラハラ条約[17]

　ワルソー条約が成立したのは、リンドバーグが大西洋無着陸横断飛行に成功した1927年のわずか2年後であり、航空運送も始まったばかりであったから、ワルソー条約の起草者にとって、航空運送人とは、旅客や荷主と運送契約を締結して自ら運送を行う者と考えられていた。ところがその後、航空運送が飛躍的に発展し、運送契約を締結する契約運送人（contracting carrier）と実際に航空機で運送する実行運送人（actual carrier）とが分業する航空運送も出現するにいたる。ワルソー条約は運送人の定義をしていないので、条約にいう運送人とは、契約運送人を指すのか、実行運送人を指すのか解釈上問題となった。この問題を解決するために制定されたのが、グァダラハラ条約である。グァダラハラ条約は1961年9月18日に署名され、1964年5月1日に発効した。2011年3月では、86カ国が加入しているが、が、わが国は未加入である。

　グァダラハラ条約は18カ条からなるが、契約運送人と実行運送人を区別し、条約に別段の定めがない限り、契約運送人は契約運送の全部について、実行運送人は自己の実際に運送する部分についてのみワルソー条約の適用をうけるとして、条約の基本原則を定める（グァダラハラ条約2条）。そ

して旅客と荷主の保護のため、実行運送人の行う運送の部分について、両運送人はそれぞれ他方の運送人およびその使用人の作為または不作為について責任を負うことを明記して、両運送人の実質的不真正連帯債務関係になることを定めている（同3条1項）。これは実行運送人と契約関係にない旅客・荷主との間の契約関係を擬制したものと解することができるが、その代わり、実行運送人は、契約運送人の作為または不作為によって、ワルソー条約22条所定の制限を超える責任を負わないとして常に有限責任の恩典を与え、また契約運送人が旅客・荷主との間でその責任を加重するような特約をしても、実行運送人の同意がない限り実行運送人に効力が及ばないとして実行運送人に不測の不利益が生じないようにしている（グァダラハラ条約3条2項）。なお、実行運送人の行う運送について、賠償額の総額は条約に基づき契約運送人または実行運送人に課しうる最高額を超えてならないと定める（同6条）。

実行運送人の運送に関する損害賠償の訴えは、原告の選択により、実行運送人もしくは契約運送人のいずれか、または双方に対して提起できるが（同7条）、その管轄裁判所は、原告の選択により六つが可能で、契約運送人についてワルソー条約28条所定の四つの裁判所に加え、実行運送人の住所地もしくはその主たる営業所所在地の管轄裁判所のいずれかに提起しなければならない（同8条）。

グァダラハラ条約の適用で解決しようとした契約運送と実行運送の分離は、コードシェア運送など航空運送の多様化と共に拡大しつつある。

[2] 1966年モントリオール協定[18]

この協定は、カナダのモントリオールで合意された旅客の死傷損害に対する運送人の責任制限に関する航空運送人間の協定である。この協定が作成されたのは、アメリカが1956年にハーグ改正条約に署名したけれども、条約所定の責任限度額がアメリカの期待する額に達せず不満であったため、改正条約を批准するどころか、1965年11月15日に条約39条の規定に従いワルソー原条約の破棄通告をポーランド政府にした。

ICAOは、特別会議を招集してアメリカの翻意を促したが、失敗した。このような状況の下で、IATAが中心となってアメリカと交渉し、ワルソ

一条約の破棄通告を撤回する約束を取り付けた。この協定は1966年5月16日にアメリカ民間航空委員会（CAB）の承認を得て発効した。アメリカに関係する国際航空運送に従事する航空会社はこの協定に加入することを義務付けられた。

　この協定によると、アメリカを出発地、到達地または経由地とする国際航空運送について、ワルソー条約またはハーグ改正条約22条1項の規定に基づき、旅客との特約として、旅客死傷損害に対する航空会社の責任限度額は、訴訟費用を含む7万5000米ドルとし、訴訟費用を別途裁定する国においては訴訟費用を除く5万8000米ドルに引き上げること、および航空会社は条約21条1項所定の無過失の抗弁権を放棄することを内容とする。また航空運送人は、航空券を交付するとき、当該運送が条約および特約の適用を受けることを明瞭な印字でかつ10ポイントの活字で旅客に通知しなければならない。モントリオール協定は航空運送人間の協定ではあったが、アメリカに関係する多数の航空会社が加入したため、後述する1995年のIATA企業間協定に取って代わられるまで実質的には条約と変わらない役割を果たした[19]。

[3] 1971年グァテマラ議定書[20]

　ワルソー条約およびハーグ改正ワルソー条約によって規制される国際航空運送人の責任制度（ワルソー条約体制）を近代化する試みの中で採択された議定書である。1955年のハーグ議定書の批准に失敗したアメリカは、1965年にワルソー条約の破棄通告をし、1966年モントリオール協定によってワルソー条約脱退は回避された。この協定は暫定的な航空会社間の協定に過ぎないので、ICAOは法律委員会を介して直ちにワルソー条約改正に着手し、1971年2月にグァテマラ市で外交会議が招集された。ここで採択されたグァテマラ議定書は、モントリオール協定の内容をさらに一歩進め、ワルソー体制における運送人の責任制度を基本的に修正するものである。その主な改正点は、第1に、旅客の死傷損害に対する運送人の責任原則を厳しくしたことである。モントリオール協定では運送人の無過失の抗弁権放棄による厳格責任を採用しているが、グァテマラ議定書の場合は、その損害の原因となった事件が航空機上、または乗降のための作業中に生じた

事実のみにより、運送人は責任を負うとした。運送人の責任が減免されるのは、旅客の健康状態に起因する損害と旅客が損害の発生に加担した場合だけであって、自然災害やテロに起因する損害についても免責されない。第2に、旅客の死傷損害に対する運送人の責任限度額が150万金フラン(10万米ドル相当)に引き上げられたことである。この責任限度額は当時としては巨額であったから、運送人の故意による場合を含め、いかなる場合も破られないとした(グァテマラ議定書改正ワルソー条約24条2項)。しかも損害賠償水準の高い国を考慮して、責任限度額の自動増加条項を定め(同42条)、条約上の賠償額を補足する国内的補助措置の導入も認めている(同35条のA)[21]。第3に、和解の促進のため、弁護士費用を含む訴訟費用を原告に対して裁定する権限を裁判所に与え(同22条3項)、第5の裁判管轄といわれる管轄裁判所の拡大も図っている[22]。グァテマラ議定書はその後の条約改正の分岐点をなすが、アメリカ主導で作成され、アメリカの批准を発効条件にしていることや責任限度額の絶対性が議定書批准の妨げとなり、発効する可能性はない。アメリカを含む30カ国の批准が発効要件であるが、7カ国の批准にとどまっている。

[4] 1975年モントリオール議定書[23]

グァテマラ議定書は、旅客と手荷物についてだけワルソー条約を改正するにとどまったので、貨物に対する運送人の責任制度を改正する必要があった。ICAOの法律委員会がその改正草案を作成し、1975年9月にモントリオールでその改正議定書を採択するための外交会議が招集され、そこで採択されたのがモントリオール第四議定書である。ところが、この外交会議で、ワルソー条約に規定する運送人の責任限度額に使用する金フランの通貨単位を、その基礎となる金価格より安定しているIMFの特別引出権(Special Drawing Right：以下、SDRと略記する)に変更する提案がなされ、その結果、既存の条約と議定書の責任限度額の表示をすべてSDRに改正されることになった[24]。

かくして1929年ワルソー原条約所定の金フランをSDRに改正する議定書はモントリオール第一追加議定書(Montreal Additional Protocol No. 1)、同じく1955年ハーグ改正ワルソー条約の金フランを改正する議定書はモント

リオール第二追加議定書（Montreal Additional Protocol No. 2）、1971年グァテマラ議定書を改正する議定書はモントリオール第三追加議定書（Montreal Additional Protocol No. 3）、そして貨物に関するワルソー条約の規定を改正する議定書はモントリオール第四議定書（Montreal Protocol No. 4）と称され、すべて1975年年9月25日に採択されている。これら四つのモントリオール議定書のうち、第一追加議定書と第二追加議定書は1996年年2月15日に発効し、第四議定書は1998年6月14日に発効したが、第三追加議定書は発効の見込みはない。

（1）モントリオール第一追加議定書

1929年ワルソー原条約の運送人の責任限度額を金フランからSDRの表示に変更しているが、その場合における金フランのSDRへの換算は、グァテマラ議定書が署名された1971年当時のそれによる。1金フランは条約22条4項により純分1000分の900金の65.5ミリグラムからなる通貨単位とされており、これは純金0.05895に相当する。当時、1SDRは0.888671グラムに固定されていたので、1金フランは0.066335SDRと定められた。これに基づき、端数のない額に換算され、旅客死傷損害に対する原条約の責任限度額12万5000金フランは8300SDR、託送手荷物および貨物1キログラムあたり250金フランの責任限度額は17SDR、機内持込手荷物の旅客1人あたり5000金フランの責任限度額は332SDRというようにそれぞれ改正された[25]。当時、多くの社会主義国はIMFに加盟していなかったので、それら非加盟国におけるSDRの自国通貨への換算は、自国の定める方式を認めるなど、モントリオール議定書への加入を容易にしている。このモントリオール第一追加議定書は、日本は未加入であるがイギリス、フランス、イタリア、オランダなど49カ国が加入している。

（2）モントリオール第二追加議定書

1955年ハーグ改正ワルソー条約の旅客死傷損害に対する責任限度額25万金フランは16600SDRに改正され、それ以外の責任限度額はワルソー条約のそれと同じで、託送手荷物および貨物1キログラムあたり250金フランは17SDRに、機内持込手荷物の旅客1人あたり5000金フランは332SDRにそれぞれ改正されている。このモントリオール第二追加議定書も日本は未加入であるが、50カ国が加入している。

(3) モントリオール第三追加議定書

　モントリオール第三追加議定書は、責任限度額の表示単位が金フランからSDRに変わった以外、基本的にグァテマラ議定書と同じであるが、若干の改正もなされている。グァテマラ議定書の発効条件ではアメリカが批准しない限り、発効しないが、モントリオール第三追加議定書はほかの三つの議定書と同様、この条件をはずして、30番目の批准書がポーランド政府に寄託されて90日目の日に発効するとした。また旅客の死傷に対する運送人の責任限度額がグァテマラ議定書では1人あたり150万金フラン（約10万米ドル相当）であったが、モントリオール第三追加議定書では10万SDRと事実上少し引き上げられている。第三追加議定書と第四議定書の発効により、ワルソー体制の近代化が図られるはずであったが、第三追加議定書に定める旅客死傷に対する運送人の責任限度額が10万SDRと低額な上に、運送人に故意または重過失があっても破られない責任限度額の絶対性が障碍となって批准国は21カ国にとどまっている。航空運送人の責任限度額を撤廃する1999年モントリオール条約が発効し、すでに101カ国が加入しているので、この第三追加議定書が発効することはない。

(4) モントリオール第四議定書

　旅客および手荷物についてのワルソー条約を改正する1971年グァテマラ議定書で取り残されていた貨物についての運送人の責任制度を改正する議定書である。主要な改正点は、航空運送状の簡易化のため電磁的方法の利用も認められるようになり（モントリオール第四議定書改正ワルソー条約5条2項）、貨物の破壊、滅失または損傷の損害については、運送人の無過失の抗弁権を放棄する厳格責任が採用されている。運送人が免責されるのは、貨物の性質または固有の欠陥、第三者の行った荷造りの欠陥、戦争または武力行使、公権力の行使に起因する損害などに限定されている（同18条3項）。ただし、貨物の延着による損害については、過失推定責任がとられている（同20条）。貨物運送については貨物保険が普及していることに鑑み、運送人の責任限度額は1キログラム当たり17SDRが維持され（同22条2項）、事実上引き上げられなかった。しかもその限度額はグァテマラ議定書と同様、破られないものとされている（同24条2項・25条）。他方、旅客および手荷物の損害に関するグァテマラ議定書で導入された国内的補助措置、裁判

管轄の拡大、和解促進条項もない。日本と航空貨物運送の多いアメリカが1999年3月に加入したことに伴い日本も1999年モントリオール条約と併せて同時に加入承認の手続きがとられ、アメリカに約1年半遅れて発効した。2011年3月では、57カ国が加入している。

(5) IATA 企業間協定[26]

ワルソー体制の近代化を図ると期待されたモントリオール第三追加議定書の批准が進展せず、各航空会社が個別に責任限度額が修正する動きが顕著になり、航空運送人の責任制度がますます複雑になった。とりわけ、1992年11月に日本の航空会社がジャパニーズ・イニシアチブ（Japanese Initiative）と称される国際航空運送約款（旅客および手荷物）の改訂を行い、世界に先駆けて航空運送人の旅客に対する10万SDRの責任限度額を撤廃したことは、世界の航空関係者に衝撃を与えた。その新国際運送約款によると[27]、下記の通りである。

① ワルソー条約およびハーグ改正ワルソー条約17条による旅客の死傷損害に対する損害賠償請求に関し、航空運送人は各条約22条1項所定の責任限度額の援用を放棄する。
② 航空運送人は、当該損害賠償請求に関し、訴訟費用を除く10万SDRまでは、条約20条1項に定める無過失の抗弁権の援用を放棄する。
③ 航空運送人は、懲罰的損害賠償（punitive damages）に対しては一切の責任を負わない。

||コラム|| 責任制限撤廃の理由

日本の航空会社が世界の主要航空会社に先駆けて、国際運送における旅客死傷の場合に無限責任に踏み切った理由として、次のような点が指摘されている[28]。

① 日本の人身事故における他の損害賠償と対比した場合、鉄道や自動車の事故、さらに同じ航空運送でも国内運送では無限責任とされており、国際航空運送の責任限度額は低すぎる。
② モントリオール第三追加議定書は、責任限度額が低額で、しかも破られない責任制限であり、アメリカの批准の可能性も低いため、加入する国

が増えず、発効する見込みが少ない。
③責任限度額は従来から最低保障として機能する傾向があり、これ以上、責任限度額を引き上げることは困難である。
④無限責任が航空会社に及ぼす保険料コスト負担の増加は懸念するほど大きくない。

　このように、日本の国際航空運送人が、旅客の死傷損害についてワルソー条約の有限責任から無限責任に方向転換し、その責任原則を10万SDRまでの厳格責任とそれを超える過失推定責任の二層構造の新しい責任制度を採用したことは、国際航空運送人の提携による航空運送のネットワーク化が進む中で運送人の旅客に対する責任制度の統一に向けて少なからぬインパクトを与えた。その一つの結果と評価できるのが、IATA企業間協定である。
　1995年10月にクアラルンプールで開催されたIATA年次総会で航空会社の約款にジャパニーズ・イニシアチブと実質的に異ならない責任原則を採用することを合意する企業間協定（IATA Intercarrier Agreement on Passenger Liability : IIA）が採択され、1996年にその実施協定（Agreement on Measures to Impliment the IATA Intercarrier Agreement : MIA）が採択されている。IATA実施協定は企業間協定より内容的にやや緩和されているが[29]、条約22条1項の責任限度額の廃止、10万SDRを超えない額までの条約20条1項の抗弁権の放棄という点では共通している。IATA企業間協定は、運送人間の協定であって、旅客との特約として権利義務を設定するには、各航空運送人が協定の内容を運送約款の中に取り入れる必要があるが、1966年モントリオール協定に代わってワルソー体制の内容を一新する包括的な協定である。この両協定は、アメリカ運輸省の認可と協定参加航空会社の過半数の署名により、1997年2月に発効した。運送約款による責任限度額の放棄の実施には、航空会社所属国の約款改訂の認可を要するので、その時期は各航空会社によって異なるが、主要航空会社の多数により実施された。

C　1999年モントリオール条約に基づく航空運送人の責任
[1]　モントリオール条約の成立

　モントリオール条約[30]は、時代遅れのかつ複雑なワルソー体制を統合し近代化する新条約であるが、1999年5月、モントリオールにおいてICAOの主催により開催された国際航空法会議（ICAO加盟185カ国のうち118カ国が参加した外交会議）で日本を含む107カ国がファイナル・アクト（Final Act）に署名し、アメリカを含む53カ国が条約に署名して成立した[31]。

　新条約に定める航空運送人の責任制度は、日本の航空会社が1992年の国際航空運送約款の改訂により、世界に先駆けて国際運送における航空運送人の無限責任を採用する、いわゆるジャパニーズ・イニシアチブと内容的に近いので、日本では関係者の間で、条約の成立当初から早期批准を目指して検討されてきた。特にジャパニーズ・イニシアチブの採用に重要な役割を演じた航空運送法委員会がモントリオール条約の日本語訳をはじめ、その内容の逐条検討を行い、批准のために必要な準備作業を積極的に行ってきた。

　日本政府はモントリオール条約の批准に併せて、貨物運送に関する「モントリオール第四議定書」も同時に批准した。モントリオール第四議定書の内容はモントリオール条約の中に取り込まれているが、同議定書はすでに発効しており、日本の主要な貿易パートナーであるアメリカが批准しているので、新条約が多数の国の加入によりワルソー体制に取って代わるまで待てないという関係業界の強い要請に応じたものと思われる。

[2]　モントリオール条約の主要な内容と特色

　モントリオール条約の最大の特徴は、ワルソー体制と異なり、条約前文にうたっているように、現状回復の原則に基づく公平な補償を前提にして航空運送における利用者の保護の確保を第一に唱えていることである。

　80年余り前に制定されたワルソー原条約の時代は、航空産業は幼稚な新規産業であり、アメリカを除き大半の国で政府所有か政府の支配下にあり、航空産業と言うより、政府自身の利益を守るため壊滅的な危険に対し、航空運送人の責任を制限する必要があった。ところが今日の航空運送は、航空産業そのものが強力になり、安全性も改善され、あらゆる損害に対して

保険の保護を受けることも可能である。もはや航空利用者の犠牲において航空産業を保護する時代ではなくなったといってよいであろう。

具体的にどのように航空利用者の保護が強化されたか。

第1に、複雑で理解しにくいワルソー体制の諸条約が整理・統合されたこと。契約運送人と実行運送人の責任を規制するグァダラハラ条約ならびにグァテマラ議定書および四つのモントリオール議定書の内容が取り込まれ、一本化した。

第2に、航空運送人の責任について以下の通りとした。

① 旅客の死傷に対する損害に関して、ジャパニーズ・イニシアチブやIATA運送人間協定と同様、10万SDRまでの無過失責任とそれを超える部分については運送人が無過失を立証すれば免責される過失推定責任のいわゆる二層制（two tier system）の責任制度を採用した（モントリオール条約17条・21条）。10万SDRまでの無過失責任についてはほぼ各国の一致を見たが、それを超える部分については、賠償水準の低い発展途上国から過失責任主義の採用が主張され、外交会議でも10万SDRから50万SDRまでの過失推定責任、50万SDR以上は過失責任の三層制を唱える国が少なくなかったが、旅客側から過失を立証することが困難なため過失責任は採用されなかった。無限責任とされた関係で、懲罰的損害賠償を認めないことが明記された（同29条）。

② 貨物損害に関しては、モントリオール第四議定書と基本的に同じで、免責事由が18条1項各号所定の事由に限定される無過失責任である。運送人の故意による損害の場合も1キログラムあたり17 SDRの責任限度額は破られない。貨物の責任に関する紛争に仲裁制度が導入されている（同33条）。

③ 延着損害に関しては、過失推定責任（同19条）で、旅客については1旅客あたり4150 SDR、貨物・手荷物については損傷の場合と同じ責任制限に服する。

第3に、現実的な補償と運送人の責任の担保について、責任限度額の簡易な引き上げを可能するため、人身事故における10万SDRを含め、外交会議によらない簡易な改正手続きを定め（同24条）[32]、ワルソー体制にない責任保険の付保強制も認める（同50条）。自国の運送人だけでなく、自国に

乗り入れている運送人にも適用が可能である。また旅客の死傷の場合、要求があれば前払い補償が認められる（同 28 条）。

第 4 に、運送証券関係の簡素化・現代化では、電算機の利用が可能となり、航空運送状に代わる情報手段の利用を明文化した（同 4 条 2 項）。

第 5 に、人身事故に限って、第 5 の裁判管轄を認めた（同 33 条）。すなわち、ワルソー体制では、①運送人の住所地、②運送人の主たる営業所の所在地、③運送契約が締結された営業所の所在地および④到達地のいずれかの裁判所に提訴できるにすぎないが（ワルソー条約 28 条）、モントリオール条約は、さらに、⑤旅客の住所地を管轄する裁判所に提訴できる道を開いた。アメリカの強い要請によるものであるが、次の 3 条件を満たす必要がある（モントリオール条約 33 条 2 項）。

第 1 に、旅客は事故の当時、提訴する締約国の領域において、主要かつ恒久的な居所を有すること。国籍より、実質的居住性が必要とされる。

第 2 に、運送人は、提訴される締約国の領域に向けまたはその領域から自己の所有する航空機または「商業上の合意」に従う他の運送人の航空機において旅客運送役務を提供していること。役務の現実提供を必要とする。「商業上の合意」とは、運送人間で締結され、代理店契約を除く、インターライン協定、コードシェア協定、ブロック・スペイス協定その他類似の契約をいう。

第 3 に、運送人は、提訴締約国の領域において、運送人自身または「商業上の合意」をしている他の運送人が所有または賃借している営業施設において旅客の航空運送業務をしていること。当該運送人による旅客運送業務のための施設保有を必要とする。

グァテマラ議定書でも第 5 の裁判管轄が認められるが、破られない責任制限との均衡による。原告の旅客側にとっては都合がよいが、被告の航空会社側には、法廷地漁りをされるリスクがある。

[3] モントリオール条約に対する評価と若干の問題点

モントリオール条約は、上記のように既存の複雑なワルソー体制関係の条約を整理統合する、包括的な内容を含んだ画期的な条約であり、多くの国に支持され、予想以上に早く発効し、かつ世界の主要航空国の多くが批

准・加入するに至っている。しかしなお考慮すべき幾つかの問題点を含んでいる。

　航空運送人の責任の二層制は、基本的にジャパニーズ・イニシアチブと同じであり、人身事故における第5の裁判管轄についても、マレーシア航空機事件（最判昭和56年10月16日民集35巻7号1224頁・判時1020号9頁・判タ452号77頁・金判634号10頁）で最高裁が同趣旨の判決をしており、むしろ積極的に支持すべき立場にある。旅客が死傷した場合の補償金の前払いも、日本の航空会社は仮払い方式で実務上慣行化している。責任保険の付保強制は、大手の航空会社にとって無保険の運航は考えられないので、条約による強制がなくとも将来の損害賠償に見合う責任保険は当然に付けていると期待される。したがって、日本の実務からすると、モントリオール条約ができるだけ多くの国の批准・加入により、広範に適用されることが、日本人旅客の保護になるだけでなく世界の航空旅客に公平かつ適正な補償を与えることになる。また日本がなぜ批准しなかったのか理由が明らかでないグァダラハラ条約の内容がモントリオール条約に取り込まれているので、モントリオール条約を通してグァダラハラ条約を実施できるという意味もあり、日本は中米のベリーズ（Belize）、マケドニアにつぐ世界で3番目の締約国になった。

　しかし個別の条文については、幾つかの問題点を指摘しうる。

　その一つは、損害賠償の範囲に関して、精神的損害（mental injury）を含む趣旨の文言を入れるかどうか議論があったが、現行通り、bodily injuryの文言が維持されたので（モントリオール条約17条1項）、死傷を伴わない純粋の精神的損害については、各国裁判所の解釈にゆだねられることになり、法の統一が断念された。条約のbodily injuryの文言が変わっていないのに、日本語の公式訳は、現行の「障害」から「傷害」に変更されたので、日本では純粋の精神的損害を除外する趣旨と解することができる。

　また懲罰的損害賠償（punitive damages）その他の非補償的損害賠償を認めないことを明文化したことは評価できるが（同29条）、損害賠償の範囲やその算定方法は国によってかなり異なるので、22条の責任制限がなくなったことと相まって今後この問題が表面化しそうである。同じく用語の問題で、運送人の責任について17条が責任条件として要求する「損害の原因となっ

た事故（the accident which caused the damage）」という場合の事故（accident）の定義がない。これも責任制限の撤廃で、運送人は狭い解釈をしようとするだろうし、原告側は広い解釈を求めるものと思われる[33]。

　さらにモントリオール第四議定書と共通の問題だが、貨物の損傷に対する責任限度額が1キログラムあたり17 SDRに制限され、この責任制限は、運送人に故意のあった場合でも22条5項の反対解釈により、破られないとする点が問題となりうる。人身損害に関するモントリオール第三追加議定書の場合には、運送人の故意の場合を含む絶対的責任制限は公序良俗に反する可能性があり、問題とされたところであるが、貨物については利用者の大半が企業であり、高価品の明告制度や運送保険などの利用により、対処可能であるから、紛争処理コスト面から絶対的責任制限は支持されてよいであろう。日本がモントリオール第四議定書を採択するに当たって特にこの点は問題にならなかったようである。

[4] 航空運送法の課題

　モントリオール条約は、ワルソー体制の条約文書とは別個の新条約として制定されている。したがって新条約は、ワルソー体制関連条約の締約国にとって、取って代わるものであり、多数の国が新条約の締約国になれば、新条約の締約国はワルソー体制の条約を破棄する可能性がある。そうなれば新条約の当該締約国と非締約国（ワルソー体制関連条約の締約国）の間では一切の条約関係を廃止することになる。また新条約の非締約国の間では、ワルソー体制が引き続き適用される。このようなことが起これば、事実上、法の統一を弱めることになるから、すでに発効しているグァダラハラ条約とモントリオール第四議定書を取り込んでいる新条約をできるだけ多数の国が批准・加入して、ワルソー体制に取って代わるように各国に働きかける必要がある。

　ジャパニーズ・イニシアチブと同様の国際航空運送約款を採用する航空会社にとって新条約は大きな変更をもたらすものではないが、ワルソー体制を維持する航空会社の責任制度とは大きな開きがあり、特に運送人の責任を排除するハーグ改正ワルソー条約25条の解釈適用問題は深刻である。国際航空運送人の責任について、世界の趨勢が1999年モントリオール条

約の定める責任制度に移りつつある現実を直視するなら、ワルソー体制の責任制度の裁判上あるいは裁判外における実際の運用もできるだけ新条約の責任制度に準じて行うべきであろう。

　国際航空運送約款は、自動執行条約として拘束力のあるモントリオール条約に準拠して作成・運用されているが、国内運送約款は、必ずしも条約とリンクしていない。そのため、航空運送人の責任規定についても国際運送と国内運送でかい離が生じている。国際運送で、現行のモントリオール条約が適用される場合、旅客死傷に対する航空運送人の責任は11万3100SDRまでの厳格責任、損害がそれを超える場合は過失推定責任という2層構造の責任制度を採用しているが、国内運送では、過失推定責任のみである。貨物の滅失毀損による損害についても、国際運送の場合、1キログラムあたり19SDRに例外なく責任制限される厳格責任であるのに対し、国内運送では、過失推定責任でかつ1口3万円までに責任制限され、それを超える賠償を求める場合は価額申告して従価料金を支払う必要がある。国際運送と国内運送で責任制度を異にすべき理由はないから、国内運送についても、モントリオール条約の内容を国内運送約款の中に取り込み、できるだけ一致させるべきであろう。

注)

1) 1929年ワルソー条約については、小町谷操三『空中運送法論』(有斐閣、増補版、1954)。
2) ワルソー条約の改正の経過については、池田文雄「ワルソー条約の改正」空法2号 (1956) 61頁以下。
3) 東京地判昭和57年9月27日判時1075号137頁・判タ487号167頁は、実行運送人へのハーグ改正ワルソー条約の適用を否定し、東京地判平成11年10月13日判時1719号94頁・金判1093号45頁は一定の条件のもとに肯定する。なお、藤田勝利「国際航空運送契約の当事者でない外国航空会社に対する改正ワルソー条約の適用の有無およびそれが日本国内に営業所を有する場合」判例評論298号 (判時1091号、1983) 30頁以下。
4) H. Drion, *Limitation of Liabilities in International Air Law*, pp. 12 sq. (1954).
5) 長尾正勝「米国におけるワルソー条約第17条に係る最近の判例」空法28号 (1987) 56頁以下。
6) 坂本昭雄『新しい国際航空法』(有信堂高文社、1999) 182頁。
7) 藤田勝利「受託手荷物の延着による航空運送人の責任」私法判例リマークス31 (2005〈下〉) 82頁。
8) 原条約では、旅客切符の不交付と記載の不備を区別し、不交付の場合だけ責任制限規定を援用

でいないとしていたが、ハーグ改正ワルソー条約では、どちらも責任制限規定を援用できないとしている点に違いがある。第2の有限責任の例外については、藤田勝利「国際航空機事故補償制度の現状と課題——名古屋空港における中華航空機事故の賠償問題を契機として」『現代企業法の理論』(信山社出版、1998) 534頁以下。

9) 最判昭和51年3月19日民集30巻2号128頁・判時807号3頁・金判498号7頁。高田桂一「故意・重過失による航空機事故と有限責任」空法20・21合併号 (1978) 72頁以下は、国際条約の解釈として疑問視している。
10) 坂本昭雄・三好晋『新国際航空法』(有信堂高文社、1999) 229頁、230頁。
11) 藤田・前掲注8) 540頁以下。
12) 藤田勝利「2003年12月26日名古屋地裁・中華航空機事故訴訟判決によせて」藤田勝利・工藤聡一編『航空宇宙法の新展開』(八千代出版、2005) 323頁以下。
13) 池田・前掲注2) 78頁。
14) わが国の民事訴訟法は、国内の二重起訴は禁止しているが (民訴142条)、国際的重複訴訟については明示の規定がない。外国判決の承認・執行の保障がないことから、1983年の大韓航空機撃墜事件に関する東京地判昭和62年6月23日判時1240号27頁・判タ639号253頁・金判792号23頁では、ワルソー条約は、国際的な二重訴は禁止していないと判断している。坂本・三好・前掲10) 236頁は、法廷地漁りを許さないため国際的重複訴訟に反対である。
15) 小町谷・前掲注1) 199頁以下。
16) 坂本・三好・前掲注10) 236頁。
17) 正式には「契約運送人以外の者により行われる国際航空運送についてのある規則の統一のためワルソー条約を補足する条約」という。この条約については、菅原菊志『社債・手形・運送・空法 (商法研究Ⅲ)』(信山社出版、1993) 368頁以下。
18) モントリオール協定については、藤田勝利『航空賠償責任法論』(有斐閣、1985) 1頁以下。正式には、Agreement Relating to Liability Limitations of the Warsaw Convention and the Hague Protocol という。
19) IATA企業間協定については、坂本昭雄「航空運送人の旅客運送責任に関する企業間協定」空法38号 (1997) 1頁以下。
20) グァテマラ議定書については、矢沢惇「グァテマラ議定書について」空法16号 (1973) 1頁以下。
21) 国内的補助措置 (Domestic Supplement) については、山本善明「米国における国内補助措置について (1) (2)」空法18・19合併号 (1976) 85頁以下、空法20・21合併号 (1978) 1頁以下、落合誠一『運送法の課題と展開』(弘文堂、1994) 129頁以下。
22) 旅客の死傷損害、手荷物の損害および延着損害に対する訴えについては、ワルソー条約28条1項に規定する四つの裁判所のほか、いずれかの締約国の領域内で旅客が住所もしくは永久的な居所を有し、同じ領域内に運送人が有する営業所を管轄する裁判所を追加している (グァテマラ議定書改正ワルソー条約28条2項)。
23) 1975年モントリオール議定書については、関口雅夫『国際航空運送人の責任制度』(成文堂、

1998) 1 頁以下。
24) 金条項（22 条 4 項）の SDR 条項への切換については、山本・前掲注 21) 111 頁以下。
25) 関口・前掲注 23) 29 頁。
26) 坂本・前掲注 19) 1 頁以下。
27) 関口・前掲注 23) 36 頁以下。
28) 落合・前掲注 21) 147 頁以下。
29) 坂本・前掲注 6) 167 頁以下。
30) 落合誠一「一九九九年国際航空運送に関するモントリオール条約の成立」ジュリスト 1162 号（1999) 99 頁以下。
31) モントリオール条約は、正式には、英文では、Convention for the Unification of Certain Rules for International Carriage by Air, done May 28, 1999, ICAO Doc. 9740 と称されているが、公式の日本語名は「国際航空運送についてのある規則の統一に関する条約」とされている。英語、アラビア語、中国語、フランス語、ロシア語およびスペイン語の 6 カ国語で作成されたものが、等しく正文とされる。
32) 5 年ごとに責任限度額の見直しがなされ、インフレ率が 10% を超える場合に実施される。2009 年 12 月に 11.31% の引き上げがなされた結果、旅客死傷の責任限度額 10 万 SDR は 11 万 3100 SDR に、貨物損害 1 キログラムあたり 17 SDR は 19 SDR に引き上げられている。
33) 藤田勝利編『新航空法講義』（信山社出版、2007) 205 頁注 48。

エクササイズ

【問題】 空運取引に関する以下の各文章の正誤を答えなさい。

(1) ワルソー条約における運送人は、実際に運送する実行運送人ではなく、運送契約を締結する契約運送人を指すと解されている。
(2) ワルソー条約およびモントリオール条約は、有償の（航空運賃を払った）旅客にしか適用されない。
(3) ワルソー条約およびモントリオール条約が適用されるのは、それぞれの条約に加入している国の航空機で運送される旅客と荷主である。
(4) 貨物運送については、モントリオール第四議定書およびモントリオール条約の適用上、航空運送人の故意・重過失により貨物が滅失・毀損した場合でも運送人の責任は制限される。

6 複合運送取引

ポイント

コンテナ輸送の発達、いわゆるコンテナリゼーションを通じて、海陸一貫運送は今日もはや珍しいものではなくなっている。また、自ら航空運送手段と陸上運送手段とを有し空陸一貫運送を行う、いわゆるインテグレーターが台頭して久しい。こうして、異なる運送手段を接続する複合運送が浸透し運送は実体面でますますシームレス化の度を強めているが、法規制の面では、従来、陸、海、空と、いわば縦割りの規制が行われてきた結果、複合運送に包括的に適用される規範は欠缺している現状がある。現行法を前提とした解釈論において、どのような対処が可能であろうか。

A 複合運送の進展

[1] 複合運送の意義

単一の運送人が、異なる複数の運送手段を組み合わせて一貫運送となし、出発地から目的地までの全運送区間を自己の責任において引き受ける物品運送を、講学上、複合運送という。これを行う運送人が複合運送人である。

複合運送は、コンテナが普及し積荷の積替えが容易になったためにまず海陸一貫運送において発達し、その後空陸、海空一貫運送をも発生させて、現在では国際物流の主流をしめるところとなっている。荷送人が運送手段ごとにそれぞれの運送人と個別に運送契約を締結し、さらには物品の積替え、中間保管等についてもそれぞれ業者を手配する必要がないため、迅速性、経済性にすぐれているからである。また近時は、情報通信技術と組み合わされることで特定貨物の所在確認、運送予測も可能となっており、仕向地におけるジャスト・イン・タイム納入、在庫管理の適正化に貢献するなど、物流、ひいてはロジスティクスを中核で支えている。

しかし複合運送は、同時に困難な問題をも含んでいる。とくに責任の内容は不明確である。現行の運送法規制が運送手段ごとの縦割であり、その

態様も相当に異なっているため（コラム「運送法間の責任内容の相違」を参照）、複合運送に対する直接的な私法規律が存在しないばかりか、いずれの運送法規制を責任関係の処理に適用すべきかも判然としないのである。以下本節では、複合運送の法規制の基本的事項を確認した後、複合運送が利用運送形態に依存していることに関連して、国際航空利用運送における紛争事例を、そして、複合運送が相次運送と共通点を有することに関連して、国際空陸複合運送における紛争事例を取り上げる。それらの検討を通じて、国際複合運送に適用される規律のあり方について考えることにする。

コラム　運送法間の責任内容の相違

　個別の運送法規制の間には、沿革や危険度の違いが反映し、責任原因、責任限度等に関して看過できない差異が生まれている。たとえば、海上運送や国際航空運送では免責特約が禁じられるが（商 739 条、国際海運 15 条、モントリオール条約〔以下、条約という〕25 条）、陸上運送ではこれが許容される。国際海上運送では、操船の失敗などのいわゆる航海上の過失免責が認められるが（国際海運 3 条 2 項）、他の運送ではこうした免責事由は存在しない。海上運送では無過失責任である堪航能力担保義務が定められているが（商 738 条）、他の運送では過失責任のみである、といった具合である。

　また、陸上運送では責任限度額が法定されていないのに対して、国際海上運送では従量制の責任制限に加え一包一単位につき 666.67 SDR の責任制限（国際海運 13 条 1 項）、国際航空では 1 キログラムあたり 19 SDR の従量制の責任制限が定められている（条約 22 条 3 項）。海上運送についてのみ、総体的有限責任（企業全体として負担すべき損害賠償の限界を定めるもの）が規定される（船主責任制限 7 条）、といった部分もある。

　運送法における責任基準の統一を志向するにしても、賠償水準が低く制限の多い運送体系にそろえたなら救済の減殺につながり、反対に賠償水準が高く制限の少ない運送体系にそろえたなら保険コストの上昇、ひいては物流コストの上昇を招きかねない、というジレンマがある。

[2] 複合運送の実施主体

複合運送人には、大別して、①運送の一部区間につき実行運送を行い、その前後の区間につき利用運送を引き受けるかたちで、全区間につき運送履行の責任を負う形式の者と、②自らは輸送手段を保有せずに、二以上の異なる運送方法が用いられる運送の全区間につき一貫して下請運送人を使用するかたちで、運送を引き受ける形式の者とがある。

①は、船会社、航空会社のような元々の運送人（キャリアー）が、本来の運送サービスに付随する積替え小運送や保管業務を充実させることで顧客のニーズに応じるようになったものである。②は、運送取扱人として運送の取次を行っていた業者が、その業務を一貫運送に対する顧客のニーズに応じて変化させていったものである。後者の複合運送人を、一般にフレイト・フォワダーと呼ぶ（以下、フォワダーと略称することがある）。

なお今日では、自己の航空機と車輌を使用して書類や小口貨物等の戸口から戸口までの一貫運送を行うインテグレーターも出現している。米国で大規模な航空規制緩和が行われた1980年代、運送取扱人ないしフレイト・フォワダーが運送人たる航空会社の株式を所有することが可能となり、航空機による輸送とトラックによる集配とを統合（インテグレート）させたサービスが、FedExによって開始されたことにはじまる。これは正に、従来のキャリアーとフォワダーのビジネスモデルを統合したものといえる。

B　複合運送の法規制
[1] 複合運送責任

国際複合運送契約の内容は、後述する複合運送証券の裏面約款により定まる。約款内容は、複合運送人ごとに異なるものの、それぞれの業界において標準約款が作成され統一化が図られている。約款の多くの条項は、実際のところ船荷証券の内容に近い。実務では、次のような定めが一般的といえる[1]。

下請運送人の複合運送人（元請運送人）に対して負担する責任が輸送手段ごとに異なるという事情があるため、ここで注意すべきは、複合運送人が荷送人・複合運送証券の所持人などの荷主に対して負うべき責任の内容ということになる。

(1) 海上運送または航空運送中に生じた損害に対する責任

複合運送人は、受取地から引渡地までの間に生じた運送品の滅失・損傷につき責任を負う。

運送品の滅失・損傷が海上または内水路での運送中に生じたことが証明された場合には、複合運送人の責任要件および責任限度額は国際海上物品運送の定めるところによる。航空運送中に生じたことが証明された場合には、モントリオール条約の定めるところによる。これは、複合運送人の責任を下請運送人が通常負うであろう責任と同じにそろえることにより、両者の差異から生じる複合運送人のリスクを可及的に制限する趣旨である。

(2) その他の区間で生じた損害に対する責任

運送品の滅失・損傷が、それ以外の運送区間（すなわち陸上）で生じたことが証明されたときには、下請運送人が複合運送人に対して負担するのと同じ責任を複合運送人が荷主に対して負う制度も考えられる（タイアップ・システム）。しかし、荷主の立場からすると、この制度では、複合運送人がどのような責任を負うのかを予測しにくい。

そこで多くの約款では、運送品の滅失・損傷が生じた国の法の下で、その特定の輸送段階に関する契約が締結されていれば強行的に適用されるはずの法があるなら、その法の定めるところにより運送人は責任を負い、そうした強行法がないときまたは滅失・損傷発生区間が特定できないとき（これをコンシールド・ダメージと呼ぶ）には、複合運送人は別に契約に定める責任（責任額が低額な海上で生じたとみなす）を負うものとしている。これをネットワーク・システムという。

(3) ユニフォーム・システム

以上に対して、運送品の滅失・損傷の発生区間が特定できないとき、したがって下請運送人が複合運送人に対して負う責任の内容が本来的に定まらないときに、複合運送人の責任発生要件・責任限度額を画一的に定める方式も考えられる。これをユニフォーム・システムという。国連国際物品複合運送条約は原則としてこの方式を採用し（同条約16条・18条）、さらに滅失・損傷発生区間につき同条約所定の責任限度額（海上または内水路区間を含む場合は1包または1船積単位当たり920 SDRまたは1キログラム当たり2.75 SDRのいずれか高い額。海上・内水路区間を含まない場合は1キログラム当たり8.33 SDR）よ

りも高額の責任限度額を定める強行法規が適用されるときはその限度額による旨を定めている。もっとも、この方式は、複合運送人が荷主に対して負う責任額が下請運送人に求償できる責任額を上回り、それが複合運送人の負担になることから実務界の抵抗が強く、条約の発効自体望み薄である。

[2] 複合運送証券

複合運送証券とは、広義では複合運送人が荷主の請求により複合運送契約に関して発行する書類をいうが、狭義ではそのうち運送品の引渡請求権を表章する有価証券類似の証券をいう。国際複合運送では種々の運送証券がみられる。船会社は、船荷証券の一種であるコンテナ船荷証券、フォワダーはこれと形式・内容が類似する指図式運送証券をそれぞれ用いている。

そもそも複合運送自体が特別な規制の対象になっていないのであるから、その証券類を直接対象とする規制の体系も存在しない。よって、複合運送書類の内容および効果は、書類作成当事者間の合意によって第一義的に決定されることになる。その場合、指図式または無記名式による証券の譲渡可能性、受戻証券性、善意者保護、複合運送人の責任などが定められなければならないが、一般にはこれら基本的事項に関して個々に合意されることはなく、普通契約条款である複合運送証券約款が利用されている。国際商業会議所の作成にかかる複合運送証券統一規則、あるいは国際フレイト・フォワダー協会（FIATA）の作成にかかる標準複合運送約款を、当事者の合意に基づき証券の内容に取り込むということも行われる。

そして、複合運送証券発行当事者間で合意されたそれらの内容が、わが国の強行法規に違反しない場合に、複合運送証券の各個の定めの有効性が確定されることになる。この点、法律上の有価証券である船荷証券以外であっても、当事者の合意により有価証券的効力を認めることは不可能ではないとして、物権的効力および処分証券性を含め、船荷証券と同じ内容を持つと解する立場が有力である[2]。

なお、航空運送部分については、譲渡性・引換証券性を備えない旨明示された運送証券が発行される。運送取引の時間が極端に短く、第三者への証券譲渡になじまないからである。

C 国際利用航空運送における責任関係

> 【ケース1】
> イタリアの業者Aは日本の商社Xに商品を販売し、その輸出にかかるミラノ・東京間の航空運送契約を、現地のフレイト・フォワダーY1と締結した。Y1はミラノ発アムステルダム経由東京行の航空運送の実行について、航空会社Y2と再運送契約を締結した。その後、Y1とY2との合意によりミラノ・アムステルダム区間がトラック運送に切り替えられたところ、同運送途上トラックごと盗難に遭い、商品が全部滅失した。Xは、日本国内に営業所を有するY1に対しては本邦裁判所が裁判管轄権を有すると主張して債務不履行を理由に提訴するとともに、Y2も同じく債務不履行責任を負うと主張した（東京地判昭和57年9月27日判時1075号137頁をもとに作成）。

[1] 問題の所在

国際航空運送における運送人の責任は、従来、ワルソー条約、あるいは同条約を改正するハーグ（ヘーグ）議定書によって規律されてきた。ところが、これらにおいては運送人が定義されておらず、今日の航空運送実務において一般的な、荷主と契約した航空運送事業者（契約運送人）が、その運送契約の実行を他の航空運送事業者（実行運送人）に再運送を委託する場合に（いわゆる利用運送形態）、条約の適用上、契約運送人と実行運送人のいずれが運送責任を負担するのか、あるいはこの両者ともに運送責任を負担するのかが問題となるに至った。

[2] 運送人の意義

運送人の意義については、三つの考え方がありうる。第一説は、運送人とは自己の名をもって運送契約を締結する者、すなわち契約運送人をいうとする。第二説は、運送人とは実際に運送を実行する者、すなわち実行運送人をいうとする。第三説は、この両者ともに適格を認める。

本件で裁判所は、①条約の適用範囲を画するため「国際運送」を定義し

たワルソー条約1条2項に「当事者の約定によれば」との文言があり、契約当事者関係を前提としているとみられること、②ワルソー条約第2章で運送契約の証拠として運送証券を規定し、運送人が条約における責任の排除または制限に関する規定を援用するためには、運送証券の使用を必要としていることなどを捉えて第一説を採用し、原告の請求を棄却した。もっとも、裁判所が判示しているとおり、ワルソー条約18条は航空運送に固有の危険に基づく責任を定めるものであって、飛行場外における陸上の危険を原因として発生した本件商品の滅失を本規定に関わらしめて解決するのには、そもそも無理があった。結審判決である東京地判昭和60年7月15日判時1211号120頁も、この否定的結論を確認している。

　学説は、上記結論自体は支持したが、契約運送人、実行運送人のいずれも責任制限を主張できるのでなければ不都合であると注文をつけた。その後、東京地判平成11年10月13日判時1719号94頁は、条約が定める運送人とは原則として契約運送人を指すとして第一説に立ちながらも、当事者の間で利用運送と実行運送契約とを単一のものとして取り扱う意思があった場合には、両運送契約の間に「特段の事情」が認められることから、実行運送人も契約運送人と同様に運送人としての責任を負うと結論付けるところとなった。ここでは、契約趣旨の解釈における「特段の事情」という概念を介して、第三説への接近がはかられている。

[3] モントリオール条約39条の射程

　このような国際航空運送の基本的法律関係が解釈に委ねられること自体、本来は問題である。そこで条約により解決の方向性が見出されている。

　第二次大戦後、航空機の運航方式が多様化し、旅客運送の分野において、特定の者が旅客と運送契約を結び、その者がさらに航空運送人と乗組員付きの傭機契約を結んで、その旅客を運送することがしばしば行われるようになった。一方、貨物運送の分野においては、フレイト・フォワダーが自己の名で荷送人と運送契約を結び、それらをまとめて大口貨物となし、それを航空運送人の運送に委ねる実務が一般化した。そのため、旅客や荷主と直接の運送契約を締結する契約運送人と、旅客や貨物の運送を実際に行う実行運送人という二概念が発生し、ワルソー条約には運送人の定義がな

いことから、条約の適用上、そのどちらをもって運送人とするのかの問題が生じるに至った。グァダラハラ条約は、これに対処したものである。

同条約の下、荷送人と運送契約を結ぶ運送人たる契約運送人と、これと下請運送契約を結んで、運送の一部または全部を実行する運送人たる実行運送人との関係について、①実行運送人の作為および不作為は、実行運送人が運送する部分に関しても契約運送人の作為および不作為とみなされ、契約運送人の作為および不作為は、実行運送人の運送部分の運送部分に関する限り、実行運送人の作為および不作為とみなされる。そして、②実行運送人の実行する運送に関する損害賠償請求訴訟は、原告の選択により、実行運送人もしくは契約運送人のいずれかに対して、またはその双方に対して提起することができる（条約3条）、とされた。契約・実行両運送人間に、実質的不真性連帯債務関係を定めたものといえる。

同条約をわが国が批准していないことから生じたのが本件であったわけであるが、契約運送人と実行運送人の連帯責任という趣旨は、その後の統合条約であるモントリオール条約に受け継がれており（条約39条ないし48条）、今日では、わが国を含むこの条約の当事国において立法的に解決されている。しかし、出発地または到着地がその非締約国にある国際航空もいまだ多く就航しており、この関係においては依然、解釈による処理が必要である。

D　空陸国際複合運送における責任関係

【ケース2】

画家Xは、その作品を展覧会に出品するため、航空運送および同代理店業務を営むYに運送を依頼し、Yは陸、空、陸と複数の運送手段を継いでこれをニューヨークの展覧会場まで搬送した。展示終了後、Xは残った作品を返送するために、Yの米国におけるグループ企業である運送業者Aが準備した出荷指示書を完成させ、これに交付して運送委託した。ところが、Aが受け取る前に作品は紛失してしまった。Xは、Yとの運送契約には日本から米国への往路運送のみならず米国から日本への復路運送が含まれ、かりにそうでないとしても商法579条所定の相次運送にあたり、Yは

連帯責任を負うと主張した（東京地判平成3年3月29日判時1405号108頁〔百選97事件〕をもとに作成）。

[1] 問題の所在

本事例は、空陸複合運送における複合運送人の責任関係を争点とするものである。原告の主張は、複合運送における法の欠缺を背景として、契約趣旨の解釈、あるいは複数運送人関与時の商法上の運送責任規定に解決の糸口をもとめたものといえる。本件運送契約の内容決定（本件運送は往路運送と復路運送とで一体の運送契約をなすか、またそれは相次運送と下請運送のいずれを構成するか）、そして、相次運送に関する商法579条の射程（かりに本件運送が下請運送であるなら、商法579条所定の連帯責任はこれにおよぶか）が問題となる。

[2] 運送契約の内容決定

まず、XY間の本件運送契約が往路運送のほか、復路運送を含む契約内容であったか否かについては、契約当事者の意思解釈の問題となる。運送人YとAとは同一の国際的運送ネットワークに所属する関連会社であるとされ、一般論として、グループ内での物量確保のために復路運送をも含めた取扱いをしようとしたはずである。実際本件では、往路区間の運賃について復路運送後の後払いが約されていたし、Yは復路区間についての出荷指示書を準備しXに交付していた。ところが、Xはこの出荷指示書を完成させることなく放置し、結果としてAの準備した別の出荷指示書に基づいて復路区間の運送が委託された。この状況下では、Yの意思が往復の一体契約の締結にあったとしても、最終的に締結された運送契約は復路運送区間のみを目的とするXA間の別個の運送契約となったと解するほかない。

つぎに、当該復路運送が相次運送であるか下請運送であるかは、運送の客観的態様から判断される。相次運送ないし通し運送の諸類型については次項でより詳しくみるが、数人の運送人が順次に各区間につき各自が荷送人のためにする意思をもって運送を引き受け、これら数人の運送人相互間に連絡関係が認められる場合であって、通常、一通の通し運送状によって

運送を引き受ける形式がとられるもの（神戸地判平成2年7月24日判時1381号81頁）が相次運送とされ、最初の運送人が全区間の運送を引き受け、その全部または一部の運送について他の運送人を使用するが、最初の運送人のみが荷送人との契約当事者であって他の運送人はその履行者として荷送人との直接の法律関係に立たないという、下請運送とは区別されると説かれる。

本件で裁判所は、そもそもYらによって通し運送状が作成されておらず、出荷指示書等に運送当事者として記載されているのがAのみであることを理由に、Yが行う予定であった日本国内での運送とその手配は、荷送人Xと直接の契約関係に立ってなすものではなく、Aの履行補助者として行う性質のものであった、と判断した。もっとも、「荷送人のためにする意思」を識標とするといっても何をもってそれをはかるべきかは不分明であって、また、通し運送状の作成といってもこれとて法文上の要請ではない。結局のところ、国際複合運送は実務上一般的に下請運送の形式を採るので、これを覆すだけの具体的理由がない限り下請運送と解されるという、消極的理由付けが成り立つにすぎない。

ともあれ以上より、本復路運送は、Aを元請運送人、Yを下請運送人とする下請運送の形式を有するものと解される。

[3] 商法579条の射程

そして、相次運送に関する商法579条の適用の可否の問題であるが、その検討の前に相次運送の意味を確認しておかなければならない。

数人の運送人が同一の運送品を相次いで運送することを相次運送という。広義では、四つに分類される。すなわち、①数人の運送人がそれぞれ独立に特定部分の運送を引き受ける部分運送、②一人の運送人が全区間の運送を引き受け、その全部または一部の運送につき他の運送人を使用する下請運送、③数人の運送人が共同して全区間の運送を引き受け、内部的に各担当区間を定める同一運送、④数人の運送人が共同して全区間の運送を引き受け、順次に各特定区間の運送を行う連帯運送、である。

通説は、商法579条（商766条、国際海運10条）の趣旨につき、運送品の滅失毀損がいずれの運送区間で生じ、いずれの運送人に責任を負わせるべき

かの立証が通常困難であるので、そのような証明責任を免じていずれの運送人に対しても損害賠償請求できるようにして、荷送人および荷受人の保護を強化したものと解している。同時に通説は、同条にいう相次運送とは、④の連帯運送のみを指すものとしている。なぜなら、①の部分運送の場合には運送区間毎に別個の運送契約が存在し、その各個の運送契約間には、同一運送品の運送にかかるものであるという共通点を除き特別の関連がないので、債務不履行責任につき連帯性を推測する根拠に乏しく、かつ中間地点で必ず託送替えが行われるから、責任の所在も比較的わかりやすい。また、②の下請運送の場合には、下請運送人は元請運送人の履行補助者にすぎず、荷送人との間に直接の法律関係がなく、荷送人に対しては元請運送人が全責任を負うものであるから（商577条）、連帯責任を適用する余地がない。さらに③の同一運送の場合は、本条の適用をまつまでもなく、商法511条1項の連帯責任の適用がある。したがって商法579条を適用すべきは連帯運送だけである、と。本件では、この理解にのっとり商法579条の適用ないし類推適用は否定されたわけである。

[4] 複合運送における荷主保護の方向性

以上に対し、荷主保護という商法579条の趣旨からして、そして同条が通し運送状の作成授受等の運送契約加入要件を明示していないことからして、その適用範囲を狭く解するのは失当であり、各運送人が当該運送品の通し運送であることを認識しながら無留保にて全区間の一部として運送を引き受けた限り、運送人間に連帯責任を認めるのが衡平である、とする少数説がある[3]。この理解によれば、少なくとも下請運送については連帯責任が認められうる。以下にみるモントリオール条約の規定は、前述グァダラハラ条約の内容を取り入れつつ、この趣旨を立法によって強行的に規定したものにほかならない。

すなわち同条約は、下請運送について、荷受人と運送契約を締結した契約運送人からの授権により運送の全部または一部を行う運送人は、反証のない限り実行運送人としての地位が推定されるとしたうえで（条約39条）、荷主と運送契約を締結した契約運送人以外の者が、その契約に基づく運送の全部または一部を行った場合、契約運送人は全運送につき、また実行運

送人は自己の行った部分の運送につき、荷主に対して契約上の責任を負うとする（条約40条）。しかも、実行運送人が行った運送については、契約運送人または実行運送人の作為不作為は荷主との関係でそれぞれ他方の運送人の作為不作為とみなされ、それについて相互に責任を負う（条約41条）。実行運送人の行う運送に関する損害賠償請求は、原告の選択により契約運送もしくは実行運送人のいずれか一方に対して、またはこれらの運送人の双方に対して提起することができる（条約45条）。以上は、荷主保護の観点からその運送人に対する責任追及を容易ならしめるために、契約・実行両運送人の実質的不真性連帯債務関係を定めたものである。

　モントリオール条約も、たしかに複合運送における運送責任の統一的処理を志向してはおらず、複合運送における非航空運送部分には適用されない（条約38条）。しかし、損害発生区間が特定できないいわゆるコンシールド・ダメージが貨物損害の大半を占めるといわれる状況下で、陸上、海上運送区間についても同様の連帯責任が採られるなら、荷主救済が一歩前進する。各運送人が荷主のためにする意思で次々と運送を引き継いでいくと、全員が全運送区間について連帯責任を負うことになるという相次運送は、運送業が高度に集約されネットワーク化されたいまでは現実にはみられなくなっている。これに対応する商法579条も、従来の通説的解釈を維持する限り死文である。類推適用によるその利用範囲の拡大も、一考に値するように思われる。

コラム　宇宙運送と賠償責任

　宇宙活動の主役が、かつての国家から、いまや民間企業へと移ろうとしている。民間団体Xプライズ主催の「アンサリXプライズ」コンテストにおいて、2004年、アメリカの民間企業が製作したスペース・シップ・ワン（SS-1）が、操縦士およびダミー人形2体を乗せた再利用可能な民間機として2週間以内に2回、100 km超の高度上空（彼らによれば「宇宙空間」）へと飛行することに成功し、その開発プロジェクトは1,000万ドルの懸賞金を受け取った。SS-1の総製作費は200万ドルで、これはアメリカ航空宇宙局（NASA）の一日分の予算額に過ぎないという。航空業界の風雲児ヴァー

ジン・アトランティック航空会長、R・ブランソンは、すかさず SS-1 プロジェクトとの合弁企業を立ち上げ、改良機 SS-2 の商業化を発表した。

このように、超高高度まで短時間ながらも飛行し、地球周回軌道にいずれかの物体を配置せずに帰還することを目的とする活動を、弾道民間宇宙飛行 (Sub-Orbital Private Spaceflight) と呼ぶ。そして、ここで安全性が確認された後には、おそらく SS-3 の世代において、地球周回を伴う地球上の二地点を結ぶ飛行が行われると予想されている。

この新しい現象はいくつもの新たな法律問題、とりわけ責任の問題を含んでいる。同飛行を航空機 (aircraft) によるものであると仮定しよう。国際航空公法であるシカゴ条約の附属書は、航空機を「大気中における支持力を、地表面に対する空気の反作用以外の、空気の反作用から得ることができる一切の機器」と定義しており、SS-2 もこれをみたす。そして、モントリオール条約はその適用範囲である「国際航空」について、「出発地または到着地が、二の締約国の領域内にある運送、または一の締約国の領域内にあり、かつ予定寄航地が他の国（締約国であるか否かを問わない）の領域内にある運送をいう。一の締約国の領域内の二地点間の運送であって、他の国の領域内に予定寄航地がないものは、国際運送とは認めない」（条約1条2項）としている。

よって弾道民間宇宙飛行も、同条約の二の締約国をまたぐ地球上二地点間を結ぶ限りにおいて、同条約に基づく航空運送責任の適用を受け、運送主体である契約運送人または実行運送人は、113,100 SDR までの厳格責任と、これを超える額についての過失推定責任をもって、旅客に対する賠償責任を負うこととなりそうである（条約17条・21条1項）。しかし計画によると、SS-2 は離発着ともにニューメキシコ州の「アメリカ宇宙空港」を利用し、その場合はモントリオール条約の適用外となる。また、いつの日か、地球上の地点と宇宙空間上の施設とを結ぶ路線が開設されないとも限らないけれども、後者を寄航地と呼べるかどうかは明らかでない。結局のところ、現行の航空法は弾道宇宙飛行という現象を予想して作られてはいないのである。

それでは、これを地球と宇宙空間とを結ぶ宇宙機 (spacecraft) と捉えたらどうであろうか。宇宙機の活動に伴う責任関係は、宇宙責任条約に服する。

これによれば、その所有、運営、損益の帰属等の関係にかかわらず、物体の打ち上げに伴う損害の賠償責任は、打ち上げ国が負担する（同条約2条）。ところが、その要件としては打ち上げ国における登録が要求され、その一方で責任原因や責任額については規定がない。そして、SS-2は、宇宙機として登録されておらず、賠償関係もまた不明なのである[4]。

　弾道民間宇宙飛行で現実味を帯びる宇宙運送は、既存の法体系の狭間に生起した問題として、複合運送と通じる部分がある。

注）
1) 小塚荘一郎「複合運送証券に関する立法」上智法学論集43巻4号（2000）200頁。
2) 江頭憲治郎『商取引法』（弘文堂、第6版、2010）331～332頁。
3) 小町谷操三「通船荷証券の研究」『海商法研究（第4巻）』（有斐閣、1921）263頁。
4) F. G. von der Dunk, *Passing the Buck to Rogers : International Liability Issues in Private Spaceflight*, 86 Neb. L. Rev. 400（2007）.

エクササイズ

【問題】　複合運送に関する次の各文章の正誤を答えなさい。
(1) 複合運送は、陸上運送とその他の異なる運送手段を接続させた一貫運送であり、海空一貫運送を含まない。
(2) 国連国際複合運送条約は、複合運送人が輸送手段のいかんにかかわらず単一の責任原則に服するという、ユニフォーム・システムを原則として採用している。
(3) 複合運送の担い手であるフレイト・フォワダーは、自ら輸送手段を保有する実行運送人である。
(4) 複合運送証券は、現在のところ、一般に流通性を有しない。

第 4 章 施設取引

アウトライン

　売買商人の補助者はひとり運送人に限られない。倉庫業者も、価格の低いときから高いときへと商品の時間的保管を行うことで、商品価値を高めているのである。
　倉庫業者は、「寄託」を倉庫という施設を用いて行うが、その意味では、ホテルや浴場、映画館等の「場屋」の取引にも、共通の性格が認められる。これらを施設取引と総称することが許されよう。
　第1節「倉庫取引」では、倉庫寄託およびトランクルームの取引における当事者の権利義務関係について、第2節「場屋取引」では、各種施設を用いたサービス取引における当事者の法律関係、とりわけ施設管理者の荷物保管責任について、それぞれ検討する。

1 倉庫取引

ポイント

本節では、他人の物品を倉庫に保管することを業とする倉庫営業者に対する法的規制について、倉庫寄託契約を中心に、倉庫営業者と寄託者との関係、倉庫営業者の義務や責任、倉庫証券などを説明する。なお、倉庫営業者に対しては、商法だけでなく倉庫業法や倉庫寄託約款等の規制も関わるので、その点についても注意しながら、本節を読み進めてほしい。

A 倉庫営業の意義

倉庫営業（ないしは倉庫取引）の主体となる倉庫営業者とは、他人の物品を倉庫に保管することを業とする者をいう（商597条）[1]。倉庫営業者は、他人からの物品の寄託の引受け（商502条10号）を業とする者であることから、倉庫営業者は商人に該当する（商4条）。

商取引においては、大量生産された商品を円滑かつ迅速に流通させるだけでなく、当該商品を保管する必要もある。製造・流通業者などの中には、商品の保管のため自家倉庫を備えるところもあるが、保管を専門とする倉庫営業を利用することで、管理コストなどの削減や保管のリスクを軽減することができる。さらには、倉庫営業者の発行する倉庫証券（Fにて後述）により、倉庫に保管されている商品の譲渡、ないしはそれを担保とした金融取引も可能となる。

このように、他人の物品を保管する倉庫営業は、公共的な性質を有するため、倉庫業法（昭和31年法121号）によっても規制が図られており、倉庫営業を行おうとする者は、国土交通大臣の行う登録を受けなければならない（倉庫3条）[2]。

なお、倉庫営業については、倉庫営業者の作成する倉庫寄託約款（以下、「約款」とする）も、後述（B）の倉庫寄託契約の内容を決定する上で重要な役割を果たしている。すなわち、旧運輸省が作成した標準倉庫寄託約款（甲）およびその特約条項、標準冷蔵倉庫寄託約款（甲）およびその特約条項など

表 4-1-1　倉庫営業の種類

普通倉庫	1類倉庫	危険物などを除き、とくに保管物品の制限のない倉庫
	2類倉庫	防火性能を有せず保管物品に制限のある倉庫
	3類倉庫	防火性能、防湿性能、遮熱性能を有せず、保管物品に制限のある倉庫
	野積倉庫	製材、瓦などを野積で保管する倉庫
	貯蔵用倉庫	穀物などのバラ貨物や液体を保管する倉庫
	危険品倉庫	石油、化学薬品などの危険物を保管する倉庫
冷凍倉庫		10度以下の低温で生鮮食品や凍結品を保管する倉庫
水面倉庫		原木などを水面で保管する倉庫
トランクルーム		一般消費者や企業などの家財、書類、磁気テープなどを保管する倉庫。

である[3]。

B　倉庫寄託契約の法的性質

　倉庫寄託契約は、物品を倉庫で保管することを引受ける契約である。この契約が、要物契約なのか諾成契約であるのかについては見解が分かれている。かつては、倉庫寄託契約も民法上の寄託契約（民657条）の一種であるから、寄託者が倉庫営業者に物品を引き渡すことによって成立する要物契約であると解されていたが、近時は、倉庫営業者は物品の保管を引受けるのであり、運送契約と同様に、物品の引渡しを要さない諾成契約と解する見解が通説化している[4]。

　ただし、倉庫寄託約款が、倉庫寄託契約は民法上の寄託契約の一種として要物契約であり、かつ、寄託物の引渡し前に寄託者の申込と倉庫営業者の承諾により「寄託の予約」がなされうるものと解している点に留意する必要がある[5]。

［コラム］　トランクルームサービスと消費者保護

　トランクルームとは、一般消費者や企業などの家財、書類、磁気テープなどを倉庫で保管するサービスをいい、昭和50年代頃から、倉庫会社などによる個人向けの保管業務サービスとして普及した[6]。

　トランクルームサービスには、倉庫営業者が提供するものとそうでない

もの(非倉庫営業者である不動産会社などが、自社の所有する空きビル等を利用した「レンタル収納スペース」)とがあるが、当該サービスを受けていた消費者の多くが、両者の違いについて十分認識しておらず、業者との間で物品の管理方法や利用料金などをめぐりトラブルも多かったようである。

こうしたことから、倉庫業法では、トランクルームにつき、「その全部又は一部を寄託を受けた個人(事業として又は事業のために寄託契約の当事者となる場合におけるものを除く。以下「消費者」という)の物品の保管の用に供する倉庫をいう」(倉庫2条3項)と定義付けるとともに、倉庫営業者の認定トランクルーム制度を設けている(倉庫25条~25条の9を参照)。

また、消費者保護の観点から、倉庫業法8条3項に基づき、「標準トランクルームサービス約款」が告示され、さらに、倉庫業法25条では、倉庫営業者がトランクルーム事業を営む場合には、当該事業が国土交通省令に定める基準に適合しなくてはならない旨定めている(倉庫25条の2~25条の9には、トランクルームサービスに関わる詳細な規定が置かれている)。トランクルームサービスは、消費者契約法の規制対象にもなる。

C 倉庫営業者の義務

[1] 受寄物の保管義務

(1) 保管における注意義務

倉庫営業者は商人であることから、報酬を受けないときでも、善良なる管理者としての注意をもって受寄物を保管しなければならない(商593条)。具体的には、受寄物の滅失・損傷を防止すべく、盗難防止・防火等の措置を講じ、場合により通風・防虫等の対処を行うことである。

倉庫営業者は、寄託者の承諾を得なければ、他の倉庫営業者に受寄物の保管の下請(再寄託)をさせることができない(民658条1項)。これは、倉庫の所在地・設備、倉庫営業者の資力・信用等が倉庫寄託契約の基礎となっているからとされる[7]。また、倉庫営業者は、寄託者の承諾がなければ、原則として受寄物の保管場所を変更することができない(民664条ただし書)。

(2) 通知義務

寄託物につき権利を主張する第三者が倉庫営業者に対し訴えを提起し、または差押え、仮差押えもしくは仮処分をしたときは、倉庫営業者は遅滞

なくその事実を寄託者に通知しなければならない（民660条）。

なお、過去の判例の中には、倉庫営業者が保管していた寄託物に仮処分がなされた場合に、倉庫営業者が寄託者にその後の経過を逐一報告する義務があるのか否かが争われた事案につき、倉庫営業者が仮処分のあったことを寄託者に通知し、もしくは寄託者が仮処分のあったことを了知した後は、倉庫営業者は、以後の点検・保管替え等の経過まで逐一報告する義務を負わないとしたものがある（最判昭和40年10月19日民集19巻7号1876頁）。

(3) 保管期間

倉庫寄託では、受寄物の保管期間が契約上定められ、その期間は比較的長期に渡るのが通例とされている[8]。商法上、保管期間の定め方についての規制はないものの、保管期間の定めがあれば、やむを得ない場合を除き、倉庫営業者は当該期間に従う[9]。

契約上、保管期間の定めがない場合、倉庫営業者は、受寄物の入庫の日から6カ月を経過するまでは、受寄物を返還することができない（商619条本文）[10]。ただし、やむを得ない事由があるときは、倉庫営業者はいつでも受寄物を返還できる（商619条ただし書）。ここでの「やむを得ない事由」とは、寄託物が腐敗して他の在庫品に損害を及ぼす場合、倉庫が被災して補修する必要がある場合、寄託物が保管料を償うに足りない場合などが挙げられる[11]。

[2] 受寄物の返還義務

倉庫営業者は、倉庫寄託が終了すれば受寄物を寄託者に返還する義務を負う。また、保管期間の定めの有無にかかわらず、寄託者の請求があればいつでも寄託物を返還しなければならない（民662条）。ただし、倉庫証券が発行されている場合、倉庫営業者は、証券を呈示して返還請求を負う所持人に対してのみ、かつ証券と引換でのみ、返還請求に応じる義務を負う（商620条・627条2項）。

[3] 倉庫証券交付義務

倉庫営業者は、寄託者の請求があれば、寄託物に関わる倉庫証券を発行し交付しなければならない（商598条・627条1項）。

[4] 受寄物の点検等に応じる義務

寄託者または預証券もしくは倉荷証券の所持人は、倉庫営業者に対し、営業時間内であればいつでも寄託物の点検や見本の摘出を求め、または、受寄物の保存に必要な処分をすることができる（商616条1項・627条2項）。これは、寄託物の売買等の取引に便宜を与え、かつ、保存の完全を期すことにより当事者の利益を保護するためとされている[12]。

D 倉庫営業者の権利
[1] 保管料請求権

倉庫営業者は商人であることから、特約がなくても保管料を請求できる（商512条）。保管料は通常、保管料表に従い契約で定められ、倉庫証券に記載される（商599条4号）。

倉庫営業者は、受寄物の出庫の時に保管料の支払を請求でき（商618条本文）、一部出庫の場合は、出庫の割合に応じて支払を請求できる（商618条ただし書）。しかし、倉庫寄託約款によれば、保管期間満了時に保管料を支払うことになっており（約款20条2項）、実務では、さまざまなタイプの約定が行われているという[13]。

保管料の支払義務者は寄託者であるが、過去の判例の中には、倉荷証券に保管料等を支払う旨の記載がある場合には、第三者が裏書譲渡により当該証券を取得したときは、その所持人が費用支払の債務を引受けるという意思の合致があると判示したものがある（最判昭和32年2月19日民集11巻2号295頁〔百選107事件〕）。

寄託者の返還請求により保管期間満了前に寄託契約が終了したときは、倉庫営業者は、その保管の期間に応じて保管料の支払を請求できる（民665条・648条）。

なお、約款上、倉庫営業者は、受寄物が滅失した場合でも、滅失までの保管料やその他の費用を寄託者に請求することができる（約款51条〔ただし、滅失につき倉庫営業者の責めに帰すべき事由がある場合を除く〕）。

倉庫営業者は、受寄物について輸入税や保険料等の立替金その他の費用を支出したときはその償還を請求できる（民665条・650条）。

[2] 留置権・先取特権

保管料の支払や費用償還請求権等につき、倉庫営業者は、受寄物に対し民商法上の留置権（商521条、民295条1項）を有し、また、動産保存の先取特権（民311条4号・320条）を行使することもできる。この他、質入証券の所持人のために寄託物を競売したときは、その競売代金につき先取特権を有する（商611条）。

[3] 供託権・競売権

寄託者または預証券の所持人が、寄託物の受取を拒みまたは受け取ることができない場合には、商法524条の規定が準用される。したがって、上記のような場合、倉庫営業者は、受寄物を供託し、または相当の期間を定め催告した後に当該受寄物を競売することができる（商624条1項前段）。競売代金については、寄託者または預証券（もしくは倉荷証券）の所持人のために保管され、質入証券の所持人の権利は競売代金の上に存在する（商624条1項後段）。

なお、約款によれば、受寄物の価格が保管料その他の費用および競売費用の合計額に満たないとき、または、受寄物の損廃のおそれがあるときに限り、倉庫営業者の任意売却権が認められている（約款31条）。

E 倉庫営業者の責任
[1] 債務不履行に基づく損害賠償責任

前述のように、倉庫営業者は、寄託者からの受寄物を善良なる管理者の注意をもって保管しなければならないことから、自己またはその使用人が受寄物の保管に関し注意を怠らなかったことを証明できなければ、受寄物の滅失または毀損につき損害賠償責任を負わなくてはならない（商617条）。この規定は、倉庫営業者の過失責任を定めたもので、かつその無過失の証明責任を倉庫営業者に負わせたものである[14]。

上記の受寄物の滅失とは、物理的滅失に限らず、広く受寄物の返還不能の場合（盗難や倉庫証券との引換によらない受寄物の引渡しなど）も含まれる。返還不能な場合、倉庫営業者は、寄託者が当該受寄物の所有者か否かを問わず、当該寄託者に対し当該受寄物の価格に相当する金額の損害賠償責任を

負うのが原則とされている（大判大正8年3月28日民録25輯581頁）。

なお、過去の判例の中には、寄託者が受寄物の所有者でなく真の所有者への返還義務を負う者であり、かつ当該受寄物が真の所有者の手元に戻ったことで上記義務を免れるとの事情が存する場合には、寄託者に損害が生じていないことから、寄託者は倉庫営業者に対し損害賠償責任を請求することができないとしたものがある（最判昭和42年11月17日判時509号63頁〔百選105事件〕）。

[2] 免責特約

上述の商法617条は任意規定であることから、損害賠償責任を免除または軽減する免責特約を設けることが可能である。この点、約款では、損害が倉庫営業者またはその使用人の故意または重過失により生じたことを寄託者側が証明しない限り、倉庫営業者は賠償の責めを負わない旨を定めている（約款38条）[15]。こうした免責特約が置かれる理由としては、①倉庫営業者の寄託物検査権が限定され、他方で寄託者の点検・保存行為が許容されていること、②保管料の低廉化の要請があること、③寄託者が企業であり取引を熟知していることなどが挙げられるという[16]。

過去の裁判例の中には、倉庫寄託約款が行政庁の監督に服する点を考慮して、約款38条を有効と解したものがある（東京地判昭和41年3月28日判時440号52頁などを参照）。

[3] 責任の消滅

倉庫営業者の責任については、寄託者が留保することなく寄託物の返還を受け取り、保管料その他の費用を支払ったときに消滅する（商625条・588条1項本文）。また、寄託物の消滅・毀損による倉庫営業者の責任は、出庫の日から1年を経過したとき、寄託物の全部滅失の場合は、倉庫営業者が預証券や倉荷証券の所持人、または寄託者対しに滅失の通知を発した日から1年を経過したときに、それぞれ時効により消滅する（商626条1項2項・627条2項）。ただし、倉庫営業者に悪意がある場合には、その責任は消滅しない（商626条3項）。

こうした定めは、物品運送人の場合と同様であるが、倉庫営業者の責任

については、損害賠償額に関する特則がない点で、物品運送人の場合と異なる[17]。

F 倉庫証券
[1] 倉庫証券の意義
　倉庫証券とは、倉庫営業者が寄託者からの請求により受寄物について発行する有価証券のことをいう。倉庫証券は、倉庫に保管した物品をそのまま譲渡したり債権を設定したりするために発行されるもので、運送取引時に利用される船荷証券等と類似する。

　倉庫証券には、預証券、質入証券、倉荷証券があり、倉庫営業者は、寄託者の請求によりこうした証券を交付しなければならない（商598条・627条1項）。

　倉庫証券に関する立法主義として、①寄託物の譲渡および質入のため、預証券と質入証券の双方を発行する複券主義と、②預証券や質入証券に代えて倉荷証券のみを発行する単券主義とがある。しかし、現在、倉庫証券として発行されているのは倉荷証券のみであり、預証券や質入証券はまったく利用されていないという[18]。倉荷証券については、預証券に関する規定が準用される（商627条2項）。

　なお、倉庫証券も船荷証券と同様に、物権的効力や債権的効力を有する（詳細は、第Ⅱ編3章2節参照）。

[2] 倉荷証券の法的性質
　倉荷証券は、倉庫営業者に対する寄託物引渡請求権を表章する要式証券であり（商627条2項・599条）、法律上当然の指図証券であり（商627条2項・603条1項）、受戻証券である（商627条2項・620条）。

　倉荷証券所持人は、必要な費用を負担して寄託物を分割し、各部分に対応する数通の倉荷証券を旧券と引換えに交付することを請求できる（商601条）。なお、分割した受寄物のどの部分をどの証券所持人に引き渡すかについては、倉庫営業者が決定権を留保している（約款15条）。

　倉荷証券の記載事項は、①受寄物の種類・品質・数量、荷造の種類、個数、記号、②寄託者の氏名または商号、③保管の場所、④保管料、⑤保管

期間を定めたときはその期間、⑥受寄物を保険に付したときは保険金額、保険期間および保険者の氏名または商号、⑦証券の作成地および作成年月日、倉庫営業者の署名等である（商627条2項・599条）。

倉荷証券が作成されたときは、寄託に関する事項は、倉庫営業者と証券所持人との間においては、当該証券に記載された文言によって決定される（文言証券性〔商602条〕）。他方で、倉荷証券は、倉庫寄託契約に基づく寄託物引渡請求権を表章する要因証券であることから、寄託物の受取りのない空券の場合や、受け取った寄託物が証券記載のものとは異なる品違いの場合につき、倉庫営業者が証券所持人に対しどのような責任を負うのかという問題が生じる。判例は、品違いのケースにつき、倉庫営業者は証券文言に従う責任を免れることができないと判示している（大判昭和11年2月12日民集15巻357頁）[19]。

なお、倉荷証券は、倉庫寄託中の物品の処分（譲渡・質入）を容易にするための制度であるが、今日、実際に倉荷証券が利用されているのは、商品取引所の上場商品の受渡しなどに限られているという[20]。

[3] 荷渡指図書

商法上の制度ではないが、実務では、倉庫証券に代わり荷渡指図書（「荷渡依頼書」という言葉が使われることもある）が利用されることが多い。

荷渡指図書には、①寄託者が倉庫営業者に宛てて物品の引渡しを依頼するもの、②寄託者が倉庫営業者宛てに物品の引渡しを依頼する書面に倉庫営業者が承諾の意思表示（副署）をするもの、③倉庫営業者がその履行補助者に物品の引渡しを依頼するものなどがある。このうち、①と②は他人宛の荷渡指図書であり、③は自己宛のものである。また、荷渡指図書の証券的性質については、①は一種の免責証券であると解され、②と③は、寄託物の返還請求権を表章する有価証券であると解されている[21]。

なお、荷渡指図書については、物権的効力を認める法規定や商慣習がないことから、当該効力が否定されるという[22]。ただし、荷渡指図書に物権的効力が認められないとしても、荷渡指図書の呈示により、指図による占有移転（民184条・192条・545条1項ただし書などを参照）が生じたものと認められるか否かについては、別問題とされている。この点、判例は、荷渡指図

書の呈示のみでは、指図による占有移転は認められないものの、倉庫営業者が当事者の意思を確認して寄託者台帳の名義を変更することで、物品の引渡しの完了とするような商慣習が認められる場合には、指図による占有移転が生じるとしている（最判昭和 57 年 9 月 7 日民集 36 巻 8 号 1527 頁〔百選 56 事件〕）[23]。

注）

1) 「他人の物品」とは、保管に適する一切の動産（金銭や有価証券等を含む）をいう。
2) 標準倉庫寄託約款も含め、倉庫業に関わる法規制の詳細については、カッコ内の国土交通省のウェブ・サイト http://www.mlit.go.jp/seisakutokatsu/freight/butsuryu05100.html）を参照されたい。
3) 森本滋編『商行為法講義』（成文堂、第 3 版、2009）199 頁以下〔戸田暁〕。
4) 大隅健一郎『商行為法』（青林書院新社、1967）173 頁、西原寛一『商行為法』（有斐閣、第 3 版、1973）354 頁など。
5) 江頭憲治郎『商取引法』（弘文堂、第 6 版、2010）363 頁。なお、約款 1 条、8 条、10 条、11 条を参照。
6) トランクルームサービスの実態については、国土交通省が平成 17 年に行った『トランクルームサービスの実態に関する調査 2005』（http://www.mlit.go.jp/kisha/kisha06/01/010619_.html で閲覧可）を参照。
7) 森本編・前掲注 3）201 頁〔戸田〕。ただし、約款 18 条では、やむを得ない事由が存すれば、寄託者または証券所持人の承諾なしに、倉庫営業者の費用で、受寄物を他の業者に再保管させ得る旨定める。
8) 大隅・前掲注 4）171 頁以下。
9) 森本編・前掲注 3）202 頁〔戸田〕。
10) 約款では、この期間が 3 カ月と定められているが（約款 20 条 1 項）、寄託者が希望する限り保管期間の更新が行われるのが通常であるという（江頭・前掲注 5）366 頁）。
11) 大隅・前掲注 4）171 頁以下。
12) 江頭・前掲注 5）368 頁。
13) 詳細は、江頭・前掲注 5）370 頁を参照。
14) 田邊光政『商法総則・商行為法』（新世社、第 3 版、2006）318 頁。本規定は、物品運送人の場合（商 577 条）と同様に、債務不履行責任に関する民法の一般原則を注意的に具体化したものと解されているが、こうした見解に対しては、疑問も呈されているという（森本編・前掲注 3）204 頁〔戸田〕を参照）。
15) ただし、標準トランクルームサービス約款については、消費者保護の見地から商法 617 条と同趣旨の規定が置かれているという（森本編・前掲注 3）204 頁〔戸田〕）。
16) 江頭・前掲注 5）368 頁。なお、約款 38 条に対しては、寄託者の権利を不当に制約するもの

であるとして、批判もなされている（詳細は、小塚荘一郎「倉庫業者と運送ターミナル・オペレーターの責任」小塚荘一郎・高橋美加編『落合誠一先生還暦記念・商事法への提言』〔商事法務、2004〕665 頁以下を参照）。

17) 森本編・前掲注 3) 205 頁〔戸田〕。なお、賠償額の算定方法につき、江頭・前掲注 5) 369 頁を参照。
18) 江頭・前掲注 5) 372 頁。
19) なお、倉庫営業者が文言証券性に基づく責任を免れるため、証券記載の物品の内容の記載に不知文言を入れることがある。過去の判例の中には、証券上に不知文言を記載した場合の効力につき、受寄物の内容を検査することが容易でなく、または検査するとその品質・価格に影響を与えることが明らかな限りにおいて、有効と認めたものがある（最判昭和 44 年 4 月 15 日民集 23 巻 4 号 755 頁〔百選 106 事件〕）。
20) 江頭・前掲注 5) 74 頁。
21) 森本編・前掲注 3) 216 頁〔戸田〕。なお、荷渡指図書の法的性質につき、落合誠一「荷渡指図書の性質と効力」北沢正啓・浜田道代編『商法の争点 II』（有斐閣、1993）304 頁以下。
22) 森本編・前掲注 3) 216 頁〔戸田〕。
23) 詳細は、江頭・前掲注 5) 18 頁以下を参照。

エクササイズ

【問題】 次の各文章の正誤を答えなさい。

(1) 倉庫営業者は、寄託者から報酬を受ける場合にのみ、善良なる管理者としての注意をもって受寄物を保管する義務がある。
(2) 寄託者が、寄託物の受取を拒みまたは受け取ることができない場合には、倉庫営業者は寄託物を供託することができる。
(3) 倉庫営業者は、寄託者が受寄物の所有者か否かを問わず、寄託者に対し損害賠償責任を負う。

2 場屋取引

> **ポイント**
>
> 本節では、まず場屋営業の意義や場屋営業者に対する法的規制について述べた上で、場屋を利用する客が自己の携帯品を場屋営業者に預けた場合とそうでない場合とにおける場屋営業者の責任について説明する。さらに、客が高価品であることを告げずに場屋営業者に預けた物品が滅失・毀損した場合、当該物品に関し場屋営業者が全額を賠償する責任があるのか否かについても取り上げる。

A 場屋営業の意義

場屋営業(ないしは場屋取引)とは、客の来集を目的とする人的・物的設備を備えて、公衆の需要に応じる取引(商502条7号)のことであり、こうした取引を反復・継続的に行う場屋営業者は商人となる(商4条1項)。

商法では、場屋営業として、旅店、飲食店、浴場を例示するが、映画館、劇場、パチンコ店、ゲームセンター、遊園地、ボウリング場、ゴルフ場なども含まれると解されている[1]。

過去の判例の中には、美容院などの理髪業につき、当該業者と客との間には理髪という単なる請負または労務に関する契約があるにすぎず、設備の利用を目的とする契約が存在しないことから、理髪業は場屋取引に該当しないとしたものがある(大判昭和12年11月26日民集16巻1681頁)。しかし、通説は、理髪業についても飲食店との類似性があることや、客の来集を待ちサービスを提供する点に場屋取引の主眼があることなどを指摘し、判例の立場に反対している[2]。

場屋営業の範囲につき、学説の中には、病院・図書館・博物館などの学術的・技術的施設が営業行為を行えば、場屋営業に含まれると解する見解がある[3]。しかし、たとえば、医師による医療行為には商行為性がないと解されていることから[4]、病院などの学術的・技術的施設による行為が場屋取引に該当するのか否かも含め、場屋営業の限界・判断基準を解明する

必要があるように思われる（後掲・コラム「民法改正と場屋営業」を参照）[5]。

B　場屋営業者に対する法的規制
[1] 商法上の規制
　商人は一般に、その営業の範囲内において寄託を受けたときには、無報酬であっても、善良なる管理者の注意をもって受寄物を保管する義務を負う（商593条）。民法では、無償寄託の受寄者は、自己の財産における場合と同一の注意をもって受寄物を保管すれば足りるが（民659条）、商法では、商人の信用を重んじる趣旨から、その責任をより厳格にしている。したがって、場屋営業者についても、厳格な寄託責任が負わされるのである（商594条～596条）。

[2] 行政的規制
　場屋営業については、行政的規制に服することがある。その多くは、一般公衆の生活との密接な関係に鑑み、衛生・風紀などの見地から規制がなされているが、業種横断的な規制法から対象業種を絞るものまで幅広く存在する。主な行政法規としては、①生活衛生関係営業の運営の適正化及び振興に関する法律、②食品衛生法、③風俗営業などの規制及び業務の適正化等に関する法律、④興行場法、⑤旅館業法、⑥国際観光ホテル整備法、⑦公衆浴場法がある。
　こうした法律は、場屋営業に関する私法的法律関係を規制したものではないが、事業者間の約款に関する規律やサービス提供の義務付けなどにより、当事者間の法律関係に業法的な規律を及ぼしている[6]。

C　場屋営業者の責任
[1] 寄託を受けた物品に関する責任
(1) 寄託を受けた物品
　商法では、場屋営業者は、客から寄託を受けた物品の滅失または物品の毀損について、それが不可抗力により生じたことを証明しない限り、損害賠償責任を免れることができないと規定している（商594条1項）。本規定は、場屋営業者の責任を加重することで、来集する客が安心して場屋を利用で

きるようにしたものである。

この場屋営業者の責任に関する規定は、ローマ法のレセプトゥム（receptum）責任を踏襲したものといわれる[7]。ローマ法では、運送人や旅館・駅舎などの主人は、受け取った運送品や客の携帯品を安全に保管して返還すべき義務を負い、その滅失・毀損による損害については、受領という事実のみによって法律上当然に結果責任を負うことになっていた。その後、不可抗力や寄託物自体の瑕疵、客の過失などがあった場合には、例外的に責任が免除されることが認められるようになった。現在、わが国の商法では、場屋営業者についてのみ、レセプトゥム責任が踏襲されているという（運送人や倉庫営業者の責任については、過失責任とされている）[8]。

場屋営業者の責任は、客から寄託を受けた物品についてのものである。したがって、客から物品の引渡しを受け、場屋営業者が占有していることが要件とされる[9]。物品の寄託が問題とされた事案としては、以下のものがある。

XとY（旅館の経営者）との間で宿泊契約が締結された際に、Xが自己の所有する自動車の保管をYに依頼し、Yも自動車の鍵を預かることによって当該自動車を支配下に置いて保管したことから、寄託が成立すると解したもの（東京地判平成8年9月27日判時1601号149頁。大阪高判平成12年9月28日判時1746号139頁なども参照）、ゴルフ場において、プレーを終了した客のキャディバックをキャディがバック置場に運び去ったことは、ゴルフ場側がバック（および道具一式）を保管したことになるため、寄託が成立するとしたもの（名古屋地判昭和59年6月29日判タ531号176頁）などがある。

一方、Xの従業員Aが、Yの運営する保養センターの前庭に、Xの保有する自動車を駐車・錠をしたものの、自動車の鍵自体はA自身が保管して宿泊していたことから、当該自動車がYの支配下に移転していなかったとして、寄託契約の成立を否定した裁判例もある（高知地判昭和51年4月12日判時831号96頁）。

(2) 不可抗力の意義

商法594条1項には、「不可抗力」について何ら定義がなされていない。そのため、不可抗力の解釈をめぐっては、以下のような見解が主張されてきた。

第1説（主観説）は、営業の性質に従って最大限の注意をしていても避けることのできない危害であると主張する[10]。この見解に対しては、軽過失（通常の注意）と最軽過失（最大の注意）との区別が難しいとの批判がなされている[11]。

　第2説（客観説）は、特定の営業の外部から発生した出来事で、通常その発生を予期しえないものであると主張する[12]。この見解に対しては、外部からの発生は予期できるものの、それを防止することが技術的・経済的に困難な場合にまで営業者に責任を負わせることは酷である、との批判がなされている[13]。

　第3説（折衷説）は、特定の営業の外部から発生した出来事で、通常必要と認められる予防手段を尽くしても、その発生を防止することができない危害であると主張する[14]。この折衷説によれば、「外部から発生した出来事」とは、営業者の組織体以外の原因から生じたものをいい、天災などの自然現象や戦争などの人為的出来事の双方を含むものと解する。また、「通常必要と認められる予防手段」については、各々の営業の性質に従って、客観的・抽象的に決定されるべきものであり、営業者の主観的事情は考慮されないという。この折衷説が、通説とされている。

　商法594条1項の不可抗力が問題となった事例として、以下のものがある。

　XがYの経営する旅館に宿泊したところ、旅館前の前面にある丘陵が70年ぶりの集中豪雨により崩落し、旅館前に駐車してあったX所有の自動車が土砂に埋まり破損したため、XはYに損害賠償を請求した。裁判所は、XがY側に自動車の鍵を預けたことに対し寄託契約が成立することを認めた上で、丘陵部分に何らかの土留め設備が設けられていれば、崩落事故は生じなかった可能性があり、また、旅館の従業員が迅速に自動車の移動などを行っていれば損害を防止できたと認定して、Yの主張する不可抗力を退けた（前掲・東京地判平成8年9月27日）。

　この裁判例は、折衷説の立場を採用しているようであるが、同説の主張する「通常必要と認められる予防手段」につき、丘陵部分の土留め設備を設置したことだけでなく、被害防止のために旅館側が迅速に対応（自動車の移動など）していたか否かについても考慮している点に留意する必要がある。

[2] 寄託を受けていない物品に関する責任

　場屋営業者は、客から寄託を受けていない物品であっても、場屋中に携帯した物品が、自己またはその使用人の不注意により滅失または毀損した場合には、損害賠償責任を負わなくてはならない（商594条2項）。この責任は、不法行為に基づく責任ではなく、場屋の利用関係に基づく付随的な法定責任であると解されている[15]。また、「不注意」とは過失を意味し、過失の証明責任は客側にある。

　客が場屋中に携帯した物品である限り、室内に置いていたか身辺に携帯していたかは問われない。また、「使用人」とは、場屋営業に従事するすべての者をいい、営業主との雇傭関係の有無が問われない。したがって、場屋営業者の家族も含まれると解されている[16]。

　商法594条2項が問題となった裁判例として、以下のものがある。

　Yの運営するゴルフ場の利用客であるXは、クラブハウス内の貴重品ロッカーに現金・キャッシュカードなどの入った財布を保管したところ、不審者がロッカー付近にあらかじめ設置していた盗撮用カメラでロッカーの入力番号を録画して暗証番号を判読し、Xのプレー中にロッカーを開扉して現金とキャッシュカードを盗取した上、そのカードを使って銀行のATMから現金を引き出した。そこで、被害者であるXは、Yには場屋営業者としての責任があるとして損害賠償を請求した。

　本件事案に対し、裁判所（東京高判平成16年12月22日金法1736号67頁）は、①貴重品ロッカーの使用は利用客の判断に委ねられている点を指摘しつつ、本件では、Yはロッカー内の内容物を把握しておらず、Xから財布などを受け取ったとはいえないことから、商法593条の寄託契約は成立せず、善管注意義務を負わない、②寄託契約が成立しない以上、Yは商法594条1項の責任を負うこともない、③Yは、ロッカーをカウンターないしフロントから見通せる位置に設置し、クラブハウスの入口で入場者の人相、風体、挙動などから不審者の出入りをチェックし、また、本件ロッカーの扉や施錠などに異常がなく正常に機能しているかどうかを毎日点検し、ロッカーの番号入力装置のカバー部分には、盗難防止のため暗証番号の盗用に注意するよう警告するシールを貼付していたのであるから、注意義務に違反しない、と判示した（なお、本件の第一審判決（東京地判平成16年5月24日金法1724

号58頁）は、X・Y間の寄託契約の成立を認めつつ、Yが債務不履行責任を負う旨判示している）。

　一方、やはりゴルフ場の貴重品ロッカーに盗撮用ビデオを取付けてキャッシュカードを盗取し、銀行から現金が引き出された事案につき、裁判所（秋田地判平成17年4月14日金判1220号21頁）は、商事寄託契約の成立を否定しつつも、①ゴルフ場側が、「貴重品ロッカー」と銘打ってロッカーを設置したのであるから、ロッカー自体の安全を維持確保する義務を負うことは当然であること、②ロッカーが窃盗犯の目標になりやすいこと、③警備の程度が通常とられるべき水準に達していなかったこと、などから、ゴルフ場側に対し商法594条2項の不注意があったことを認めた。

　上記二つの裁判例は、客の貴重品ロッカーの使用に対しては、ゴルフ場側の寄託契約の成立を否定しているものの、ゴルフ場側に、ロッカーなどを含めた施設内の管理に不注意が存した場合には、客に対する損害賠償責任が問われる旨判示しているといえよう[17]。

[3] 免責特約

　商法594条1項および2項は任意規定であるので、場屋営業者が客との間で特約を結べば、その責任の軽減ないしは免除を受けることができる。しかし、場屋営業者が、客の携帯品につき責任を負わない旨を一方的に告示しただけでは、免責の特約は成立せず、当該営業者の責任が免除されるわけではない（商594条3項）[18]。

　また、場屋営業者またはその使用人に故意または重大な過失がある場合にも、当該営業者の責任が免除されるような特約は、公序良俗（民90条）に反し無効であると解されている[19]。

D　高価品の特則

[1] 商法595条の趣旨

　貨幣・有価証券その他の高価品については、客はその種類および価格を明告して場屋営業者に寄託したのでなければ、当該営業者に対して物品の滅失または毀損による損害賠償責任を追及することができない（商595条）。本規定は、客から寄託に際して高価品について明告があれば、場屋営業者

は特別に注意をして物品を管理したであろうし、明告がなかったがために、場屋営業者が後に多額の損害賠償責任を負うことは酷である点を考慮したものである[20]。

場屋営業者は、客が寄託しない高価品については、商法 594 条 2 項の責任を負わず、また、客が寄託した高価品についても、その明告がなければ、商法 594 条 1 項の責任を負わない。しかし、客からの明告がなくても、場屋営業者が高価品であることを知っていた場合には、免責されないと解される[21]。

商法 595 条が問題とされた裁判例としては、ホテル側が自動車の車種や概ねの価額を知っていたことから、商法 595 条の責任を免れることができないとしたものがある（前掲・大阪高判平成 12 年 9 月 28 日）。このほか、①クラブハウス内のロッカーの上に、「貴重品ロッカー」との文言が掲げられていたこと、②ロッカーに貴重品を預けることを勧める旨の張り紙がなされていたこと、③ボックスの大きさから、財布が預けられることが多いことは容易に想像されること、④財布には通常、キャッシュカードや現金が入っていること、などの事情を考慮した上で、ゴルフ場側には高価品の認識があったとして免責されないとしたものもある（前掲・秋田地判平成 17 年 4 月 14 日）。

なお、商法 595 条自体に関してではないが、ホテル側の作成した高価品の免責特則（宿泊約款）の効力が問題となった事案（ホテル側の不法行為責任が追及された）につき、最高裁は、「本件特則は、宿泊客が、本件ホテルに持ち込みフロントに預けなかった物品、現金及び貴重品について、ホテル側にその種類及び価額の明告をしなかった場合には、ホテル側が物品等の種類及び価額に応じた注意を払うことを期待するのが酷であり、かつ、時として損害賠償額が巨額に上ることがあり得ることなどを考慮して設けられたものと解される。このような本件特則の趣旨にかんがみても、ホテル側に故意又は重大な過失がある場合に、本件特則により、Y（筆者注：被上告人）の損害賠償義務の範囲が制限されるとすることは、著しく衡平を害するものであって、当事者の通常の意思に合致しないというべきである。したがって、本件特則は、ホテル側に故意又は重大な過失がある場合には適用されないと解するのが相当である」と判示している（最判平成 15 年 2 月 28 日判

時1829号151頁〔百選108事件〕)。

[2] 不法行為責任との関係

　商法595条は、寄託契約上の債務不履行責任に関する規定ではあるが、場屋営業者が自己または使用人の故意・過失により物品を滅失・毀損した場合には、所有権の侵害として不法行為責任の要件を備えることも考えられる。

　この問題に対し、通説・判例は、不法行為責任と債務不履行責任との関係について請求権競合説の立場をとっており、不法行為責任については、商法595条が適用されないと解しているが(大判昭和17年6月29日新聞4787号13頁)[22]、この見解に対しては、高価品に関する免責を定めた意味がなくなってしまうとして批判がなされている[23]。

　このほか、契約法の規定と不法行為法の規定とは特別法と一般法の関係に立ち、契約責任の場合には厳格な債務不履行責任が課され、不法行為責任が排除されると解する法条競合説も主張されている(現在の有力説である)[24]。

　商法595条と不法行為責任との関係については、運送人の場合と同様に論じられることが多いので、そこでの叙述に譲りたい(第Ⅱ編3章1節を参照)。

E　場屋営業者の責任の短期消滅時効

　場屋営業主の責任が厳格であることから、その軽減をはかるため、商法には短期消滅時効に関する定めが置かれている。すなわち、①場屋営業主が物品を客に返還し、または客が携帯品を持ち去ってから1年の経過により時効消滅する(商596条1項)。また、②物品が全部滅失した場合、客が場屋を去ってから1年が経過すると場屋営業主の責任は消滅する(商596条2項)。

　ただし、場屋営業主が悪意であったときには、短期消滅時効に関する規定は適用されず(商596条3項)、一般の商事時効の原則により、5年の時効によって消滅する(商522条)。ここでの「悪意」とは、客の物品の滅失または毀損が、場屋営業者またはその使用人の故意により生じたか、あるいはこれらの者が故意に滅失または毀損を隠匿した場合を意味すると解されている[25]。

コラム　民法改正と場屋営業

　近時、債権法を中心に民法の改正作業が進められているが、その中で、場屋営業者の寄託責任（商594条以下）についても議論がなされているという。民法学者を中心とする研究グループ「民法（債権法）改正検討委員会」（以下、「検討委員会」とする）によれば[26]、商法594条の責任主体の対象が相当広いことから、諸外国の法制を参考にしつつ、その対象を宿泊役務提供者に限定することを提案している。

　さらに、検討委員会は、宿泊客がその施設内に持ち込んだ物品に対する宿泊役務提供者の責任に関し、寄託を受けた物品の責任については、商法594条1項を維持しつつ、商法595条の高価品の明告のない場合の免責については、①宿泊役務提供者が高価品の明告を宿泊客に求めたこと、②明告がなかった場合であっても、1日あたりの宿泊料の［○○倍］に相当する額を限度として責任を負う旨の提案を行っている。

　また、寄託を受けなかった物品の責任については、商法594条2項を維持する案と、寄託を受けなかった物品についても責任を負うとする案とが提示されている。なお、寄託を受けない宿泊客の高価品について明告がない場合には、宿泊役務提供者の故意または重大な義務違反がある場合を除き、1日あたりの宿泊料の［○○倍］に相当する額を限度として責任を負う旨の提案がなされている。

　このように、場屋営業者の対象範囲を宿泊役務提供者に絞ったり、客に対する賠償額に制限を設けたりと、検討委員会の提案に対しては、今後もさまざまな議論が展開されるものと思われる[27]。

注)

1) 近藤光男『商法総則・商行為法』（有斐閣、第5版、2006）237頁以下、田邊光政『商法総則・商行為法』（新世社、第3版、2006）331頁以下など。なお、ゴルフ場につき、後出（C [2]）の東京高判平成16年12月22日金法1736号67頁などを参照。
2) 大隅健一郎『商行為法』（青林書院新社、1967）167頁、西原寛一『商行為法』（有斐閣、第3版、1973）82頁など。
3) 西原・前掲注2) 81頁。

4) 詳細は、森本滋編『商法総則』（成文堂、第3版、2007）35頁〔洲崎博史〕を参照。
5) 森本滋編『商行為法講義』（成文堂、第3版、2009）186頁〔戸田暁〕。なお、ガソリンを給油後ガソリンスタンドに数時間自動車を駐車していた客の自動車が盗まれた事案につき、客が単にスタンド内に自動車を駐車する行為は、スタンド側にとっては営業と関連しないものであるとして、商法594条2項の適用を否定した裁判例がある（東京高判平成14年5月29日判時1796号95頁）。
6) 詳細は、森本編・前掲注5) 188頁〔戸田〕を参照。
7) 西原・前掲注2) 412頁、平出慶道『商行為法』（青林書院、第2版、1989）615頁など。
8) 平出・前掲注7) 615頁。
9) 田邊・前掲注1) 333頁。
10) 第1説につき、戸川成弘「場屋主人の責任——商法594条1項の不可抗力の意義について」浜田道代・原秀六・小林量・坂上真美・中東正文編『現代企業取引法』（税務経理協会、1998）114頁以下を参照。
11) 田中誠二・喜多了祐・堀口亘・原茂太一『コンメンタール商行為法』（勁草書房、1973）515頁。
12) 田中ほか・前掲注11) 515頁。
13) 平出・前掲注7) 616頁。
14) 石井照久・鴻常夫『商行為法』（勁草書房、1978）191頁、平出・前掲注7) 616頁、黒沼悦郎「商法594条の『不可抗力』の意義」北沢正啓・浜田道代編『商法の争点Ⅱ』（有斐閣、1993）255頁ほか多数。
15) 大隅・前掲注2) 168頁、西原・前掲注2) 413頁など。
16) 大隅・前掲注2) 169頁、西原・前掲注2) 413頁など。
17) このほか、貴重品ボックスの利用が（本件では、会員の財布がボックスから盗取されたことが問題とされた）、会員とスポーツクラブ運営会社との間で結ばれる会員施設利用契約の一部に含まれるとした上で、施設内の安全管理義務を怠った運営会社の契約責任が認められた裁判例（東京地判平成17年5月19日金判1220号10頁）がある。
18) もっとも、こうした告示には、客に自らの携帯品保管に関する注意を促す趣旨が認められることから、損害賠償額の算定にあたって過失相殺が認められる原因になるとの指摘がある（弥永真生『リーガルマインド商法総則・商行為法』〔有斐閣、第2版、2006〕166頁・注4）。
19) 森本編・前掲注5) 194頁〔戸田〕。その他、場屋営業者と客との取引が消費者契約に基づく場合には、消費者契約法の適用も問題となろう。
20) 土橋正「場屋営業」酒巻俊雄・栗山徳子編『商法総則・商行為法』（成文堂、2005）356頁。商法595条の趣旨は、運送人の責任の場合（商578条）と同じである（第Ⅱ編3章1節を参照）。
21) 平出・前掲注7) 620頁、森本編・前掲注5) 193頁〔戸田〕など。
22) 田中ほか・前掲注11) 515頁、田邊・前掲注1) 336頁など。
23) 大隅・前掲注2) 169頁、西原・前掲注2) 413頁など。

24) 大隅・前掲注2) 142頁、西原・前掲注2) 305頁など。
25) 森本編・前掲注5) 196頁〔戸田〕。
26) 詳細は、民法（債権法）改正検討委員会編「債権法改正の基本方針」NBL 904号386頁以下（2009）を参照。
27) 委員会の提案を商法の研究者が検討したものとして、山下友信「運送営業・倉庫営業・場屋営業」NBL 935号58頁（2009）を参照。

エクササイズ

問題 次の各文章の正誤を答えなさい。

(1) 客から寄託を受けた物品の全部滅失に関する責任は、客が場屋を去ってから1年を経過したとき、時効により消滅する。

(2) 客が物品を場屋営業者に寄託するにあたり、その種類や価額などが高価品であることを明告しなかった場合でも、場屋営業者は、その物品の滅失・毀損によって生じた損害を賠償する責任を負う。

(3) 客の携帯品について、損害賠償責任を負わない旨を告示したとしても、場屋営業者は免責を受けることができない。

第5章 保険取引

アウトライン

　商取引にはリスクがつきものである。転売を意図した商品が、売れずに損を出すこともあろうし、輸送中に事故に遭い、商品が滅失することも考えられる。前者のリスクを投機リスク、後者のリスクを純粋リスクという。
　100％の確率で利益の上がる取引などありはしない。投機リスクは商取引において不可避である。一方、純粋リスクは、問題となる事象の発生を確率的に把握でき、あらかじめ各人が見合った資金を拠出して、万一の場合に備えておくことができる。保険とはそのための制度である。
　第1節「保険取引の基本構造」では、保険制度の意義と機能について、第2節「生命保険取引」では、生命保険の基本概念について、第3節「損害保険取引」では、損害保険の基本概念について、第4節「責任保険取引と第三分野保険」では、責任保険や傷害疾病定額保険の意義について、それぞれ検討する。

1 保険取引の基本構造

ポイント

経済主体がさらされている危険に対する善後策として保険が機能する。経済的制度である保険は保険契約という法制度を介して営まれており、保険監督法および保険契約法がその枠組を規律する。本節では、保険制度の構造および保険契約の法的性質を中心に解説する。

A 保険制度の機能と意義

[1] 保険制度の機能（危険への対応策）

経済主体は、事故の発生により財産が減少するという損害を被るとともに、それを回復させるために負担が発生することがあり、さまざまな危険にさらされている。危険対応策として、予防策、鎮圧策があり、損害が発生した後に善後策が講じられる。経済的な善後策として保険がある。

[2] 保険制度の基本原則[1]

(1) 大数の法則

火災、自動車事故、死亡などの出来事は各経済主体については偶然・不測の出来事であるが、同じ危険を有する多数の者についてみれば、発生する割合はほぼ一定している。この割合は大量の観察が可能であり、その数が大きいほど、数値が安定する。

(2) 給付反対給付均等の原則

保険制度は保険契約という法制度を介して営まれる。保険契約の当事者として保険金を支払う者を保険者（保険2条2号）といい、所定の保険料を事前に支払う者を保険契約者（同2条3号）という。保険料の額は、保険契約者につき、出来事の発生によって保険金を支払う可能性と危険の規模に応じて決まる。年間1000軒のうち2軒の住宅が全焼するとする（事故率）。住宅の価額を一律1000万円とすれば、保険料は2万円となり、一つの保険契約についてみれば、保険料＝保険金×事故率という式が成り立つ。

(3) 共通準備財産の形成（収支相等の原則）

　保険制度は単一の保険契約だけで成り立つものではなく、同じ危険を有する多数の者が加入し、保険料を共通準備財産として積み立て、加入者全員の危険に対応するように管理される。1000軒の家庭が1軒あたり年間2万円の保険料を支払えば、2000万円の共通準備財産が形成され、2軒の住宅が全焼したとしても、焼失した家庭は各1000万円を保険金として受け取ることができる。保険金と保険料の差額998万円は、同じ危険を有する者が支払った保険料を集めたものである。このように、保険を団体の視点でみると、保険契約者が支払う保険料の総額（収入）と、危険が具体化した人が受け取る保険金の総額（支出）とが等しくなるように算定され、保険料×加入者数＝保険金×保険金受領者数という式が成り立つ。

[3] 保険制度の意義

　保険では、危険が具体化した人に対して、共通準備財産に保険料を拠出した者が全員で危険を負担している。このように、保険は経済主体が有する個別危険を多数の者で分散する制度である。それゆえに、保険とは、火災、自動車事故、死亡、将来のリスクなどという危険を有する者が、所定の金銭（保険料）を拠出して共通準備財産を形成しておき、危険が具体化した人に対して、準備財産から必要な金銭（保険金）を支払う制度をいう。

B　保険の類型[2]

[1] 経済的見地を基準とする類型

　保険は、国や公共団体が引受主体となって、特別法に基づき全経済的見地から公的政策の実現手段として行われる公保険と、関係者の私経済的見地から運営される私保険とに大別される。私保険は、私人間の私的自治の原則に基づく保険であり、経営主体は私法人などであり、加入は任意である。

[2] 私保険の基本類型

(1) 損害保険・定額保険

　保険給付の違いによる分類である。損害保険とは、保険金の額が偶然の事故に起因する損害額に応じて決まる保険をいい（保険2条1号・6号・7号）、

定額保険とは、事故によって損害が生じたか否か、損害額等にかかわりなく、保険契約の締結時に約定された金額（定額）が保険金として支払われる保険をいう（同2条1号・8号・9号）。前者には、火災保険、自動車保険などの多くおよび傷害疾病保険の一部が、後者には、生命保険（同2条1号・8号）および傷害疾病保険（同2条1号・9号）の多くがある。

(2) 損害保険・生命保険・傷害疾病保険（第三分野の保険）

保険法および保険業法における分類である。保険法は、保険契約について、当事者の一方が一定の事由が生じたことを条件として財産上の給付を行うことを約し、相手方がこれに対して当該一定の事由の発生の可能性に応じたものとして保険料を支払うことを約する契約をいうと定義し（保険2条1号）、各保険契約の定義を明示している。すなわち、損害保険契約とは、保険者が一定の偶然の事故によって生じることのある損害をてん補することを約する保険契約をいい（同2条6号）、生命保険契約とは、保険者が人の生存または死亡に関し一定の保険給付を行うことを約するものをいい（同2条8号）、傷害疾病保険契約とは、保険者が人の傷害疾病によって生じることのある損害をてん補することを約するもの、または、保険契約のうち、保険者が人の傷害疾病に基づき一定の保険給付を行うことを約するものをいう（同2条7号・9号）。これに対して、保険業法は、損害保険、生命保険およびいわゆる第三分野の保険を定め、第三分野の保険は、傷害保険、疾病保険および介護保険からなる（保険業3条4項2号）。第三分野の保険は保険金の支払方法が損害てん補および定額給付のいずれでも可能であり、人に関する保険でもあるゆえに、損害保険および生命保険に共通する性質を有していることから、これらの保険とは別の保険として定められている。

C 保険法の法源[3]

[1] 保険法の意義

保険制度は、保険者および保険契約者を当事者とする保険契約を介して営まれる。それゆえに、保険契約者などを保護することによって、保険制度が円滑に運営されることが必要とされるので、保険者および保険契約を規律する法律として保険法が必要となる。

私保険に関する保険法は保険会社による保険に関する法律を意味する。

これには、取締法規である保険監督法と行為法規である保険契約法がある。保険監督法とは保険会社や共済組合などを規律する法律の総称をいい、保険契約法とは保険契約を規律する法律の総称をいう。この他に、商慣習法、保険約款も保険契約を規律し、これらが保険法の法源となる。

[2] 保険契約法
(1) 保険法・商法

保険法および商法第 3 編海商第 6 章保険がある。前者は陸上保険契約、後者は海上保険契約に関する規定である。保険法は 5 章からなる。

(2) 金融商品販売法

金融商品の販売等に関する法律（金販）が対象とする金融商品の販売の中に、保険業法の定める保険会社が保険者となる保険契約の締結が含まれるので、これらの保険契約の締結にはこの法律が適用される（金販 1 条・2 条 1 項 4 号・2 項～4 項・3 条～6 条など）。

(3) 民法・消費者契約法・民事手続法等

保険法および商法等に規定がない場合、民法の規定が適用される。民法第 1 編・第 3 編の規定の多くがこれに該当する。消費者契約法は、消費者が事業者との間で締結する消費者契約を巡る法律関係を規律するゆえに（消費契約 1 条・2 条）、個人が締結する保険契約に適用される。保険契約に関する手続法的な問題については、民事訴訟法、民事執行法、民事保全法、破産法、金融機関等の更生手続の特例等に関する法律、会社更生法をはじめとする倒産処理法が適用される。

(4) 保険業法

保険業法の規定のうち、保険募集人が保険募集につき保険契約者等に与えた損害をその者が所属する保険会社が賠償する旨を定めた規定（保険業 283 条）、保険契約の申込の撤回等（クーリング・オフ）を定めた規定（同 309 条）などは保険契約法の法源となる。保険会社の破たん処理に関して、生命保険会社の保険契約に基づく保険金請求権や解約返戻金請求権その他の保険契約者等の権利については、保険会社の総財産上に民法 306 条 1 号に次ぐ順位の先取特権がある（同 117 条の 2）。

(5) 保険約款（約款）

　約款は法令ではないが、保険契約を規律する法源となる。保険契約には、約款の規定が適用され、解釈基準として保険法等の規定が適用される。ところで、保険約款の条項が保険契約者側にとり不利であることから不当であるとされる場合、裁判所の解釈によって不当性を除去することがある。

　最判平成 5 年 3 月 30 日民集 47 巻 4 号 3384 頁では、火災保険の目的物の譲渡に関して保険者への通知義務が保険契約者等に課され、それが履行されなかった場合には保険者は免責されるとする約款条項について、目的物の譲渡は危険を変更・増加する可能性のある事実であるから、保険者には、譲渡につき保険契約者等に通知義務を課すことにより、譲渡が危険を変更・増加したか否かなどについて検討する機会を留保する正当な利益があり、このことは、通知義務が未履行のうちに保険事故が発生した場合には保険者は免責されるという効果を伴って目的を達成できるものであり、この旨を定めた約款条項は相当であるが、それは、売買契約等によって目的物の所有権が移転する場合には、代金の完済等がされないため約定期日に所有権移転の効果が発生しないこともあり、所有権移転につき事前に通知することを要求するのは保険契約者等に対して困難を強いる結果となるからであると判示されている。

　最判平成 9 年 3 月 25 日民集 51 巻 3 号 1565 頁では、保険者による保険金の支払時期に関する約款条項について、損害がてん補されないまま日時が経過するときは、被保険者の損害が拡大するおそれがあることから、保険者の損害てん補義務は、損害発生後、遅滞なく履行されることが期待されており、保険契約者等が調査を妨害したなど特段の事情がある場合を除き、保険金支払時期の延伸について保険会社が責めを負わないという結果を是認すべき合理的理由はないと判示されている[4]。

[3] 保険監督法
(1) 保険業法

　保険業法は、保険会社が営む保険業に対する監督および規制に関する部分と、保険会社の組織および運営に対する監督・規制に関する部分とからなる。保険相互会社は、保険会社固有の組織として保険業法に法的根拠を

有するが、保険業法は保険相互会社に関する規定だけでなく、保険株式会社に固有の規定も定めており、保険業法のこの部分は私法的性格を有する。

(2) 商法・会社法

保険業を営むことのできるのは、株式会社または相互会社に限られている (保険業3条1項・5条の2)。それゆえに、一部を除き、商法第1編・第2編、会社法および商業登記法の規定が適用ないし準用される。

(3) 命令

法律に関する施行令（政令）および施行規則（内閣府令・省令）もまた保険監督法の法源となる。

[4] その他の制定法等

国が関与する保険に関する法律として、自動車損害賠償責任保険（自賠責保険）に関する自動車損害賠償保障法（自賠）、原子力損害賠償責任保険に関する原子力損害の賠償に関する法律、油濁損害賠償責任保険に関する油濁損害賠償保障法などがある。

D　保険業法[5]

[1] 保険業法の構造

保険業法は、保険業の公共性に鑑み、保険業を行う者の業務の健全かつ適切な運営および保険募集の公正を確保することにより、保険契約者等の保護を図り、もって国民生活の安定および国民経済の健全な発展に資することを目的とする (保険業1条)。それゆえに、保険契約者等の保護以外の政策実現手段として保険業法を運用することは許されない。

[2] 保険業法に基づく監督・規制

保険業法は、保険契約者等を保護するとともに、効率的な保険市場の構築を目指し、保険業に対して、国による法律に基づく具体的な監督・規制を行うことを内容としている (実体的監督)。保険業法は、この考え方に基づき、保険会社に対して、事業年度ごとの業務、財産状況について業務報告書等を作成し、内閣総理大臣に提出するよう義務付けているとともに (保険業110条)、内閣総理大臣に広く権限を認めている（同4条2項2号〜4号・

123条1項、128条・129条、131条～134条など)。

[3] 保険業の免許

　保険業とは、①人の生死に関し一定額の保険金を支払うことを約し、保険料を収受する生命保険固有の保険 (保険業2条1項・3条4項)、②一定の偶然の事故によって生じることのある損害をてん補することを約し、保険料を収受する損害保険固有の保険 (同2条1項・3条5項)、③傷害・疾病・介護の保険 (同2条1項・3条4項2号・3条5項2号) の引受を行う事業をいう。①③について生命保険業免許、②③について損害保険業免許が付与され (同3条2項)、同一の者が二つの免許を受けることはできない (同3条3項)。

[4] 事業主体
(1) 保険会社

　内閣総理大臣の免許を受けた保険会社および外国保険業者に限り保険業を営むことができる (保険業3条1項)。保険会社は、資本金の額または基金の総額が10億円以上の株式会社または相互会社でなければならず (同6条・18条)、商号または名称の中に生命保険会社または損害保険会社であることを示す文字を用いなければならない (同7条1項)。保険相互会社は、保険業を行うことを目的として保険業法に基づき設立された保険契約者を社員とする、保険会社に固有の社団である (同2条5項)。また、営利法人でも公益法人でもない特殊な社団法人 (中間法人) であり、保険株式会社と共通の規制に服する必要があるゆえに、保険業法だけでなく、保険株式会社に適用される規定が適用ないし準用される。

(2) 少額短期保険業者

　特例として、内閣総理大臣の登録を受けた者が、少額短期保険業者として少額短期保険業を営むことができる (保険業272条1項)。少額短期保険業者は、前事業年度の年間収受保険料が50億円を超えない小規模事業者でなければならない (同272条2項)。

[5] 健全性維持のための措置 (ソルベンシー・マージン基準)

　保険会社の危険防止手当の充実化、計算規定および経営危機対応の充実

化のために、保険会社の業務の健全性維持の指標として、ソルベンシー・マージン（支払余力）基準による早期警戒システムがある（保険業130条）。この基準は、分母をリスク量（通常の予想を超える危険に対応する額として計算した額）の2分の1、分子をソルベンシー・マージン（保険会社の資本、基金、準備金などの合計額）として算定され、一定の数値を満たしていない場合には、他の事情をも勘案して、内閣総理大臣により各種命令が下される。

[6] 指定紛争解決機関

金融分野において顧客が安心して取引できる環境を整備することにより、信頼と活力ある市場の構築を目的として、裁判外紛争解決制度（金融ADR）が取り入れられ、金融の業態ごとに、苦情処理や紛争解決手続を実施する機関を指定する指定紛争解決機関が置かれている。保険業法では、機関の指定制度や苦情処理、紛争解決の手続規定の整備等が規定され（保険業308条の2以下）、保険会社が、苦情処理、解決手続の応諾とともに、事情の説明や資料の提出、手続実施者の解決案の尊重などを含んだ契約を指定機関と締結し、指定機関が検査や監督を通して中立性の確保を目指している。

E 保険契約の法的性質[6]
[1] 保険という経済制度に立脚する性質
(1) 射倖契約性・善意契約性

●**射倖契約性** 保険契約では、保険契約者が確定的に保険料支払義務を負うのに対して、保険者は、一定の事由（保険事故、保険事故による損害）が発生しない限り、給付義務を負うことはない。それゆえに、保険者の給付義務が発生するか否か不確定である。被保険者の死亡を保険事故とする生命保険において、保険期間を特定の期間とする定期保険では、死亡するか否か、死亡の時期は不確定であり、保険期間の満了時を被保険者の死亡時までとする終身保険では、死亡の時期は不確定である。損害保険では、保険給付額は被保険者（保険2条4号イ）が被った損害の額によって決まる。このように、保険契約では、当事者の取得すべき権利・義務は不確定であり、個別の契約では、保険者が給付すべき保険金の額は保険契約者が支払うべき保険料の額を上回ることが一般的であり、保険金の給付と保険料の支払と

いう給付相互間の不均衡性も存在するから、保険契約は射倖契約である。それゆえに、保険契約の悪用を防ぐために、保険法は、保険契約の動機の不法性を排除するための規定（保険3条・9条・20条、38条・45条、67条・74条など）や、偶然の事実に依存する関係を破壊する行為を抑制して公平を図るための規定（同4条・37条・66条、5条・39条・68条、14条・50条・79条、17条・51条・80条、29条・56条・85条など）を定めている。

　保険契約に関する問題を考える場合、保険契約に関する情報の非対照性やモラル・ハザード（道徳的危険）の概念など、保険契約の構造ないし性格に従って説明することが望ましい。モラル・ハザードには、モラール・ハザード（心理的危険）と狭義のモラル・ハザードがある。前者は、保険加入者が事故や損害の発生時に保険金で対応できると考え、事故予防に注意を払わなくなるという危険である。心理的要素に基づくものであるからその立証がむずかしく、これ自体で法律上の問題になることはない。後者は、保険加入者が保険に加入して積極的に不当な利得を得ようとする危険である。放火、自殺、殺人などがこれにあたる。

●**善意契約性**　射倖契約性に関連して、保険契約は善意契約性を有する。保険事故の発生・不発生の違いによって当事者間の給付の均衡が異なるとともに、保険契約者側が不法・不当に保険金を取得する目的で保険事故を招致する可能性があるので、保険契約の当事者・関係者には善意と信義誠実（民1条2項）が要求されるゆえに、保険契約は最大善意に基づく契約である。告知義務に関する規定が重要な意味を持つ（保険4条・37条・66条）。

(2) 有償契約性・双務契約性

　保険契約は有償契約であり、双務契約である。保険契約では、保険者・保険契約者間において、保険者が一定の事由が発生したことを条件として保険給付を行い、保険契約者が一定の事由の発生の可能性に応じたものとして保険料を支払う（保険2条1号）。保険契約者の対価的出捐ないし債務が保険料の給付ないし保険料支払義務であるのに対して、保険者の対価的出捐ないし債務は保険者の危険負担である。保険者は、保険契約を締結した時点で、保険契約者側に対し、一定の事由が発生した場合に保険給付を行うことを保証する。このように、保険者は、保険契約の締結によって、保険事故に起因して保険契約者側に生じる経済的危険をこの者に代わって

負担し、この者の経済生活の安定を保証する。この保証を危険負担という。危険負担は、保険事故が発生するまでは給付の期待という抽象的であるのに対して、保険事故が発生すると具体化し、保険金の支払などの具体的な保険給付へと転化する。それゆえに、保険者の危険負担ないし危険負担義務が対価的出捐ないし債務にあたる。

(3) 継続契約性

　保険契約における保険者の危険負担は所定の保険期間にわたり継続して給付され、保険契約者の保険料支払もこれに対応して行われるから、保険契約は継続契約性を有する。それゆえに、保険期間中に契約内容の変更がなされることがある（保険29条・43条・72条）。

[2] 保険法の理念に基づく性質

(1) 諾成契約性

　保険契約は、当事者の一方が一定の事由が生じたことを条件として財産上の給付を行うことを約束し、相手方がこれに対して一定の事由の発生の可能性に応じたものとして保険料または共済掛金を支払うことを約束する契約をいう（保険2条1号）。このことから、保険契約は保険契約者の申込と保険者の承諾によって成立する諾成契約である（最判昭和43年11月15日判時541号70頁）。約款では、保険者の給付責任を保険契約者による保険料の支払にかからしめる規定を定めるのが一般的である。保険期間が始まった後でも、保険会社は、保険料領収前に生じた事故による損害に対しては、保険金を支払わない旨を定めたり（住宅総合保険約款15条3項）、保険会社は、申込を承諾した後に第1回保険料を受け取った場合には、それを受け取った時に保険契約上の責任を負う旨の規定を定める（終身保険約款7条1項1号）。これらの約款規定は、保険者の責任開示時期を定めたもので、保険契約が要物契約である旨を定めたものではなく（最判昭和37年6月12日民集16巻7号1322頁〔百選（保険）12事件〕）、これらの規定が有効であることは、保険契約の有償契約性と双務契約性によって説明される。

(2) 不要式契約性

　保険法は、保険契約の成立について、書類の作成等の要式を必要とするとは明記していないので（保険2条1号）、保険契約は不要式契約である。実

務上、保険加入希望者は、保険契約の締結にあたり、保険会社の作成した保険申込書に必要事項を記載し、署名・捺印する。保険申込書の作成は保険加入希望者による申込の内容に関する証拠保全のためのものであり、法律上、保険申込書の作成は保険契約の成立要件ではない。保険者は保険証券の作成・交付を義務付けられているが（保険6条・40条・69条）、これは保険契約成立の効果として生じるものにすぎない。

(3) 附合契約性

保険契約は附合契約である。附合契約性は保険契約の本質に基づくものである。保険契約は保険者・保険契約者間の契約であるが、保険契約が依拠している保険制度が、保険契約者が有する経済的危険を同じ危険を有している多数の者が保険契約者に代わって負担するものであるから、保険契約は、このような多数の加入者と保険者との間で大量に締結される必要がある。それゆえに、保険契約者と個別に契約内容などを決定し、締結することは時間的・金銭的に不便かつ不可能であるし、同じ危険を有していながら、契約条件等に著しい差異を設けることは適当ではない。これらのことから、保険者は大量の契約を迅速・確実に処理するために、約款を用いる。

コラム　片面的強行規定

保険法は、所定の規定に反する特約で保険契約者等に不利なものは無効とする片面的強行規定を定めている。「強行規定」と題されている規定がこれにあたる。保険契約は附合契約であることから、契約内容について保険者・保険契約者間で交渉を行い、契約が固まっていくという過程が想定されにくい。保険法の規定は、契約自由の原則からすれば、任意規定であるはずであるゆえに、保険者・保険契約者間の約定で適用を排除できることから、保険者が保険法の規定のうち自己に不利なものの適用を排除した約款を作成するおそれがある。そこで、保険法では、保険契約者等を保護する趣旨の規定が実効性ある形で運用されるよう、これらの規定の多くを片面的強行規定として、当該規定に反する特約で保険契約者等に不利なものを無効としている。

注)
1) 山下友信『保険法』58頁以下（有斐閣、2005）、岡田豊基『現代保険法』3頁以下（中央経済社、2010）。
2) 山下・前掲注1) 28頁以下、38頁以下、岡田・前掲注1) 6頁以下。
3) 山下・前掲注1) 88頁以下、岡田・前掲注1) 24頁。
4) 山下・前掲注1) 118頁以下、岡田・前掲注1) 35頁以下。
5) 岡田・前掲注1) 40頁以下。
6) 山下・前掲注1) 58頁以下、岡田・前掲注1) 67頁以下。

エクササイズ

問題1　経済主体の個別危険を多数の者で分散する制度である保険に関する下記の基本原則のうち、団体の視点で見た場合の原則を一つ選びなさい。

(1) 火災等の出来事は各経済主体については偶然・不測の出来事であるが、同じ危険を有する多数の者についてみれば、発生する割合はほぼ一定している。この割合は大量の観察が可能であり、その数が大きいほど、数値が安定する。

(2) 保険料の額は、保険契約者につき、出来事の発生によって、保険金を支払う可能性と危険の規模に応じて決まる。

(3) 保険契約者が支払う保険料の総額と、危険が具体化した人が受け取る保険金の総額とが等しくなるように算定される。

問題2　保険法が片面的強行規定を定めるに至った保険契約の性質を次の中から一つ選びなさい。
(1) 射倖契約性
(2) 有償契約性
(3) 諾成契約性
(4) 附合契約性

2 生命保険取引

> **ポイント**
>
> 保険者が人の生存または死亡に関し一定の保険給付を行うことを約束する保険契約を生命保険契約という。本節では、定額保険契約である生命保険契約に固有の法理を解説する。なお、傷害疾病定額保険契約も生命保険契約と類似した性質を有することから、〔　〕の中に傷害疾病定額保険契約の規定を明示する。

A　生命保険の基本概念

[1] 生命保険契約の意義・種類[1]

保険者が人の生存または死亡に関し一定の保険給付を行うことを約(束)する保険契約をいう(保険2条8号・1号)。保険事故により生存保険、死亡保険と生死混合保険、保険期間により定期保険と終身保険、保険金の支払方法により資金保険と年金保険などの区別がある。団体の代表者が保険契約者で、構成員を被保険者とする団体保険ある。主契約に付加して、特定の保険事故が発生した場合に特別の保険金が給付される約定を特約という。

[2] 生命保険契約の当事者・関係者・補助者[2]

●**当事者**　保険者と保険契約者である(保険2条1号)。保険者は被保険者の生存または死亡(保険事故)が発生したとき保険給付義務を負い(同2条1号・2号)、保険契約者は保険料を支払う義務を負う(同2条1号・3号)。

●**関係者**　その者の生存または死亡に関して保険者が保険給付を行うこととなる者を被保険者といい(同2条4号ロ〔2条4号ハ〕)、保険給付を受ける者を保険金受取人(受取人)という(同2条5号)。

●**補助者**　特定の生命保険会社のために、生命保険契約の締結の代理または媒介を行う者を生命保険募集人という(保険業2条19項)。被保険者が契約締結前に診査を受ける診査医は、保険者が承諾するか否か、いかなる条件で承諾するのかを判断するための医的情報を収集する。

[3] 他人の生命の保険契約[3]
(1) 意義
　保険契約者以外の者を被保険者とする生命保険契約を他人の生命の保険契約という（保険38条〔67条〕）。この契約では、被保険者を殺害して保険金を取得する目的で契約を締結したり、契約締結後、殺害を思いつくという事態が発生する可能性があることから、保険契約の効力要件として、契約成立過程および成立後に被保険者の同意を必要とする（同38条〔67条〕・45条〔74条〕）。これらの規定は強行規定である。
(2) 契約成立過程における被保険者の同意
　多少の包括性のある同意は許される（東京高判昭和53年3月28日判時889号91頁）。団体保険では、被保険者全員から書面による同意を得ることは困難なことから、労働組合の代表者による一括同意で足りる等の簡素化された手続の下では、事業主（保険契約者兼受取人）が受領した死亡保険金の一部しか従業員（被保険者）の遺族に対し退職金として支払われない（最判平成18年4月11日民集60巻4号1387頁〔百選（保険）55事件〕）。

[4] 第三者のためにする生命保険契約[4]
(1) 意義・性質・構造
　受取人が当事者以外の者である生命保険契約を第三者のためにする生命保険契約といい（保険42条〔71条〕）、保険契約者が契約締結時に受取人に指定する。この契約は第三者のためにする契約（民537条1項）であるが、受取人は受益の意思表示をすることなく保険金請求権を取得する（保険42条〔71条〕）。この契約では、保険契約者・受取人間に対価関係を必要とし、対価関係のない受取人が保険金を受け取った場合には、保険契約者との関係において不当利得となる（民703条）。
(2) 保険金請求権と相続
　受取人は自己固有の権利として保険金請求権を取得する。相続人が指定された場合、相続人が限定承認または相続放棄した場合には、相続人は保険金を受領できるが、被相続人の債権者は保険金請求権を強制執行の対象にできない。受取人が相続人のうちの一人である場合には、他の相続人との関係において、保険金請求権が特別受益の持戻し（民903条）または遺留

分減殺（民1029条以下）の算定の対象になるとする場合、保険金請求権は生前贈与の効果として受取人に移転しており、贈与として持戻しまたは遺留分の算定に加えられるのは保険金請求権の評価額（保険料の額）となる。受取人を被保険者の相続人と指定した場合、あるいは、被保険者の法定相続人が受取人になる場合における各相続人の保険金請求権の取得割合について、前者では、指定に法定相続分の割合によるとする旨が含まれ（最判平成6年7月18日民集48巻5号1233頁〔百選（保険）103事件〕）、後者では、平等割合になる（最判平成4年3月13日民集46巻3号188頁）。

(3) 保険金受取人の変更

●**変更の効力要件**　保険契約者は、保険事故が発生するまでは、保険者に対する意思表示によって、受取人を変更できる（保険43条1項2項・〔72条1項・2項〕）。この規定は意思表示の方法を定めるものであり、強行規定である。会社が保険契約者兼受取人である生命保険契約において、受取人を取締役に変更する場合、利益相反取引として取締役会の承認等を必要とするか否かについて、判例の立場は、①変更権が単独行為であり、保険者に経済的利益をもたらさないことから、保険法制定前商法265条の取引にあたらないとするもの（東京地判昭和63年9月26日判時1299号141頁）、②変更は保険契約者の一方的意思表示によることから、利益相反取引性は失われないとするもの（名古屋地判昭和58年9月26日判タ525号287頁〔百選（保険）73事件〕）、③利益相反取引に類似したものとするもの（神戸地裁明石支判平成2年8月31日文研生保判例集6巻228頁）、④変更に利益相反取引性を認め、前掲商法265条を類推適用するもの（仙台高判平成9年7月25日判時1626号139頁）に分かれる。

●**遺言による変更**　変更は遺言によってすることができる（保険44条1項〔73条1項〕）。遺言による変更は、遺言の要件（民960条以下）の要件を備えれば、効力を生じる。しかし、保険者は変更があったことをただちに知ることができず、保険金の二重払のおそれがあることから、変更は、遺言の効力が生じた後、保険契約者がその旨を保険者に通知しなければ、保険者に対抗できない（保険44条2項〔73条2項〕）。遺言の効力発生時期は遺言者の死亡時であるゆえに（民985条1項）、自己の生命の保険契約の場合、変更の効力は遺言者である保険契約者（＝被保険者）の死亡時に発生する（民985条1項）。

他人の生命の保険契約において、変更がなされた後、保険契約者より先に被保険者が死亡した場合、遺言の効力が発生する前に保険事故が発生したことになるので、変更の効力は発生しない。遺言による変更を制限することに合理性があることから、44条1項〔73条1項〕は任意規定であるのに対して、44条2項〔73条2項〕は対抗要件を定める規定であることから、強行規定である。保険者が相続人から通知を受ける場合、保険契約者の死亡が確認できる書類や遺言書の謄本等の提示がなければならず、他人の死亡を保険事故とする場合には、被保険者の同意を証明する書面を必要とする（保険45条〔74条1項〕）。

● **変更に関する被保険者の同意**　他人の生命の保険契約において、契約の成立過程（同38条〔67条〕）および成立後において、死亡保険契約の変更は、被保険者の同意がなければ、効力を生じない（同45条〔74条〕）。同意は、被保険者が死亡するまでに保険者または保険契約者に対してなされていればよい。45条〔74条〕は、モラル・ハザードや賭博保険の防止等を目的とする公序に関する規定であることから、強行規定である。遺言による変更がなされた場合（同44条1項〔73条1項〕）、保険契約者の相続人に対する被保険者の同意を認め、相続人は、保険者に対して、同意を得た旨を含め、遺言による変更の通知を行う（同44条2項〔73条2項〕）。

● **変更の効力**　変更の意思表示は、通知が保険者に到達したときは、通知を発した時に遡って効力を生じる（同43条3項本文〔72条3項本文〕）。保険者への通知の到達が変更の意思表示の効力要件であることから（同43条2項〔72条2項〕）、債権の準占有者に対する弁済（民478条）の要件を満たさない限り、保険者は二重弁済のおそれがあり、到達前に行われた保険給付の効力を妨げるものではない（保険43条3項ただし書〔72条3項ただし書〕）。

(4) 保険金受取人の介入権

受取人が、保険契約者の同意を得て、保険契約の当事者以外が行った解除の通知を受けた時から1カ月の期間が経過するまでの間に、通知の日に死亡保険契約の解除の効力が生じたとすれば保険者が解除権者に支払うべき金額を解除権者に支払い、保険者にその旨の通知をしたときは、解除は効力を発生しない（保険60条2項〔89条2項〕）。受取人は介入権者として義務を負う（同61条〔90条〕）。

(5) 保険金受取人の先死亡・同時死亡

受取人が保険事故の発生前に死亡したときは、相続人全員が受取人となる（保険46条〔75条〕）。保険契約者が新受取人を指定するまで、死亡した受取人の相続員全員が受取人として取り扱われ、保険金の配分は民法の原則に従う。この規定が適用されるのは、受取人が、保険契約者兼被保険者よりも先に死亡した場合（保険法制定前商法676条2項について、最判平成5年9月7日民集47巻7号4740頁〔百選（保険）75事件〕、約款規定について、最判平成4年3月13日民集46巻3号188頁）と、保険契約者（兼被保険者）と同時に死亡したと推定される場合（保険法制定前商法について、最判平成21年6月2日判時2050号148頁、同151頁〔百選（保険）76事件〕）である。後者では、受取人が保険事故の発生前に死亡したときは、相続人の全員が受取人になる（同46条〔75条〕）。この規定により、受取人が死亡したときは、その相続人が受取人となるため、相続人が死亡したときは、その相続人が受取人となる。

(6) 保険金給付請求権の譲渡についての被保険者の同意

死亡保険契約に基づき保険給付を請求する権利の譲渡またはその権利を目的とする質権の設定は、被保険者の同意がなければ効力を生じない（保険47条〔76条〕）。同意は譲受人または譲渡人のいずれかに対して行えばよく、譲渡の対抗要件については、民法467条の規律に従う。

B 告知義務[5)]

[1] 意義

保険契約者または被保険者になる者は、生命保険契約の締結に際し、保険事故の発生の可能性（危険）に関する重要な事項のうち、保険者になる者が告知を求めたもの（告知事項）について、事実を告知する義務を負う（保険37条〔66条〕）。

[2] 告知義務の内容
(1) 告知義務者・受領権限者

保険契約者等が告知義務を負う（保険37条〔66条〕）。告知は、保険者またはこの者に代わって告知を受領する権限を有する者に対してなされる。

(2) 告知の時期・方法

告知義務者は、保険契約成立の時点までに告知することを要する。実務では、保険会社の作成した告知書（質問表）の記載事項に告知義務者が回答する方式をとる。告知書の質問事項は重要事実と推定される。

(3) 告知事項

● **危険** 保険事故の発生可能性をいう。生命保険契約では、被保険者の死亡または生存の発生可能性をいい、保険者が契約の諾否を判断するための資料として、危険の測定に必要な事項をいう。これには健康状態等の保険危険事実（大阪高判平成16年5月27日金判1198号48頁など）と道徳的危険に関する事実（東京地判平成2年6月18日金判875号26頁など）がある。後者は、保険契約者側が故意の事故招致等により不正な保険給付を受ける意図を有している事実をいう。

● **重要な事項・保険者が告知を求めた事項** 保険者が契約締結時において知っていたならば契約を締結しなかったか、より高額の保険料で締結したであろうと認められる事実をいう。告知義務者は告知を求められた事項について、その時点で知っている事実を告知すればよい。

[3] 告知義務違反による契約の解除

(1) 告知義務違反の要件

告知義務者が、告知事項について、故意または重大な過失により（主観的要件）、事実の告知をせず、または不実の告知をしたこと（客観的要件）を必要とする（保険55条1項〔84条1項〕）。

(2) 告知義務違反の効果

● **解除権の発生** 保険者は保険契約を解除できる（保険55条1項〔84条1項〕）。解除の意思表示は保険契約者に対して行う。

● **解除権の阻却事由・除斥期間** 保険者は、①契約締結時において、保険者が告知事項に関する事実を知り、または過失によって知らなかったとき、②保険媒介者が、保険契約者等が告知事項について事実の告知をすることを妨げたとき、③保険媒介者が、保険契約者等に対し、告知事項について事実の告知をせず、または不実の告知をすることを勧めたときは、契約を解除できない（同55条2項〔84条2項〕）。解除権は、保険者が解除権行使の

ために必要な諸要件を確認した時（最判平成 9 年 6 月 17 日民集 51 巻 5 号 2154 頁〔百選（保険）64 事件〕）から 1 カ月間これを行使しないとき、または保険契約の締結の時から 5 年が経過した時は消滅する（保険 55 条 4 項〔84 条 4 項〕）。

● **解除の効果**　解除は将来に向かってのみ効力を生じる（同 59 条 1 項〔88 条 1 項〕）。しかし、告知義務違反を問われた事実に基づかずに保険事故が発生した場合を除いて、保険者は、解除の時までに発生した保険事故による給付の責任を負わない（同 59 条 2 項 1 号〔88 条 2 項 1 号〕）。不告知または不実告知の事実に基づかずに発生した保険事故については、保険者は責任を負う（同 59 条 2 項 1 号ただし書〔88 条 2 項 1 号ただし書〕）。

[4] 強行規定

所定の規定に反する特約で、保険契約者または被保険者に不利なものは無効とされる（保険 41 条〔70 条〕・65 条〔94 条〕）。

C　保険契約の成立

[1] 保険者の責任開始

生命保険契約は保険申込人の申込と保険者の承諾によって成立する（保険 2 条 1 号・8 号）。約款は、保険者の責任開始時期について、①保険会社が承諾後に第 1 回保険料を受け取った場合には、それを受け取った時（責任開始条項）、②保険会社が第 1 回保険料相当額を受け取った後に承諾した場合には、それを受け取った時（責任遡及条項）としている。①では、保険料が支払われるまでは保険者の責任が開始しない旨を定めたものであり、保険料不払等の理由で契約が解除されたときは、解除は保険者の責任開始前のものとなり、契約の効果も遡及的に消滅し、保険者の保険料請求権は発生しない（最判昭和 37 年 6 月 12 日民集 16 巻 7 号 1322 頁〔百選（保険）12 事件〕）。②では、保険会社が第 1 回保険料相当額を受け取った時点においては、契約は成立していないが、受領後に保険契約の承諾したことによって契約は成立し、①との関係から、保険会社の責任は第 1 回保険料相当額を受け取った時に遡って開始する。

[2] 承諾前死亡

承諾前に被保険者となる者が死亡した場合、前掲②の解釈上、生命保険会社の責任が認められる。裁判例では、保険者の信義則上の承諾義務を認める可能性を示しながら、②の責任開始時に被保険者となる者が保険適格体でなかったことを理由として契約成立を否定しているものがある（東京地判昭和 54 年 9 月 26 日判タ 403 号 133 頁〔百選（保険）53 事件〕）。

[3] 保険契約成立の効果

契約の成立によって、保険者は保険証券交付義務（保険 40 条〔69 条〕）と危険負担義務を負う。これに対して、保険契約者または被保険者は、契約締結後に危険増加に関する告知事項について内容に変更が生じたとき、保険者に遅滞なくその旨の通知をすべき旨が契約で定められており、故意または重大な過失により遅滞なく通知をしなかった場合には、保険料を危険増加に対応した額に変更するとしたならば契約を継続することができるときであっても、保険者は契約を解除できることから（同 56 条 1 項〔85 条 1 項〕）、保険契約者等は保険者に危険増加に関して通知する義務を負う。

D 保険事故発生後の法律関係[6]

[1] 保険事故

死亡保険では、被保険者が保険期間内に死亡したという事実、生存保険では、被保険者が保険期間満了時に生存している事実が保険事故となる。約款では、責任開始時以後の傷害または疾病を原因として高度障害状態に該当したとき保険金を支払う旨を定める。

[2] 保険者の免責事由

● **被保険者の自殺**　被保険者が自殺をした場合、保険者は免責される（保険 51 条 1 号〔80 条 1 号〕）。自殺とは、被保険者が生命を絶つことを意識し、それを目的として生命を絶つことをいい、その立証責任は保険者が負う。免責の理由につき、公序の要請であるとする見解、保険契約の不正利用防止とする見解がある。約款では、保険会社の責任開始から一定期間内の自殺については免責されると定めるゆえに、免責期間経過後の自殺は免責とな

らないと解されうるが、免責期間経過後であっても、保険者が保険金取得目的の自殺であることを立証できた場合には、保険者は免責される（最判平成16年3月25日民集58巻3号753頁〔百選（保険）82事件〕）。

● **保険契約者による被保険者の故殺**　保険契約者が被保険者を故意に殺害した場合、保険者は免責される（保険51条2号〔80条2号〕）。これは、保険契約者は保険給付請求権者ではないので、保険者に対する関係において信義誠実の原則に反するものであり、保険契約者が保険金支払について受取人と利害関係がある場合には、公益に基づくものと解される。判例は、保険契約者の故意を受取人の故意と同視している（最判平成14年10月3日民集56巻8号1706頁〔百選（保険）84事件〕）。保険契約者が故殺した場合、保険契約は終了する。故殺の立証責任は保険者が負う。

● **保険金受取人による被保険者の故殺**　受取人が被保険者を故意に殺害した場合、保険者は免責される（同51条3号〔80条3号〕）。これは、受取人は保険給付請求権者であることから（同2条5号）、保険給付を受けることは信義則および公益に反することによる（前掲・最判平成14年10月3日）。受取人が保険金取得目的を有することなく故殺した場合も、保険者は免責される（前掲・最判平成14年10月3日）。受取人による故殺の趣旨からして、受取人には、保険証券等の書面に記載された者のみならず、保険金を受け取る地位にある者、受取人から権利を譲り受けた者も含まれる。受取人が法人であり、代表者が故殺した場合も含まれる（前掲・最判平成14年10月3日）。その結果、①第三者による故意の事故招致が受取人（法人）によるそれと同一に評価される場合があること、②①の判断は、第三者の法人における支配的な地位の有無、保険金受領による利益享受の有無に着目すること、③②の判断は法人の諸事情を総合して判断することが求められる。故殺の場合、保険者は保険契約者に対して保険料積立金を払い戻す義務を負う（同63条1号〔92条1号〕）。受取人が複数人いる場合、故殺した受取人以外の者に対しては、受取割合に応じて保険金が支払われる（同51条柱書ただし書〔80条柱書ただし書〕）。故殺の立証責任は保険者が負う。

● **戦争その他の変乱による被保険者の死亡**　被保険者が戦争その他の変乱により死亡した場合には、保険者は免責される（51条4号〔80条4号〕）。死亡する被保険者の数が増加すると、保険料の算定に影響を及ぼすからある。

保険者は保険契約者に対して保険料積立金を払い戻す義務を負う（保険63条1号〔92条1号〕）。

E 生命保険契約の終了[7]

[1] 当然の終了等

　保険期間が満了したとき終了し、生存保険では、保険者は満期保険金（生存保険金）を支払う義務を負う（保険2条1号・8号）。保険期間内に被保険者が死亡したとき終了し、死亡保険では、保険者は死亡保険金を支払う義務を負う（2条1号・8号）。

[2] 保険契約者による解除

　保険契約者は、いつでも契約を解除できる（保険54条〔83条〕）。

[3] 保険者による解除

告知義務違反による解除　保険者は、告知義務違反があった場合、契約を解除できる（保険55条1項〔84条1項〕）。

● **危険増加による解除**　契約締結後に危険増加が生じた場合において、保険料を危険増加に対応した額に変更したならば契約を継続できるときであっても、保険者は、①危険増加に関する告知事項について、内容に変更が生じたとき保険契約者等が保険者に遅滞なく通知をすべき旨が契約で定められている場合（同56条1項1号〔84条1項1号〕）、②保険契約者等が故意または重大な過失により遅滞なく①の通知をしなかった場合（同56条1項2号〔84条1項2号〕）には、契約を解除できる（同56条1項〔85条1項〕）。

● **重大事由による解除**　(a) 1号事由　保険契約者または受取人が被保険者を故殺した場合、保険者は免責されるが（同51条2号・3号〔80条2号・3号〕）、契約は存続するので、保険契約者等が、保険者に保険給付を行わせることを目的として故意に被保険者を死亡させ、または死亡させようとしたときについては、保険者に契約の解除権を付与し（同57条1号〔86条1号〕）、その後のモラル・ハザードを排除できる。

(b) 2号事由　受取人が保険給付の請求について詐欺を行った場合、または、行おうとした場合、保険者は契約を解除できる。詐欺とは、保険者を錯誤

に陥らせ、保険金を支払わせる意思で保険者に対して欺罔行為を行ったといい、受取人が保険金請求権を有しないにもかかわらず、欺罔して保険金を受け取るために、保険事故の発生、発生原因、被害の程度などに関し保険者に対して虚偽の事実を述べ、または真実を告げない行為をいう。

(c) 3号事由　保険者の保険契約者、被保険者または受取人に対する信頼を損ない、契約の存続を困難とする重大な事由があった場合、保険者は契約を解除できる（保険57条3号〔86条3号〕）。3号は包括的条項であり、前2号と同程度に強度の背信行為を行った場合に解除権を認める。3号は保険金の不正取得目的がなくとも適用される。

コラム　予定利率の引き下げ

生命保険は保険期間が長く、保険料について利息が生じるので、純保険料が一定の利率（予定利率）で割り引かれている。保険金額が同じ場合、予定利率が高ければ保険料は安い。生命保険会社は、定款や約款で、保険期間中における保険料を引き上げないこととしている。保険業法では、契約条件の変更は、保険会社が債務超過に陥ったことを内閣総理大臣が認定した場合に限り認められており（保険業250条・255条の5）、保険会社は、保険業の継続が困難となる蓋然性がある場合には、内閣総理大臣に対し、契約条件の変更を行う旨の申出をすることができる（同240条の2〜240条の13）。保険金の削減のために予定利率を引き下げることがある。

注）

1) 山下友信『保険法』28頁以下、38頁以下（有斐閣、2005）、岡田豊基『現代保険法』302頁以下（中央経済社、2010）。
2) 山下・前掲注1) 77頁以下、岡田・前掲注1) 305頁以下。
3) 岡田・前掲注1) 311頁以下。
4) 岡田・前掲注1) 332頁以下。
5) 岡田・前掲注1) 316頁以下。
6) 岡田・前掲注1) 360頁以下。
7) 岡田・前掲注1) 377頁以下。

エクササイズ

【問題1】 生命保険に関する次の各文章の中から誤っているものを一つ選びなさい。
(1) 他人の生命の保険契約において、契約成立後は、被保険者の同意がなくとも契約内容の変更ができる。
(2) 第三者のためにする生命保険契約では、解釈上、保険契約者・受取人間に対価関係の存在を必要とする。
(3) 保険金請求権は生前贈与の効果として受取人に移転し、贈与として持戻しまたは遺留分の算定に加えられるのは保険金請求権の評価額となる。
(4) 遺言による変更は、遺言の効力が生じた後、保険契約者がその旨を保険者に通知しなければ、保険者に対抗できない

【問題2】 生命保険に関する次の各文章の中から誤っているものを一つ選びなさい。
(1) 保険契約者等は、生命保険契約の締結に際し、危険に関する重要な事項のうち、告知事項について、事実を告知する義務を負う。
(2) 保険契約者等が、告知事項につき故意または重大な過失により、事実の告知をせず、または不実告知をした場合告知義務違反となる。
(3) 責任遡及条項では、保険会社が第1回保険料相当額を受領後に保険契約の申込を承諾したことによって契約は成立するとともに、保険会社の責任も開始する。
(4) 判例では、免責期間経過後であっても、保険者が被保険者の自殺が保険金取得目的の自殺であることを立証できた場合には、保険者免責となる。

3 損害保険取引

> **ポイント**
>
> 私たちの日常生活や企業のビジネス活動には、さまざまなリスクが潜んでいる。それらリスクの発現可能性は千差万別であり、実際にリスクが発現した場合の日常生活やビジネス活動に与える影響も大きく異なる。このように不可視のリスクが発現した場合に生じる経済的損害の回復を図る手段として、損害保険がある。本節では、こうした特徴をもつ損害保険の基本概念と損害保険契約に関する保険法の規律に関して概説する。

A 損害保険の基本概念

[1] 損害保険とは何か

今日では、「保険化できないリスクはない」といわれるほど、多種多様な損害保険が存在する。私たちに身近な存在としては、自動車保険や火災保険、旅行傷害保険などがあるし、特殊な損害保険としては、人工衛星や飛行機、原子力発電所などに付される損害保険などがある。

このように、リスクが潜在するところには損害保険があるといっても過言でない。こうした多様性ゆえに、損害保険とは、不可視のリスクが偶然に発現した場合に生じる経済的損害の回復を図る手段である、ということができる。

[2] 損害保険を支える仕組み

損害保険の仕組みについて「一人は万人のために、万人は一人のために」と称されることがある。損害保険は、日常生活や企業のビジネス活動において同一のリスクにさらされている多数の者が少額の資金(「保険料」に該当する)を拠出しあって基金を創設し、万一、拠出者の誰かにリスクが発現した場合、損害を被った拠出者に対して、基金から一定額の金銭給付(「保険金」に該当する)を行いその損害の経済的回復を図る制度だからである。これを健全かつ永続的に運営するためには、以下のいくつかの仕組みが不可

欠である。
① リスクの発現可能性（確率）とそれに伴う発生予想損害額を正確に予測し、適正な拠出金（保険料）を算出する。今日では、統計と高度な保険数理に基づいた精度の高い数値を算出する技術が確立している。
② 上記予測に基づいて算出された拠出金（保険料）をもとに基金を創設し、基金の適切な管理を行う。今日では、保険業法や関係法令に基づいて、保険会社等の財務状況の健全性を監督する実効性ある仕組みが確立している。特に、保険収支は事後にしか確定できないという宿命を負っていることから、保険会社は将来の保険金支払に備えて、常に一定資金を留保しておく必要があり、このため保険業法や関係法令は詳細な規制を設けている。
③ リスクが発現した場合には、公正迅速に給付金（保険金）を支払う。今日では、保険業法や関係法令に基づいて、保険契約者の保護を目的とした各種の制度が整備されており、たとえば保険会社が破綻した場合のセーフティーネットや、保険給付をめぐる裁判外紛争解決手続（ADR 制度）も制度化されている。

　上記の各仕組みが十二分に機能することによって、健全かつ適正な損害保険事業が可能となる。換言すれば、上記のような仕組みに基づいて適正に運営される制度こそが損害保険であり、これらの仕組みの存在は賭博やその他の類似のものとの一線を画すメルクマールといえる[1]。

[3] 主要な用語の意義
(1) 保険契約
　保険契約とは、保険会社が一定事由の発生を条件として保険金の支払をなすことを約束し、保険契約者が保険料を支払うことを約束する契約をいう（保険2条1号）。
(2) 損害保険契約
　損害保険契約とは、保険契約のうちで保険会社が一定の偶然な事故によって生ずる損害をてん補することを約する契約をいい（保険2条6号）、金銭に見積もることができる利益に限って損害保険契約の目的とすることがで

きる（保険3条）。

(3) 保険者・保険契約者・被保険者

● **保険者**　保険者とは、保険契約に基づいて保険給付（保険金支払）を行う義務を負うものをいう（保険2条2号）。保険会社や少額短期保険業者、共済事業者が保険者に該当する。

● **保険契約者**　保険契約者とは、保険契約の当事者であって保険料支払義務を負う者をいう（同2条3号）。

● **被保険者**　損害保険契約における被保険者とは、損害保険契約によりてん補することとされる損害を受ける者をいい（同2条4号イ）、たとえば建物に関する火災保険の場合には当該建物の所有権者が被保険者に当たる。

B　損害保険契約の締結

[1]　保険加入のプロセスと損害保険募集人の役割

　私たちが損害保険に加入しようとする場面はどのような場合であろうか。

　日常生活では、新たに自動車や住宅を購入した時、趣味のゴルフで新品のクラブに買い替えた時、海外旅行に出発する時などが損害保険に加入しようとする場面であろう。企業のビジネス活動でいえば、危険を伴う新事業を開始する時、法令改正によって事業者の法律上の責任が強化された時、海外進出を図る時などの場面が考えられる。

　上記のような場面では損害保険に加入しようとするインセンティブが高まるが、他方で、このような場面でなければ損害保険に加入しようとする動機は低い。そこで、潜在するリスクを可視化し、保険ニーズを丁寧に説明することによって損害保険加入を誘引する役割を担うのが損害保険募集人である。損害保険募集人は損害保険会社の社員や、損害保険会社から業務委託を受けた損害保険代理店である[2]。

[2]　損害保険契約の締結

(1) 損害保険募集人の重要事項説明義務

　損害保険契約はそれ自体不可視であり、その財としての品質は、一定のリスクが発現した際にはじめて明らかになる。もちろん、損害保険契約の締結に際して保険約款やその説明資料などが保険契約者に交付されるが、

損害保険に内在する技術的性格と相俟って、それらが一般の消費者にとって理解が容易とはいいがたい面も見受けられる。

現に、契約締結時の重要事項説明が不十分であったため、ニーズに合致しない損害保険契約を締結してしまった、期待していた保険金の支払を受けられないといったトラブル事例が散見される。

そこで、保険業法300条1項1号は、損害保険募集人が虚偽説明し、または重要事項の説明を怠ることを禁止している。そして、保険業法283条は、損害保険募集人が保険募集に関して保険契約者に損害を与えた時には、当該募集人の所属保険会社がその損害賠償責任を負うとする特別の民事責任を定めている。

コラム　損害保険代理店の不法行為と保険会社の損害賠償責任

保険会社は、損害保険募集人が保険募集につき保険契約者に損害を加えた場合、その損害を賠償する責任を負う（保険業283条1項）。これは民法715条の使用者責任規定の特則と解されている。

損害保険募集人には、民法715条の適用がある保険会社の従業員も含まれるが、保険会社との間で業務委託契約を締結しているだけの損害保険代理店も含まれ、雇用関係のない後者の場合には一般に民法715条の適用はないとされている。そこで、保険会社がこれら損害保険募集人の営業活動によって事業展開を図っている以上、保険会社の従業員であるか否かを問わず、これら損害保険募集人の保険募集上の行為について、保険会社は使用者責任と同様の責任を負うとされたものである。

同様の民事責任を法定するものとして、銀行代理業者（銀行52条の59）、金融商品仲介業者（金商66条の24）、信託契約代理店（信託業85条）などがあり、各業法に金融機関の民事責任規定をおく法体系が整備されている。

(2) 保険契約者の告知義務

第Ⅱ編5章第1節で解説されているとおり、保険契約は保険契約者の申込みの意思表示と保険会社の承諾の意思表示とが合致することによって成

立する諾成・不要式の契約である。もっとも、保険実務では、保険会社が作成した保険加入申込書に保険契約者が署名押印する形で申込み手続きがなされるのが普通である。

さて、保険契約者が行う申込みに対して、保険会社はこれを承諾するか否かの判断を行う。保険会社が承諾するか否かを判断するに際しては、保険を付す目的物に潜在するリスク（たとえば、建物の火災保険の場合には建物の構造や用途、建物内で行われる作業の内容、危険物保管の有無など。自動車保険では自動車の用途・車種、傷害保険では被保険者の職業など）を評価する必要がある。

しかし、保険を付そうとする目的物にどのようなリスクが潜在するのか、そのリスクの発現可能性の高低に関する情報は保険契約者側に専属するため、保険契約者側からの自発的な告知を求める必要がある。他方、保険契約者側はどのような事実を保険会社に伝える必要があるのかは分かりえない。

そこで、保険法4条は「保険契約者又は被保険者になる者は、損害保険契約の締結に際し、損害保険契約によりてん補することとされる損害の発生の可能性に関する重要な事項のうち、保険者になる者が告知を求めたものについて、事実の告知をしなければならない」と定め、保険契約者の告知義務は、保険会社からの質問に対して保険契約者が応答する方法によって履行されることとしている（質問応答義務）。

保険契約者の告知義務違反に対しては、損害保険契約の解除（保険28条）や保険会社の免責（同31条2項1号）といった強い制裁が予定されている。このため、告知義務を保険契約者による無限定の自発的告知義務ではなく質問応答義務と位置づけることによって、保険会社と保険契約者の双方の利害が調整されている。なお、告知義務とその義務違反の効果の概要については、生命保険契約に関する第Ⅱ編5章第2節の解説を参照されたい。

(3) 損害保険契約の成立

保険契約者から提出された保険申込書ならびに告知の内容に基づいて、保険会社は当該損害保険契約の申込みを承諾するか否かを判断する。

ところで、わが国における損害保険募集の92.2%は損害保険代理店を通じて行われており[3]、一般的に損害保険代理店には損害保険会社から損害保険の締結代理権が付与されていることから、損害保険契約の申込みに対する承諾は損害保険代理店においてなされている。

(4) 保険証券の交付

損害保険契約が締結されると、保険会社は法定事項等を記載した保険証券を作成し、これを保険契約者に遅滞なく交付する必要がある（保険6条）。

C 損害保険契約締結後の変動
[1] 総説

損害保険契約が締結され、保険期間が開始した後に、契約締結時点では想定しえなかった変更、すなわちリスク発現可能性に変更が生じる場合があり、契約当事者間の利害をどのように調整するかが問題になる。

なぜならば、保険会社は損害保険契約の締結に際して、あらかじめ保険の目的に関するリスク発現可能性を評価し、それに基づいた保険条件・保険料を設定して申込を承諾しているが、事後の事情によりこうした前提に変更が生じた場合、保険会社は引き続き損害保険契約に拘束されるのか、契約関係から解放させる必要はないか、という問題が生じるからである。

[2] 危険の増加
(1) 保険法の規律

たとえば、火災保険において保険の目的である建物の用途が住宅から危険物製造工場に変更された、自動車保険において自動車の用途が自家用からレース用に変更された、といったケースがありうる。

保険法は、危険の増加が、危険増加後のリスクに対応する保険料に変更すれば損害保険契約を存続・維持できる程度の変更であれば、原則として保険会社は損害保険契約を解除できないこととしている（損害保険契約につき29条、生命保険契約につき56条、傷害疾病定額保険契約につき85条）。

(2) 「危険の増加」の意義

保険法は、危険の増加を「告知事項についての危険が高くなり、損害保険契約で定められている保険料が当該危険を計算の基礎として算出される保険料に不足する状態になることをいう」と定義している（保険29条1項。生命保険契約につき56条1項、傷害疾病定額保険契約につき85条1項）。すなわち、危険の増加が問題となるのは、「告知事項についての危険」に限定され、告知事項以外の事実は「危険の増加」には含まれない。

(3) 危険の増加と保険会社の保険契約解除権

●**契約解除の要件** 上記 (1) のとおり、保険法は、危険の増加後のリスクに対応する保険料に変更すれば損害保険契約を存続・維持できる程度の変更であれば、原則として保険会社は損害保険契約を解除できないこととしている。

しかし、以下の場合には例外的に保険会社が保険契約の解除を行うことを許容している。第 1 に、保険契約において「危険増加に係る告知事項について、その内容に変更が生じたときは保険契約者又は被保険者が保険者に遅滞なくその旨の通知をすべき旨」が定められていること。第 2 に、保険契約者または被保険者が故意または重大な過失により遅滞なく危険増加の通知をしなかったこと。以上の二つの要件が具備されたときに限り、保険会社は保険契約を解除できることとする（保険 29 条 1 項 1 号 2 号・56 条 1 項 1 号 2 号・85 条 1 項 1 号 2 号）。

●**契約解除の効果** 保険会社が行う保険契約の解除は、将来に向かってのみその効力を生じる（保険 31 条 1 項・59 条 1 項・88 条 1 項）。もっとも危険増加が生じた時から保険契約が解除がされた時までに発生した保険事故による損害について、保険会社は保険給付責任を負わない（同 31 条 2 項 2 号・59 条 2 項 2 号・88 条 2 項 2 号）。なお、保険事故の発生原因が危険増加の事由とは因果関係がない場合には、保険契約者等の通知義務違反の有無にかかわらず保険会社の保険給付責任は免れない（因果関係不存在特則）。

●**契約解除権の消滅** 危険の増加に伴う保険会社の解除権は、保険者が解除の原因があることを知った時から 1 カ月間行使しないとき、または、危険増加が生じた時から 5 年を経過したときには消滅する（保険 29 条 2 項・28 条 4 項・56 条 2 項・55 条 4 項・85 条 2 項・84 条 4 項）。

(4) 危険の増加が保険者の引受範囲外となる場合

保険料を増額したとしても保険契約を継続することができない程度の危険の増加があった場合の取扱について、保険法は特段の規律を設けていない。こうした危険の増加については約款・特約条項の規律に委ねられる。

(5) 保険会社の保険料増額請求権

保険法は、危険増加に伴う保険会社の保険料増額請求権について規律を設けていない。保険会社が保険料増額請求を行う場合には、約款・特約条

項に根拠を有する必要がある。

　保険会社が保険契約者に増額保険料の支払いを求めたにもかかわらず保険契約者がこれを支払わない場合、保険会社が保険契約を解除したとしても、これは保険料支払義務違反に基づく解除であり、危険の増加に伴う解除権の行使ではない。

[3] 危険の減少
　危険の増加の場合とは逆に、損害保険契約を締結した後、危険が著しく減少した場合（火災保険において化学工場から住宅に変更した場合、自動車保険において営業用自動車から自家用自動車に変更した場合など）には、保険契約者は保険会社に対して将来に向かって保険料の減額請求ができる（保険11条）。保険価額または約定保険価額の著しい減少についても同様の規律がある（同10条）。

D　保険事故
[1]　保険事故発生時の保険契約者の義務
　保険事故が発生した場合には、保険契約者または被保険者は損害の発生およびその拡大防止につとめる義務を負う（保険13条）とともに、遅滞なく保険会社に通知する義務を負う（同14条）。

[2]　保険会社の免責
　保険会社は、保険契約者または被保険者の故意又は重大な過失によって生じた損害、戦争その他の変乱によって生じた損害について、保険給付の責任を負わない（保険17条）。

　上記は一般に法定免責事由と呼ばれるが、具体的な紛争においては、保険契約者または被保険者に故意があるかどうか、そしてその証明責任を負うのは保険会社側か保険契約者または被保険者側か、といった点などが争われる。特に、行為者の自認が無い場合に「故意」の証明ははなはだ困難であり、訴訟では間接事実や状況証拠の積み上げなどの立証活動が行われる。

　法定免責事由のほかにも、保険約款では各損害保険の種類ごとにさまざまな免責事由が定められており、所定の免責事由に該当する場合には保険会社は保険給付の責任を負わない。

[3] 保険会社の保険給付

(1) 保険給付責任

　損害保険契約で定めた保険事故が発生し、かつ当該事故について免責事由に該当する事情がない場合には、保険会社は保険給付責任を負う。

　実際にいくらの損害保険金が支払われるのかは損害保険契約の内容によって決定される。損害保険金算定の基礎となる損害額は、その損害が生じた地および時における価額によって算定されるが（保険18条1項）、あらかじめ当事者間の合意で保険の目的物の価額を約定した損害保険契約については、損害額は当該約定価額によって算定される（同18条2項）。

(2) 保険給付の履行期

　多くの保険約款は保険法施行を期に保険給付の履行期を明記しており、履行期を徒過した保険給付は履行遅滞となって保険会社は遅滞の責任（遅延損害金の支払責任）を負う。

　保険約款で保険給付の履行期を定めている場合も、その履行期が、保険会社の確認調査に必要となる相当な期間の経過日よりも後の日にされている場合には、当該相当期間の経過日が履行期とされる（保険21条1項）。

　保険契約者または被保険者が調査妨害した場合などで、これにより保険給付が遅滞した場合には、保険会社は遅滞の責任を負わない（同21条3項）。

(3) 一部保険・重複保険

●**一部保険**　損害保険契約で定めた保険金額（保険会社の保険給付限度額）が保険の目的の価額（保険価額）を下回った状態を一部保険といい、この場合に保険会社が給付すべき保険金の額は、保険金額の保険価額に対する割合をてん補すべき損害額に乗じて得た額となる（保険19条）。

　保険に付すべき価額の一部の割合しか保険に付さなかった者に対しては、保険給付についても保険に付した割合を限度とするのが公平に適うという考え方に基づいている。

●**重複保険**　保険給付の対象となる保険の目的に複数の損害保険契約が存在する場合を重複保険といい、重複保険の場合であっても、保険会社はてん補すべき損害額の全額について保険給付義務を負う（保険20条1項）。

　重複保険の関係にあるそれぞれの保険会社が、それぞれに全額の保険給付義務を負うと、結果的に保険契約者・被保険者は「焼け太り」になるが、

保険法はそうした事態を許容せず、重複保険の関係にある損害保険契約相互間の調整や求償に関する規律を定めている（保険20条2項）。
(4) 保険代位
●**残存物代位**　保険事故によって保険の目的物の全部が滅失した場合、保険給付を行った保険会社は、給付した保険金額の保険価額の割合に応じて、保険の目的物に対する被保険者の所有権その他の物権を代位取得する（保険24条）。

保険の目的物の全部が滅失し保険金を取得した被保険者が、引き続き目的物に対する物権等を保持するならば、結果的に被保険者が「焼け太り」になることから、こうした利得の発生を阻止するための法制度である。
●**請求権代位**　第三者の不法行為または債務不履行を原因として保険事故が発生した場合、被保険者は保険会社に対する保険給付請求権と加害者に対する損害賠償請求権の双方を同時に取得する。

被保険者に双方の権利の重畳的行使を認めてしまうと、被保険者は結果的に「焼け太り」になり利得が生じることになる。こうした利得の発生を阻止するために、保険法は、被保険者が保険給付を受けた場合には、一定の範囲で被保険者の加害者に対する損害賠償請求権を保険会社が代位取得することとして、利得防止のための利害調整を図っている（保険25条）。

E 損害保険契約の終了
[1] 保険契約者による契約の解除
損害保険契約はその契約期間（保険期間）の満了に伴って当然に終了する。また、保険契約者はいつでも損害保険契約を解除できる（保険27条）。

[2] 保険会社による契約の解除
(1) 総説
保険契約者は損害保険契約をいつでも解除できるのに対して、保険会社が行う解除は、次に述べる場合に限定されている。これは保険会社による恣意的な契約解除や不意打ち的な契約解除などによって、被保険者が無保険の状態に陥ることを防止する目的である。

(2) 告知義務違反による解除

保険契約者または被保険者が故意または重過失によって告知義務に違反した場合、保険会社は損害保険契約を解除できる（保険28条）。

(3) 危険の増加による解除

上記C [2] (3) を参照。

(4) 重大事由による解除

保険契約者または被保険者の故意による保険事故招致や保険金詐取など、保険会社としてもはや損害保険契約の存続が困難な重大な事由が生じた場合、保険会社は契約を解除できる（保険30条）。

[3] 損害保険契約の解除の効果

損害保険契約の解除の効果は将来に向かって効力を生じるが（保険31条1項）、告知義務違反解除、危険の増加による解除、重大事由による解除については、解除事由に該当する事実が発生した時から損害保険契約の解除がなされるまでの間に生じた保険事故について、保険会社は保険給付責任を負わない（同31条2項）。

F 片面的強行規定と適用除外

[1] 片面的強行規定

すでに第Ⅱ編5章第1節において保険法の片面的強行規定について解説されているが、損害保険契約に関しては、告知義務、危険の増加、危険の減少、保険給付の履行期、保険代位、保険会社による損害保険契約の解除などの諸規定が片面的強行規定であり、保険契約者等の保護が図られている。

[2] 適用除外

海上保険・航空機に関する保険・原子力施設に関する保険、法人その他の団体または個人事業主がその事業活動について締結する損害保険については、損害保険取引の当事者間の合意を尊重すべきであることから、片面的強行規定を適用しないこととしている（保険36条）。

注)
1) 保険と賭博との関係については山下友信『保険法』（有斐閣、2005）72頁、保険と類似するその他の制度については岡田豊基『現代保険法』（中央経済社、2010）18頁を参照されたい。
2) 日本損害保険協会の 2009 年度統計によれば、損害保険代理店数は 207,903 店、損害保険募集従事者数は約 216 万人におよぶ巨大な市場である。
3) 日本損害保険協会の 2009 年度統計による。

エクササイズ

【問題1】 損害保険契約における告知義務に関して、次の各文章の正誤を答えなさい。
(1) 保険会社は申込みを承諾するか否かの判断に際して、リスクの評価を行うため、保険契約者・被保険者に告知を求めている。
(2) 保険契約者・被保険者は、保険の目的について知っているすべての事実を保険会社に伝えなければ告知義務違反になる。
(3) 保険契約者・被保険者が保険会社から示された「質問書」に正しく回答すれば、告知義務を果たしたことになる。
(4) 保険契約者・被保険者が告知義務に違反した場合、保険金が支払われないことがあるが、損害保険契約が解除されることはない。

【問題2】 保険法は保険会社が損害保険契約を解除できる場合を限定している。この点について次の問いに答えなさい。
(1) 保険契約者はいつでも損害保険契約を解除できるにもかかわらず、保険会社が解除を行える場合を限定している理由を述べなさい。
(2) 保険会社が解除を行える事実が生じたが、解除を行うまでの間に保険事故が生じた場合、保険会社は保険給付責任を負うか否かを答えなさい。

4 責任保険取引と第三分野保険

> **ポイント**
>
> 賠償責任保険と第三分野保険は、現代社会の状況を反映する保険種類といえる。賠償責任保険はビジネスや日常生活をめぐる損害賠償リスクを保険カバーするものであり、損害賠償リスクが高度かつ複雑に潜在する現代社会には幅広いニーズがある。一方、第三分野保険は高齢化社会の到来とさまざまな医療ニーズの増加といった事情を背景にした市民にとって欠かすことのできない保険となっている。

A 責任保険
[1] 責任保険の意義と機能
(1) 意義

責任保険契約とは、「損害保険契約のうち、被保険者が損害賠償の責任を負うことによって生ずることのある損害をてん補するものをいう」(保険17条2項)。なお、本節では責任保険と賠償責任保険とは同義に取り扱う。

(2) 責任保険の種類

責任保険契約としては、任意自動車保険のうち対人賠償保険や対物賠償保険がこれにあたるほか、生産物賠償責任保険(いわゆるPL保険)、請負工事業者の損害賠償リスクを対象とする請負業者賠償責任保険、医師・弁護士・税理士といった専門職業人の業務上の過誤行為に起因する損害賠償リスクを対象とする専門職業人賠償責任保険、会社役員に対する責任追及の訴え(会社847条)に対応する会社役員賠償責任保険、などがある。

また、われわれの日常生活について見れば、個人の日常生活上の損害賠償リスク(たとえば、自転車運転中やショッピング途中の賠償事故など)を対象とする個人賠償責任保険や、スポーツ中の損害賠償リスクを対象とするゴルファー保険・テニス保険・スキー保険などがある。

(3) 責任保険の機能

上記のとおり、今日では利用者のニーズを踏まえて多種多様な賠償責任保険が販売されている。

> **コラム**　**自賠責保険と任意自動車保険**
>
> われわれの日常生活でもっとも身近な責任保険は、任意自動車保険のうちの対人賠償保険・対物賠償保険であろう。
>
> とりわけ、わが国の自動車損害賠償保障法は、自動車事故に起因する対人賠償事故を対象とする自賠責保険の付保を義務付けており（同法5条）、この自賠責保険は一般に強制保険と呼ばれている。というのは、自賠責保険は自動車の車検制度と密接に結びついており、自賠責保険証明書がないと新車の登録や車検ができないという制度設計がなされているからである。このように、法律で自賠責保険の付保を義務付ける一方、新車登録や車検の際に自賠責保険証明書を要することとして、強制付保の実効性が確保されているのである。
>
> 自動車事故に起因する対人賠償事故については、自賠責保険の支払限度額（平成22年11月現在の支払限度額は、死亡事故の場合が3,000万円、傷害事故の場合には120万円）までは同保険によって保険金が支払われることから、対人賠償事故の被害者に生じた損害に関しては一定額の保障が自賠責保険から支払われるといってよい。
>
> もっとも、被害者に生じた損害額が自賠責保険の支払限度額を超える場合や、対人賠償事故以外の対物賠償事故や自損事故などについては自賠責保険の対象外であることから、それらは任意自動車保険による保障に委ねられる。
>
> このように、わが国の自動車保険制度は、自賠責保険と任意自動車保険の二本立て構造となっているのである。

ビジネスの世界はもちろん、個人の日常生活においても、損害賠償リスクが高度かつ複雑に潜在している現代社会において、責任保険には幅広い

ニーズがある。とりわけ、今日販売されているほとんどの賠償責任保険は、紛争解決に要する費用（たとえば訴訟費用や弁護士費用など）も保険カバーの対象としており、受訴リスクに備える機能も有している点が注目される。以上のとおり、特に今日のビジネス社会において、事業運営に係る賠償責任保険の付保は、事業活動の円滑な遂行のために不可欠のアイテムということができる。

[2] 保険法制定までの経緯
(1) 保険法施行以前
● **法令・保険約款による規律**　保険法施行（平成22年4月1日）以前は、改正前商法667条において他人の物の保管者がその保管物を付保する場合に、保管物の所有者が保険会社に対して直接保険金請求できることが定められていたに過ぎず、責任保険契約に関する一般的な規律は定められておらず、もっぱら法令や責任保険の約款の適用によって同保険に関する紛争の解決が図られていた。

法令による定めとしては、自動車を保有・運行する者にとって付保が強制されている自賠責保険に関して、自動車損害賠償保障法16条1項が被害者の保険会社に対する保険金直接請求権を認めていたり、原子力損害の賠償に関する法律9条1項が、原子力損害に係る賠償責任保険金について、被害者の優先弁済受領権を定めたりしている。

一方、保険約款による定めとして、任意自動車保険約款の対人・対物賠償条項は、一定の条件のもとで被害者の保険会社に対する保険金直接請求権を認めている。

● **問題の所在**　以上のとおり、法令または保険約款で被害者の保険会社に対する保険金直接請求権が認められている場合以外は、被保険者（加害者）が受領した保険金を被害者への弁済に充当せず、保険金を転用したり他の債権者への弁済原資にしてしまうという事態も生じ得ていた。

さらには、被保険者（加害者）が破産してしまった場合には、保険会社から支払われる責任保険金（または保険金請求権）が破産財団に組み入れられてしまい、被害者は、結局、破産財団から配当を受けることしかできないといったケースが生じていた[1]。

そこで、このような事態の発生を抑止し、保険会社から支払われる責任保険金が真に被害者の救済にあてられるべく、新たな制度構築を目的とした解釈論・立法論が行われてきた[2]。

(2) 保険法の制定

上記の議論を踏まえて、保険法は、加害者が責任保険の被保険者である場合、被害者は加害者が保険会社に対して有する保険給付請求権について先取特権を有すると定めた（保険22条1項）。

これによって、被保険者（加害者）が支払不能に陥った場合においても、被害者が先取特権を行使することによって責任保険金の優先弁済を受けられる制度設計が実現した。

[3] 保険法の規律

(1) 先取特権の創設

上記のとおり、保険法は、加害者が責任保険の被保険者である場合、被害者に加害者の保険会社に対する保険給付請求権に関する先取特権を認め、被害者の保護を図った。

これにより、被害者は、裁判所に対して保険給付請求権の差押命令の申立てを行い、債権差押命令に基づいて保険会社から保険金を取り立てることができる[3]。また、被保険者（加害者）が破産した場合には、被害者は破産手続きによることなく保険給付請求権を行使できる[4]。

また、先取特権以外にも、保険法は、責任保険によって保険会社から支払われる保険金が被害者救済にあてられることを確保するため、以下に概説するとおりの制度設計を行っている。

(2) 被害者救済の実効性の確保

● **責任保険における保険給付の制限**（保険22条2項）　保険法22条1項によって被害者の先取特権が法定されたものの、被保険者（加害者）が、一旦、保険会社から責任保険契約にかかわる保険金を受領した後に、これを被害者への弁済にあてることなく転用・費消してしまったのでは、先取特権を創設した意味が無いといえる。

こうした弊害の発生を抑止するため、被保険者は、被害者に損害賠償債務を弁済した場合、または被害者から保険給付に関する承諾があった場合

のいずれかであって、かつ、その弁済額または承諾額の限度で、保険会社に保険給付請求を行うことができるとした（保険22条2項）。

すなわち、損害賠償事故が発生し被保険者と加害者との間で損害賠償に関する和解が成立した、というだけでは、被保険者は保険会社に対して保険給付請求ができないのである。この点において、保険会社実務にも大きく影響がある。

● **保険給付請求権に対する差押え等の禁止**（保険22条3項）　責任保険契約に係わる保険金が確実に被害者救済にあてられることを確保するため、原則として、責任保険金請求権については、その譲渡・質入・差押えを禁止した（保険22条3項）。

これは、22条1～2項において被害者の先取特権や保険給付の制限を規律したとしても、被保険者が保険給付請求権を譲渡・質入してしまった場合には、結局のところ被害者の被害救済を図ることができないからである。

もっとも、被保険者から被害者に保険給付請求権を譲渡する場合、被害者自身が保険給付請求権を差押える場合、あるいは22条2項の規定により被保険者が保険給付請求できる場合については、保険給付請求権に対する差押え等を禁じる合理的な理由はないことから、保険給付請求権の譲渡・質入・差押え禁止の例外としている。

B　第三分野保険——傷害疾病定額保険
[1]「第三分野保険」の意義
(1) 総説

第三分野保険とは生命保険（第一分野）と損害保険（第二分野）の双方の性質を有する中間的な保険種類の総称である。

すなわち、生命保険（第一分野）は人の生死を保険事故とする定額給付の保険（定額てん補）であり、損害保険（第二分野）は人または物に一定の損害が生じることを保険事故としその損害をてん補する保険（実損害てん補）である。これに対して、第三分野保険は人の傷害または疾病を保険事故とし、定額給付または損害てん補の保険給付を行う保険種類であって、生命保険（第一分野）と損害保険（第二分野）の双方の性質を有する保険種類ということができる。

第三分野保険は、かつて、同保険の将来性・収益性から生命保険会社・損害保険会社双方の業際分野の保険として、その位置づけをめぐって盛んに議論が行われていた。

(2) 保険業法上の意義

第Ⅱ編5章1節で解説されているように、保険業法は、第三分野の保険として、傷害保険、疾病保険および介護保険を掲げている（保険業3条4項2号）。

一般に、傷害保険、医療保険、がん保険、介護保険と呼ばれている保険が第三分野保険に該当し、今日では生命保険会社・損害保険会社双方が取り扱っており、高齢化社会の到来とさまざまな医療ニーズの増加といった事情を背景にして、現在ではメディアなどを通じて盛んにマーケティングが展開されている。

(3) 保険法上の意義

保険法は第三分野保険を傷害疾病定額保険と傷害疾病損害保険の二つに大別している。

すなわち、傷害疾病定額保険とは、「保険契約のうち、保険者が人の傷害疾病に基づき一定の保険給付を行うことを約するものをいう」（保険2条9号）。また、傷害疾病損害保険とは、「損害保険契約のうち、保険者が人の傷害疾病によって生ずることのある損害（当該傷害疾病が生じた者が受けるものに限る）をてん補することを約するものをいう」（同2条7号）。

そして、傷害疾病損害保険に関しては保険法34～35条に基づいて損害保険契約に関する規律とその特則を適用することとし、傷害疾病定額保険に関しては66条以下で独立の章を設けてそれに適用される規律を定めている。

たとえば、身近な旅行傷害保険でみれば、傷害または疾病死亡に伴う定額給付の保険は傷害疾病定額保険の性質を有し、傷害または疾病治療に伴う治療実費を給付する保険は傷害疾病損害保険の性質を有するということができる。

本節では、以下において、傷害疾病定額保険に関する規律を中心にその特徴を概説する。なお、すでに第Ⅱ編5章2節で解説されている「第三者のためにする保険契約」、「保険金受取人の介入権」、「保険金受取人の先死

亡」、「保険給付請求権の譲渡」、「告知義務」、「保険者の免責事由」、「保険者による解除」等は省略する。

[2] 傷害疾病定額保険に関する保険法の規律
(1) 保険事故と証明責任
● **保険事故** 保険法は、傷害疾病定額保険の保険事故について「人の傷害疾病」と定めているにとどまり（保険2条9号）、その具体的な内容は保険約款の定めに委ねている。

たとえば、主として損害保険会社が販売する傷害保険の約款では、「被保険者が、日本国内または国外において、急激かつ偶然な外来の事故によってその身体に被った傷害に対して、本約款の規定に従い保険金を支払います」とされているのが通例であり、死亡保険金・後遺障害保険金・手術保険金・入院保険金・通院保険金などが保険給付される。

したがって、上記傷害保険契約における保険事故とは、①被保険者が、②急激かつ偶然な外来の事故によって、③身体傷害を被ったことである。

● **保険事故の証明責任** 傷害保険の保険事故をめぐっては、「急激かつ偶然な外来」のそれぞれの意義、それらと身体傷害との因果関係の有無、そして保険事故の証明責任が問題となる。

たとえば、職業上の環境や習慣に起因する傷害は急激性の有無が問題となりうる[5]。また、けんかやきわめて危険な行動に起因する傷害は偶然性の有無が問題となる[6]。餅をのどに詰まらせたために生じた後遺障害[7]や入浴中の溺死[8]は外来性の有無が問題となる。

そこで、①被保険者が、②急激かつ偶然な外来の事故によって、③身体傷害を被ったことの各要件の証明責任の分配が問題となる。というのは、急激性・偶然性・外来性の有無は、結局のところその証明責任の分配と証明度の問題に帰するからである。

民事訴訟における証明責任の一般原則に照らすと、保険事故が発生したことの証明責任、すなわち上記①～③の証明責任は保険給付請求者たる被保険者が負い、故意の事故招致などの免責事由の存在や上記①～③の各要件の不存在については保険会社側がそれらの証明責任を負うと解されている。

(2) 被保険者同意

● **背景** 保険金支払をめぐる犯罪事件が世の中の耳目を集めることがある。たとえば、海外旅行中の被保険者が殺し屋などの犯罪集団の手によって殺され保険金受取人が保険金を受け取ったが、犯罪集団に殺人を持ちかけたのは他ならぬ保険金受取人自身であったことが判明した、などである。

このように、時折、保険契約が犯罪に悪用されることがある。特に生命保険や傷害疾病定額保険は「人」が保険の目的となっている点、さらには被保険者の収入や年齢に関係なく一定額の保険給付がなされる点において、凶悪事件に悪用されるケースが見受けられる。

● **保険法の規律** こうした事態を回避するため、保険契約者以外の者を被保険者とする傷害疾病定額保険を締結しようとする場合には、被保険者自身の同意を必要としている（保険67条1項）。換言すれば、保険契約者と被保険者が異なる傷害疾病定額保険を締結する場合、被保険者が同意しなければ契約自体が成立しないということである。

もっとも、保険金受取人が被保険者となる場合には、当該保険契約が悪用されるケースはないと考えられることから、被保険者の同意は不要とされているが（同67条1項ただし書）、死亡のみを補償する傷害疾病定額保険の場合には、結果的に被保険者以外の第三者が保険金を受取ることになるため、原則に戻り被保険者同意が必要となる（同67条2項）。

(3) 被保険者による解除請求

上述のとおり、保険契約者以外の者を被保険者とする傷害疾病定額保険を締結しようとする場合でも、被保険者が保険金受取人である場合には原則として被保険者自身の同意は不要としている（保険67条1項ただし書）。このような場合には、被保険者が知らない間に傷害疾病定額保険契約が締結されることがありうる。また、被保険者が傷害疾病定額保険契約の締結について一旦は同意したものの、その後の状況の変化によって、保険契約関係から離脱したいと考えることもありうる。

そこで、保険法は一定の要件を具備した場合（①契約締結時点において被保険者同意が不要だった場合、②保険契約者・保険金受取人において保険事故招致または保険金詐欺を行いまたは行おうとした場合、③被保険者と保険契約者・保険金受取人との間の信頼関係が損なわれ保険契約を存続することを困難とする重大事由がある場合、

④契約締結時点において被保険者同意を行った基礎的な事情が著しく変更した場合）には、被保険者は保険契約者に対して傷害疾病定額保険契約の解除を求めることができることとした（保険87条1項）。

[3] 第三分野保険と請求権代位・損益相殺
(1) 請求権代位
　従来、請求権代位は損害保険契約に特有の制度であり、定額保険契約には認められないと解されてきた。もっとも、すでに触れたとおり第三分野保険には、傷害疾病損害保険と傷害疾病定額保険の両様のタイプが存在することから、この両者について請求権代位の適用の有無をどのように考えるのかが問題となる。

　この点、最判平成元年1月19日判時1302号144頁〔百選（保険）23事件〕は、損害保険会社が販売する所得補償保険について、約款の内容に照らして損害保険契約の一種というべきであり、改正前商法662条（請求権代位の規律を定めた規定）が適用されると判示した。

　この理解は保険法下でも変わらず、そもそも請求権代位は損害保険に適用され定額保険には適用されないのかは議論となりえ、さらには、請求権代位の強行法規性の解釈などを巡って行われている議論にも注視する必要がある。

(2) 損益相殺
● **問題の所在**　保険事故が第三者の加害行為に起因して発生した場合、保険会社・被保険者・第三者の法律関係は、上述の請求権代位の規律の適用の有無によって処理される。

　次に、加害者が被保険者に対して支払うべき損害賠償額について、被保険者が取得した保険金を被保険者に生じた利益と評価し、損益相殺の対象に含めるかどうかが問題となる。

● **裁判例**　火災保険の事例において、火災保険金は保険料の対価であることから、保険金は損益相殺の対象にはならないと判示したものがある（最判昭和50年1月31日民集29巻1号68頁〔百選（保険）25事件〕）。

　損害保険契約でさえ上記の考え方があてはまるとすれば、定額保険については利得禁止原則が適用されないことから、定額保険金も損益相殺の対

象とはならないと解される。

　ところで、自動車搭乗中に生じた傷害事故を担保する定額払搭乗者傷害保険について、搭乗者傷害保険金を取得した搭乗者が当該自動車の所有・使用者に対して損害賠償請求を行うに際して、損害賠償額からすでに取得した搭乗者傷害保険金が控除されるべきか否かが問題となった事案がある。

　裁判所は、損害賠償額から取得した搭乗者傷害保険金の控除を否定している（最判平成7年1月30日民集49巻1号211頁〔百選（保険）40事件〕）。

　ただし、加害者が保険料を負担して付保した保険契約によって第三者が保険金を取得した場合、加害者の第三者に対する損害賠償額の算定にあたり、第三者が取得した保険金の額を斟酌したうえで決すべきであるという見解にも一定の合理性が認められる。

　このような場合、被保険者が取得した保険金について、損害額からの控除ではなく慰謝料からの控除を認める下級審裁判例（東京高判平成2年3月28日判タ754号192頁）がある。

注)

1) 東京地判平成14年3月13日判時1792号78頁、東京高判平成20年4月30日金判1304号38頁。
2) 山下友信『保険法』（有斐閣、2005）442頁
3) 江頭憲治郎『商取引法』（弘文堂、第6版、2010）466頁
4) 山下友信・竹濱修・洲崎博史・山本哲生『保険法』（有斐閣、第3版、2010）203頁。なお、被保険者（加害者）が破産した場合のみならず、被保険者（加害者）の被害者対応が不十分な場合にも担保権の実行によって保険金の優先弁済を受けることが可能になる。
5) 東京地判平成9年2月3日判タ952号272頁
6) 東京地判平成20年10月15日判時2032号151頁
7) 最判平成19年7月6日民集61巻5号1955頁〔百選（保険）98事件〕。
8) 福岡高判平成8年4月25日判時1577号126頁、大阪高判平成17年12月1日判時1944号154頁〔百選（保険）99事件〕。

エクササイズ

問題1　賠償責任保険に関する次の各文章の正誤を答えなさい。
(1) 損害賠償責任について鷹揚なわが国の国民性に照らして、賠償責任保険はわが国の風土にはなじまない。
(2) 多くの賠償責任保険は、紛争解決に要する費用も保険カバーの対象としており、受訴リスクにも備えることができる。
(3) 加害者が破産してしまうと、その加害者が賠償責任保険を付保している場合であっても、被害者は保険金の優先弁済を受けることができない。
(4) 加害者と被害者との間で賠償事故に関する示談が成立したが、まだ示談金は支払っていない。この場合でも、示談が成立しているので、加害者は被害者の承諾なく賠償責任保険の保険会社に保険金請求が可能である。

問題2　第三分野保険に関する次の各文章の正誤を答えなさい。
(1) 人を対象とする保険契約は、保険法上、そのすべて生命保険契約に関する規律の適用を受ける。
(2) 傷害保険の保険事故である「急激かつ偶然な外来」の証明責任は、保険給付を請求する側が負う。
(3) 保険法87条1項所定の要件を具備した場合、被保険者は保険会社に対して傷害疾病定額保険の解除を請求できる。
(4) 傷害疾病定額保険には請求権代位の適用はない。

エクササイズ 解説

第Ⅰ編　商取引法総論

第1章　商取引規制の基本構造

● 21 頁　問題
(1)　○　商事自治法は、商事制定法のみならず商事条約に対しても優先適用される。
(2)　×　商慣習は、商法1条2項により、商事制定法より劣後するが、民法との関係では優先適用される。
(3)　○　企業の相手方にとっても、契約が定型化されるから、迅速に取引できるというメリットがあり、電気・ガス・水道などの公企業約款では、顧客の平等取扱いというメリットもある。
(4)　×　判例は、意思推定理論といわれる立場を一貫してとっている。

● 33 頁　問題
(1)　○　商人が従業員を雇用することは、営業のためにする行為であるから、営業のためにする行為であり、附属的商行為である（最判昭和30年9月29日民集9巻10号1484頁、最判昭和51年7月9日判時819号91頁）。
(2)　○　民法上本人の死亡は終任事由だが、商人の場合その死亡即営業の廃止とは限らないので、継続性維持のため、終任事由ではない（商506条）。

第2章　商取引の主体

● 50 頁　問題
(1)　×　不動産は個性を帯びており、あらかじめその売却を約し後日取得して履行することが困難であるため、「投機売却」の目的物から除外されている（商501条2項）。
(2)　×　学説上争いがあるが、判例（大判昭和12年11月26日民集16巻1681頁）は、設備の利用を目的としない理髪業者の行為は場屋営業にはあたらないとする。
(3)　○　銀行取引とは、不特定多数者から金銭又は有価証券を取得し（受信）、かつこれを不特定多数者に融通する（与信）ことをいうので、自己の資産を貸し付けるにすぎない質屋の行為は商行為にあたらない（最判昭和50年6月27日判時785号100頁）。
(4)　○　結婚相談所は民事仲立人であり、商法の仲立営業の直接適用は受けないが（商

543条)、商法502条11号の仲立に関する行為にはあたる。

● 61頁　問題
(1)　×　登記は、事実関係と必ずしも一致するものではない。とはいえ、重要な事項については開示を求めるのが、取引の安全との関係で商取引の基本である。したがって商号も登記するのが原則であるが、個人商人にあっては必ずしも登記が必要ではない。会社はその設立登記の際にその名称＝商号を記載する必要がある。
(2)　○　事例はコラムで紹介したとおりであるが、本来的に名板貸責任の問題であったか否かは評価が分かれる。消費者保護的見地からの判断であったと思われる。

● 72頁　問題1
(1)　×　商人は、その営業のために使用する財産について、法務省令で定めるところにより、適時に、正確な商業帳簿を作成しなければならない（商19条2項）。もっともすべての商人について商業帳簿の作成を義務付けると、小規模商人については加重な負担を課すことになる。そこで、小商人については、その作成が免除されている（商7条）。
(2)　○　会計帳簿は商業帳簿に含まれており、裁判所による提出命令の対象である（商19条2項4項、会社434条・616条）。
(3)　×　商人は、帳簿閉鎖の時から10年間、その商業帳簿およびその営業に関する重要な資料を保存しなければならない（商19条3項、会社432条2項・435条4項・615条2項・617条4項）。この保存義務は、商人資格を喪失しても継続する。

● 72頁　問題2
(1)　×　絶対的登記事項の登記を怠っている商人・会社は、商法9条1項・会社法908条1項の不利益を被るが、会社法に定める登記を怠ったときを除いて罰則の制裁はない（会社976条1号）。
(2)　×　相対的登記事項についても、いったん登記すればその変更および消滅は絶対的登記事項と同じ扱いになり、変更の登記をしなければならない（商10条、会社909条）。
(3)　○　登記すべき事項を登記した後は、登記当事者はその事項を知らない第三者に対抗することができるが、登記後でも、第三者が正当な事由によってその登記があることを知らなかったときは、善意の第三者に対抗することができない（商9条1項後段、会社908条1項後段）。もっとも、ここにいう正当な事由は地震災害による交通の途絶など、登記を知ろうにも知ることができないような客観的事由に限定されており、長期間の病気や長期の海外滞在などは含まれない（最判昭和52年12月23日判時880号78頁〔百選8事件〕）。したがって、本問の場合は対

抗できる。

● 84 頁　問題 1
(1) ○　商業使用人は、特定の商人と雇用関係があり、特定の商人の内部で代理行為を担当する企業補助者である。
(2) ×　ある種類または特定の事項の委任を受けた使用人は、当該事項に関する一切の裁判外の行為をする権限を有する（商 25 条 1 項、会社 14 条 1 項）。
(3) ○　商法 27 条、会社法 16 条。

● 84 頁　問題 2　正答は(3)
(1) ×　支配人とは、営業主の営業・事業に関する一切の裁判上または裁判外の行為をなす権限を有するが（商 21 条 1 項、会社 11 条 1 項）、これを制限したとしても善意の第三者には対抗できない（同条 3 項）だけであり、制限することができないわけではない。
(2) ×　一般に上席者の存在が予定されている名称は、営業の主任者たることを示すべき名称にはあたらない。
(3) ○　商法 24 条、会社法 13 条。

● 96 頁　問題 1　正答は(2)
(1) ×　提携リースや消費者リースの場合に有効性が否定される。
(2) ○　これに対し、土地建物など個別の財産は営業・事業用財産という。
(3) ×　簡易事業譲渡の要件または略式事業譲渡の要件に該当する場合は除かれる（会社 468 条参照）。
(4) ×　受任者の名ではなく、委任者の名で行うこととなる。
(5) ×　営業・事業譲渡に準じて、委任者は競業避止義務を負う。

● 96 頁　問題 2　正答は(3)
　会社法 467 条・468 条参照。簡易事業譲渡の要件または略式事業譲渡の要件に該当する例外的場合を除き、株主総会特別決議により事業譲渡契約を承認することが必要となる。

第Ⅱ編　商取引法各論

第1章　売買取引

●111頁　問題

(1) ×　商法は、諾否通知義務（商509条）の前提として、申込みを受けた者に右義務を課してもよいだけの状況を要求しており、それは条文上「営業の部類に属する契約を平常取引している関係」と表現されている。したがって、「平常取引している関係」だけでは諾否通知義務は発生しない。よって誤り。

(2) ×　定期売買の履行遅滞による解除（商525条）の場合、原則として契約の解除をしたものとみなされるので、民法の定期行為の履行遅滞による解除権（民542条）の場合と異なり、解除の意思表示が不要となる。よって誤り。

(3) ○　交互計算契約を締結すると、当該期間中の債権債務が独立性を失い、個々の債権の行使だけでなく譲渡・質入・差押等の処分も禁止される。これを交互計算不可分の原則という。判例は第三者に対する関係でも交互計算不可分の原則を認める（大判昭和11年3月11日民集15巻320頁〔百選80事件〕）。よって正しい。

(4) ○　単に受領しただけでなく、買主が「履行として認容して受領したとき」には、以後特定物としての規制に服するというのが、判例（大判大正14年3月13日民集4巻217頁、最判昭和36年12月15日民集15巻11号2852頁）の立場である。よって正しい。

(5) ×　そのような規定は存在しない。代金の支払について、民法は、「売買の目的物の引渡しについて期限があるときは、代金の支払については、代金の支払についても同一の期限を付したもの」と推定するにすぎない（民573条）。よって誤り。

●126頁　問題

(1) ×　B [4] (1)参照。日本も中国も締約国であるので、一見したところはCISGが適用されそうであるが（CISG 1条1項）、当事者が二つ以上の営業所を有する場合には、営業所とは、契約およびその履行に最も密接な関係を有する営業所をいう（同10条a号）とされているので、適用されない。当事者の国籍ないしは会社の設立準拠法国がどこの国かということは関係がない（同1条3項）。なお、売買の目的物は工作機械100台であるので、個人用、家族用または家庭用に購入された物品ではないであろうから、同2条a号の適用除外要件には該当しない。工作機械を製造して供給する場合（いわゆる製作物供給契約の場合）であったとしても、適用上の問題はない（同3条）。また、当事者ないし契約の民事的・商事的性質は考慮されないので（同1条3項）、当事者が商人ないし会社であるか否か、当該行為が商行為であるか否か等も関係がない。

(2) ×　C [3] 参照。神戸が船積港、サンフランシスコが仕向港だとすると、FOB の場合は、「FOB Kobe」というように、船積港が指定地であるのに対して、CIF の場合は、「CIF San Francisco」というように、仕向港が指定地となる。すなわち、E 類型、F 類型および D 類型のトレード・タームでは、指定地は引渡地であるのに対して、C 類型のトレード・タームでは、指定地は引渡地と異なることになる。すべてのトレード・タームにおいて、危険は引渡があった時に売主から買主に移転するので、C 類型のトレード・タームにおいてだけ、危険の移転場所と指定地とが異なることになる。したがって、売主・買主ともに運送契約締結義務がない E 類型および仕向地が引渡地である D 類型を除いて、すなわち、F 類型および C 類型のトレード・タームにおいては、輸送中の危険は買主が負担することになる。国際売買の特性からして、それが合理的であるからである（B [4] (5) 参照）。

●137 頁　問題 1
(1) ○　到達の意思表示は、相手方が意思表示を実際に了知することまでは要求されず、了知可能な状態に置かれればよいから（最判昭和 36 年 4 月 20 日民集 15 巻 4 号 774 頁）、電子メールがメールボックス内に記録された時点で申込みの意思表示は到達したと考えられる。
(2) ×　データ異常のため、つまりいわゆる文字化けメールが届いたとしても、相手方が到達の意思表示について了知可能な状態にあるとはいえないから、到達したとは考えられない。
(3) ×　企業と消費者との電子商取引（B to C）については、民法 526 条 1 項の適用が排除され、承諾の通知が到達したときに契約が成立する（電子契約特 4 条）。

●137 頁　問題 2
(1) ○　電子記録債権とは、「発生又は譲渡」について電子記録を要件とする金銭債権である（電子債権 2 条 1 項）が、「消滅」については電子記録の要件とされていない。
(2) ×　電子記録の請求は、原則として当事者（電子記録債権者と電子記録義務者）の「双方」がしなければならない（電子債権 5 条 1 項）が、「共同」でとは規定されていないため、当事者が別々に請求することもできる。その場合、すべての当事者が電子記録請求をしたときに電子記録の請求の効力が生じる（電子債権 5 条 3 項）。
(3) ×　電子記録債権の譲渡は、譲渡記録をしなければ効力を生じない（電子債権 17 条）。これによって、電子記録債権の二重譲渡のリスクが防止されることになる。

第2章　仲介取引

●152頁　問題1　正答は(1)

(1)　○　商法544条ただし書。別段の定めのほか、慣習が存在する場合も同様に認められる。

(2)　×　商法512条。仲立人は商人であるため、特約の有無にかかわらず当然に報酬（仲立料）請求権を有する。

(3)　×　商法502条11号・4条1項。民事仲立人であっても、自己の名をもって業とした場合は、商人となる。

(4)　×　この場合の通知は、供託・競売の効力発生要件ではなく、単に通知を怠った場合の損害賠償義務を生じさせるだけである。

(5)　×　商法557条・27条

●152頁　問題2　正答は(5)

仲立人が行う媒介は、あくまで他人間の法律行為の成立に尽力することを内容とする事実行為である。そのため、仲立人が自ら買主または売主となることはない。設問は、問屋の介入権（商555条1項前段）を説明するものである。

●163頁　問題　正答は(3)

(1)　×　(2)　×　(3)　○

運送取扱が相対的に重要性を失った理由として理論的にありうるのは、①運送自体が事業者によって内部化され、運送付帯業務の外注が不要になった、②運送付帯業務が運送人によって内部化され、その外注が不要になった、③荷主にとってよりメリットの大きいサービスが出現した、といった辺りである。

①や②のような動きが一部にみられないことはないが、一般的傾向とはいいがたい。混載による運賃削減のニーズが、荷主をして運送取次という運送取扱の法律構成にかえ、フォワダー自身が運送人となる利用運送の法律構成を選好せしめた、というのが真実であろう。

第3章　運送取引

●177頁　問題1

(1)　×　物品運送契約は、請負契約（民632条）の一種であり、その法的性質は有償・諾成・不要式の契約であるから、運送品の引渡し・運送状の作成がなくても物品運送契約は成立する。

(2)　×　荷送人の運送品処分権は、運送品が到達地に到着した後、荷受人がその引渡しを請求したときに消滅する（商582条2項）。

(3)　○　荷受人は、運送品を受け取ったときは、運送人に対して運送賃その他の費用

を支払う義務を負う（商583条2項）。したがって、荷受人が運送品を受け取っていない以上、運送人に対して損害賠償請求をすることはできない。

●177頁　問題2　正答は(1)
(1)　×　運送人は、運送品の滅失または毀損のため、荷送人が支払う必要がなくなった運送賃その他の費用を損害賠償額から控除することができる（商580条3項）。
(2)　○　普通品としての損害を算定することができないからである。
(3)　○　宝石・貴金属・骨董品などがその例である。

●187頁　問題
(1)　×　貨物引換証は、運送品の引渡請求権を表章する有価証券である。有価証券でないとされているのは、航空運送状である。
(2)　×　船荷証券は、貨物引換証同様有価証券であり、その券面には運送品の引渡請求権という「債権」が表章されている。
(3)　×　最判昭和44年4月15日民集23巻4号755頁〔百選106事件〕は、かかる不知約款を有効と解した上で、その援用を制限しようとしている。
(4)　×　本文で解説したとおり、判例は空券の場合には、証券を無効とするものの、品違いの場合には、証券を有効とする。
(5)　×　物権的効力とは物の引渡請求権を表章する狭義の運送証券・倉庫証券に特有の効力であり、高度に抽象的な債権である金銭債権を表章する約束手形には、存しない効力である。
(6)　×　本文に解説したとおり、航空運送状はすべて単なる証拠証券にすぎない。
(7)　○　国際海上物品運送法6条1項。

●199頁　問題
(1)　×　商法684条1項は、商法が適用される船舶とは、商行為船かつ航海船であるとする。ただし、船舶法35条は、商行為をなす目的のために利用されない非商船であっても、航海船であれば商法の規定を準用するとしている。
(2)　○　日本船舶であっても、総トン数20トン未満の船舶、櫓櫂船は船舶登記をなし得ない（商686条2項、船舶20条）。
(3)　×　船長は、その職務を行うにつき注意を怠らなかったことを証明できなければ、船主、傭船者、荷送人等に対して損害賠償責任を負い（商705条1項）、その職務が船舶所有者の指図に従ったものであるとしても、船舶所有者以外の者（荷送人）に対する当該責任は免れ得ない（同条2項）。
(4)　×　船長は、船籍港外では船主の実効支配が及ばないため航海のための包括的な代理権を有するが（商713条1項）、船籍港内においては、特に委任を受けた場合を除いて海員の雇入れおよび雇止めにつき代理権を有するにとどまる（同条2項）。

●213頁　問題
(1) 〇　内航運送に関する堪航能力担保義務（商738条）では明瞭な規定はされておらず、これを無過失責任と解するのが従来の判例である（最判昭和49年3月15日民集28巻2号222頁）。
(2) ×　海難救助の成立要件として、救助が成功することが必要である（商800条）。
(3) 〇　海上保険契約は、損害保険契約の一種であり一切の事故に盗難や船員の非行も含まれる（商815条）。

●241頁　問題
(1) 〇　ワルソー条約には、運送人の定義がなく、1961年グァダラハラ条約で、この問題に決着をつけた。
(2) ×　航空運送企業が無償で行う国際運送にも条約は適用される。
(3) ×　条約が適用されるのは、条約所定の国際運送に該当するかどうかであり、航空機の登録国や旅客・荷主の国籍は関係ない。
(4) 〇　旅客および手荷物の運送については、有限責任の例外が認められるが、貨物運送の場合は、破られない責任制限を定めている（モントリオール条約22条5項）。

●255頁　問題
(1) ×　複合運送とは二以上の異なる輸送手段による物品の運送をいい（国連国際複合運送条約1条1項）、陸上運送を含まなくともよい。
(2) 〇　複合運送責任の考え方には、輸送手段毎の別箇の区間として把握しようとするネットワーク方式と、全輸送手段を通じた単一の区間として把握しようとするユニフォーム方式とがあり、国際国連複合運送条約は原則として後者に拠りつつ、損害発生区間が特定できる場合には当該輸送手段に関する規律を適用するという、修正を行っている。
(3) ×　フレイト・フォワダーは、船会社や航空会社のように自前の輸送手段を保有しないビジネスモデルを採っており、「利用運送人」として行為する。
(4) ×　複合運送証券は、国際商業会議所が定める信用上統一規則および複合運送証券統一規則によって認知されており、流通性が一般的に認められているといえる。ただし、航空区間については流通性ないし譲渡性を有しない航空運送状が用いられる点に注意しなければならない。

第4章　施設取引
●268頁　問題
(1) ×　倉庫営業者は商人であることから、報酬を受けないときでも、善良なる管理者としての注意をもって受寄物を保管しなければならないので（商593条）、誤り

である。
(2) ○　倉庫営業者は、受寄物を供託し、または相当の期間を定め催告した後に受寄物を競売することができるので（商624条1項）、正しい。
(3) ○　受寄者（倉庫営業者）の寄託者に対する寄託物返還義務が、受寄者の責任事由により履行できなくなった場合には、寄託者が受寄物の所有者か否かを問わず、受寄者は損害賠償責任を負わなくてはならないと解するのが判例（最判昭和42年11月17日判時509号63頁〔百選105事件〕）の立場であるので、正しい。

●279頁　問題
(1) ○　物品の全部滅失に関する責任は、1年の時効により消滅するので（商596条2項）、正しい。
(2) ×　高価品の明告がない場合には責任を負わないので（商595条）、誤りである。
(3) ○　客との特約により、場屋営業者の責任は減免できるものの、客の携帯品につき責任を負わない旨を一方的に告示しただけでは、場屋営業者の責任が免除されるわけではないので（商594条3項）、正しい。

第5章　保険取引
●293頁　問題1　正答は(3)
　経済主体が有する個別危険を多数の者で分散する保険制度は、保険契約という法制度を介して営まれる。それゆえに、法律上、「保険」を考察する場合、個別的局面である保険契約のみならず、団体的局面である保険制度も検討の対象とする必要がある。
(1) ×　これは大数の法則を述べたものである。
(2) ×　これは給付反対給付均等の原則を述べたものであり、個々の保険契約に該当する。
(3) ○　これは収支相等の原則を述べたものであり、集団の構成員から徴収された保険料によって共通準備財産の形成し、危険に遭遇した構成員に保険金を支払うという保険制度に該当する。

●293頁　問題2　正答は(4)
(1) ×
(2) ×
(3) ×
(4) ○　保険法の規定は契約に関するものであるゆえに、契約自由の原則からすれば、任意規定であるはずであるが、実務上、任意規定とすると、保険者・保険契約者間の約定で適用を排除できることから、保険契約に関する情報を大量に有し、経済力のある保険者が、保険法の規定のうち自己に不利なものを排除した約款を作

成し、顧客である保険契約者としては、そのような約款を受諾せざるを得ないという状況が生ずるおそれがある。そこで、保険法は、所定の規定に反する特約で保険契約者や被保険者等に不利なものは無効とする片面的強行規定を定めている。このことを保険契約の法的性質の観点からみると、保険契約では、契約内容について保険者・保険契約者間で交渉を行い、固まっていくという過程が想定されにくいという、保険契約の附合契約性に依拠する。

● 305頁　問題1　正答は(1)
(1) ×　①保険契約者以外の者を被保険者とする他人の生命の保険契約（保険38条〔67条〕）では、被保険者を殺害して保険金を取得する目的で保険契約を締結したり、契約締結後、殺害を思いつくという事態が発生する可能性があることから、契約成立過程において自分が被保険者になることについて、および、成立後に死亡保険契約の保険金受取人を変更することについて、保険契約の効力要件としてそれぞれ被保険者の同意を必要とする（保険38条〔67条〕・45条〔74条〕）。
(2) ○
(3) ○
(4) ○

● 305頁　問題2　正答は(3)
(1) ○
(2) ○
(3) ×　生命保険契約は保険申込人の申込と保険者の承諾によって成立する（保険2条1号・8号）。生命保険約款における責任遡及条項では、保険会社が第1回保険料相当額を受け取った時点には、承諾をしていないので契約は成立していないが、受領後に保険契約の申込を承諾したことによって契約は成立し、責任開始条項との関係から、保険会社の責任は第1回保険料相当額を受け取った時に遡って開始する。
(4) ○

● 317頁　問題1
(1) ○
(2) ×　告知義務は保険会社の質問に回答する義務であり、自発的申告義務ではない（保険4条）。
(3) ○
(4) ×　保険契約者・被保険者が故意・重過失によって告知義務違反を行った場合、保険会社は契約解除権を行使できる（保険28条）。

●317 頁　問題 2
(1) 保険会社による恣意的な契約解除や不意打ち的な契約解除などによって、被保険者が無保険の状態に陥ることを防止するためである。
(2) 解除事由に該当する事実が発生した時から損害保険契約の解除がなされるまでの間に生じた保険事故について、保険会社は保険給付責任を負わない（保険 31 条 2 項）。

●328 頁　問題 1
(1) ×　ビジネスの世界はもちろん、個人の日常生活においても、損害賠償リスクが高度かつ複雑に潜在している現代社会では、責任保険には幅広いニーズがある。特に今日のビジネス社会において、事業運営に係わる賠償責任保険の付保は、事業活動の円滑な遂行のために不可欠のアイテムということができる。
(2) ○
(3) ×　保険法は、被害者が加害者の保険会社に対する賠償責任保険の保険給付請求権について先取特権を有すると定めた（保険 22 条 1 項）。これによって、被保険者（加害者）が支払不能に陥った場合においても、被害者は先取特権を行使することによって責任保険金の優先弁済を受けられる。
(4) ×　被保険者は、被害者に損害賠償債務を弁済した場合、または被害者から保険給付に関する承諾があった場合のいずれかであって、かつ、その弁済額または承諾額の限度でしか保険会社に保険給付請求を行うことができない（保険 22 条 2 項）。

●328 頁　問題 2
(1) ×　保険法は第三分野保険を傷害疾病定額保険と傷害疾病損害保険に大別している。
(2) ○　最判平成 13 年 4 月 20 日民集 55 巻 3 号 682 頁〔百選（保険）97 事件〕を参照のこと。
(3) ×　被保険者は保険契約者に対して傷害疾病定額保険の解除を請求できる。
(4) ○　判例・通説は、定額保険契約には請求権代位の適用はないと解している。

事項索引

A〜Z

ADR制度（裁判外紛争解決手続） ……………… 307
CIF（運賃保険料込） ……………… 120, 123
CIP ……………… 123
CISG（国際物品売買契約に関する国際連合条約：ウィーン売買条約） ……… 114
CLOUT ……………… 117
FCA ……………… 123
FOB（本船渡） ……………… 120, 123, 181
IATA企業間協定 ……… 232
ICC（国際商業会議所）・118
knockout rule ……………… 125
last shot doctrine ……… 118
NVOCC（非船舶運航業者） ……………… 200
UCC（統一商法典） …… 125
ULF（有体動産の国際的売買契約の成立についての統一法） ……………… 124
ULIS（有体動産の国際的売買についての統一法） ……………… 124
UNCITRAL（国連国際商取引法委員会） ……… 115
Willful Misconduct ……… 222

あ行

預証券 ……………… 103, 265
アメリカ貿易定義 ……… 125
ある種類または特定の事項の委任を受けた使用人 …… 80
遺言による変更 ……… 296
一部保険 ……………… 314
一括清算ネッティング …… 110
一般的公示力 ……………… 67
一方的商行為 ……………… 42
一方的仲立契約 ……… 141
インコタームズ ……… 120
インダストリアル・キャリア ……………… 191
インテグレーター ……… 244
ウィーン売買条約（国際物品売買契約に関する国際連合条約：CISG） …… 114
受取船荷証券 ……………… 181
運送 ……………… 166
運送状 ……………… 168
運送証券 ……………… 223
運送取扱人 ……………… 154
運送人 ……………… 166, 167
運送品処分権 ……… 170
営業 ……………… 40
営業・事業譲渡 ……………… 90
営業主 ……………… 74
営業所 ……………… 118
営業的商行為 ……… 36, 43
営業能力 ……………… 41
営業避止義務 ……………… 77
営利 ……………… 12
延着 ……………… 219
援用可能統一規則 ……… 121

か行

海員 ……………… 198
外観主義 ……………… 14
会計帳簿 ……………… 64
外航運送 ……………… 188
外国籍船 ……………… 192
海上物品運送 ……… 200
海上保険 ……………… 211
海上旅客運送 …… 205, 206
解除権の阻却事由 ……… 299
海難救助 ……………… 208
介入権 ……………… 146, 156
外部関係 ……………… 83
瑕疵担保責任 ……… 104
瑕疵担保免責特約 ……… 88
過失推定責任 …… 215, 217
片面的強行規定 ……… 316
箇品運送 ……………… 202
空券 ……………… 185
為替手形 ……………… 113
間接代理 ……………… 145
完全商人 ……………… 45
企業 ……………… 5
企業外補助者 ……………… 73
企業形成の促進 ……… 11
企業内補助者 ……………… 73
企業の維持 ……………… 12
企業法論 ……………… 5
危険増加による解除 …… 303
危険の移転時期 ……… 120
危険の減少 ……………… 313
危険の増加 ……………… 311
危険負担 ……………… 291
擬制商人 ……………… 41, 45
寄託責任 ……………… 270
基本的商行為 ……………… 42
客観主義 ……………… 36
客観的意義の営業 ……… 40
給付受領権 ……………… 142
給付反対給付均等の原則 ……………… 282
狭義の経営委任 ……………… 93
競業避止義務 …… 78, 92, 94
供託権 ……………… 147, 263
共通準備財産 ……… 283

共同海損……………………206
共同支配………………………77
金銭消費貸借契約……………85
金融商品取引業者…………149
グァダラハラ条約……217,226
グァテマラ議定書…………228
倉荷証券………………103,265
経営委任………………………93
経営管理………………………93
形式的意義の商法……………5
形式的審査主義………………66
競売権………………………263
契約運送人…………………226
契約解除の効果……………312
決済…………………………132
結約書………………………143
厳格一致の原則……………124
厳格責任………………………14
顕名主義………………………25
航海上の過失………………204
航海船………………………190
航海傭船契約………………201
高価品………………………172
航空運送状……………161,181
航空運送中…………………219
交互計算……………………108
交互計算不可分の原則……108
公保険………………………283
公用船………………………191
国際運送……………………216
国際海上物品運送法………188
国際航空法専門家委員会
　　　　　　　　　　　　214
国際商業会議所（ICC）
　　　　　　　　　　　　118
国際物品売買契約に関する国
　　際連合条約（ウィーン売買
　　条約：CISG）………115
告知義務………298,309,316
国連国際商取引法委員会
　　（UNCITRAL）………115
小商人…………………45,63
固有の商人……………………41
混載業者……………………182
コンシールド・ダメージ

　　　　　　　　　　　　245
コンソリデーター…………155
コンテナ……………………181

さ行

裁判外紛争解決手続
　　（ADR制度）…………307
再傭船（再運送）…………203
先取特権……………………321
錯誤…………………………130
指値遵守義務………………148
サブリース……………………89
残存物代位…………………315
シーウェイビル……………190
事業信託………………………93
自助売却権…………………147
買入証券………………103,265
実行運送人…………………226
実質的意義の商法……………5
質問応答義務………………310
指定紛争解決機関…………289
自動車損害賠償保障法……319
品違い………………………185
支配権…………………………74
自賠責保険…………………319
支配人…………………………74
死亡保険……………………294
私保険………………………283
資本の集中……………………12
氏名または商号の黙秘義務
　　　　　　　　　　　　143
射倖契約性…………………289
ジャパニーズ・イニシアチブ
　　　　　　　　　　　　232
収支相等の原則……………283
重大事由による解除
　　　　　　　　　303,316
重大な契約違反……………119
終任……………………………75
重要事項説明義務…………308
主観主義………………………36
主観的意義の営業……………40
ジュネーヴ統一手形条約
　　　　　　　　　　　　115

準問屋……………………149,156
傷害疾病損害保険…………323
傷害疾病定額保険……323,326
傷害疾病保険………………284
少額短期保険業者…………288
商慣習…………………………16
商慣習法………………………16
商業使用人……………………73
商業信用状…………………114
商業帳簿………………………62
商業帳簿の提出………………64
商業帳簿の保存………………64
商業登記………………………65
消極的公示力…………………67
証券会社……………………149
商行為…………………………41
商行為船……………………191
商号権…………………………56
商号自由主義…………………52
商号真実主義…………………60
商号単一の原則………………52
商事仲立人…………………141
乗車券………………………175
商事留置権……………90,147
承諾前死亡…………………301
商的色彩論……………………5
商人……………………36,41,46
消費者……………127,129,130
商標……………………………51
商法典………………………4,7
証明責任……………………324
職業選択の自由………………41
書式の闘い……………102,118
除斥期間……………………299
身体の障害…………………218
信用状条件…………………114
信用状統一規則……………121
信用取引……………………134
数量契約……………………201
スペース・チャーター……201
請求権代位……………315,326
生存保険……………………294
生命保険………………284,294
生命保険募集人……………294
責任保険……………………318

積極的公示力…………68
絶対的商行為………36, 42
折衷主義………………36
設備商人………………45
善意契約性……………290
船主責任制限制度………209
船籍……………………192
船長……………………197
船舶…………190, 191, 193
船舶共有者……………195
船舶債権者……………194
船舶先取特権…………194
船舶執行………………192
船舶衝突………………209
船舶所有者……………194
船舶賃借人……………196
船舶賃貸借……………196
船舶抵当権……………194
船舶登録………………193
倉庫営業………………258
倉庫寄託契約…………259
倉庫寄託約款…………258
倉庫証券…………103, 265
相次運送………………216
総支配人………………75
双方的商行為…………42
双方的仲立契約………141
双務契約性……………290
属具……………………192
ソルベンシー・マージン基準
………………………288
損益相殺………………326
損害保険………………283
損害保険契約の解除の効果
………………………316
損害保険代理店……308, 310
損害保険募集人………308

た 行

タイアップ・システム…245
対価関係………………295
第三者のためにする生命保険
　契約………………295
第三者のための契約……175
第三分野保険…………322
貸借対照表……………65
大数の法則……………282
代理商………………73, 81
託送手荷物……………176
諾否通知義務…………100
他人の生命の保険契約…295
段階的交互計算………110
堪航能力担保義務……203
中間運送取扱…………158
重複保険………………314
帳簿作成・謄本交付義務
………………………143
直接適用条約…………115
賃料自動増額特約……89
通知義務………………148
定額保険………………284
定期行為…………106, 107
定期売買………………107
定期傭船………………201
締約代理商……………82
電子記録債権…………133
電子商取引……………127
電子商取引及び情報財取引等
　に関する準則………128
電子消費者契約………130
電子署名………………132
電子手形………………136
問屋……………………140
問屋の介入権…………146
問屋の破産……………150
統一私法型統一法……125
統一商法典（UCC）……125
登記……………………76
投機購買………………42
登記事項………………66
投機貸借………………43
投機売却………………42
倒産隔離………………94
同時死亡………………298
到達主義………………128
到達地運送取扱………158
通し運送契約…………203
匿名委託………………144
匿名組合………………49

特約店…………………83
トランクルーム………259
取次……………………144
取引の安全……………13
取引の迅速……………13
トレード・ターム……120

な 行

内航運送………………188
名板貸…………………56
仲立………………140, 141
仲立人…………………140
仲立人の介入義務……144
荷受人…………………167
荷受人の地位…………174
荷送人…………………167
荷為替信用状…………114
荷為替手形……………113
日本籍船………………192
荷渡指図書………104, 266
ネガティヴ・オプション
………………………102
ネッティング…………110
ネットワーク・システム…245
燃油サーチャージ……162
ノード…………………154
ノンキャンセラブル……86

は 行

媒介……………………140
媒介代理商……………82
賠償責任保険…………318
ハーグ（ヘーグ）改正議定書
………………………215
ハーグ統一売買法……115
裸傭船…………………196
場屋営業………………269
場屋取引………………269
ハンブルグ・ルール……188
万民法型統一法………116
非顕名主義……………26
被保険者………294, 295, 325
表見支配人……………78

ファイナンス・リース……86
フォワーディング業務……156
複合運送…………121, 242
複合運送証券……………246
附合契約性………………292
不実の登記…………………69
不正の目的…………………53
附属的商行為………………36
不知約款…………………183
物権的効力………………186
物品運送……………166, 167
物品の販売等を目的とする
　店舗の使用人……………81
物品保管義務………………28
不適合の通知義務………119
船積書類……………113, 181
船積船荷証券………124, 181
船荷証券……113, 179, 184, 202
船荷証券約款……………115
不要式契約性……………291
フランチャイズ……………83
フルペイアウト……………86
フレイト・フォワダー
　……………………155, 200
平水区域…………………190
便宜置籍船………………192
法源…………………………19
報酬請求権………………142
法廷地漁り………………225
保管料請求権……………262
保険給付の履行期………314
保険業法…………………285
保険金………………282, 306
保険金受取人……………294
保険金受取人の先死亡…298
保険金受取人の変更……296
保険契約者…………282, 294

保険事故…………………301
保険者………………282, 294
保険証券……………113, 311
保険相互会社……………286
保険代位…………………315
保険料………………282, 306
補助商………………………73
本人確認…………………132

ま行

水先人……………………198
未払いリース料債権………88
見本売買…………………143
見本保管義務……………142
民事仲立人………………141
滅失………………………171
免責特約…………………264
免責約款……………174, 182
目的物の検査・通知義務
　…………………………104
モード……………………154
モラール・ハザード
　（心理的危険）…………290
モラル・ハザード
　（道徳的危険）…………290
モントリオール議定書…229
モントリオール協定……227
モントリオール条約……234

や行

約束手形……………135, 180
約款…………………17, 286
雇入契約…………………198
有限責任……215, 217, 221
有償契約性………………290

有体動産の国際的売買契約の
　成立についての統一法
　（ULF）…………………124
有体動産の国際的売買につい
　ての統一法（ULIS）…124
ユニドロワ国際商事契約原則
　…………………………124
ユニフォーム・システム
　…………………………245
要因………………………179
傭船契約…………………201
ヨーク・アントワープ・
　ルールズ………………190

ら行

陸上運送…………………166
履行担保義務……………147
リース契約…………………86
リース標準契約書…………88
リース物件…………………86
裏面約款…………………184
流質契約……………………30
留置権……30, 82, 147, 156, 263
旅客運送……………166, 175
旅行業者…………………155
リンク……………………154
ロッテルダム条約………188

わ行

枠条約……………………124
ワルソー・オックスフォード
　規則……………………125
ワルソー（原）条約……214
ワルソー体制……………214

判例索引

明治33年～大正15年

大判明治 33・11・7 民録6輯10巻42頁……92
大判明治 41・2・17 民録14輯108頁……37
大判明治 41・6・4 民録14輯658頁……186
大判明治 44・5・23 民録17輯320頁……30
大判明治 44・11・6 民録17輯627頁
　〔百選（保険・海商）98事件〕………209
大判明治 45・2・17 民録18輯201頁……197
大判大正 2・4・26 民録19輯281頁……185
大判大正 2・7・28 民録19輯668頁……185
大判大正 2・12・20 民録19輯1036頁……212
大判大正 3・6・5 民録20輯437頁……38
大判大正 4・5・14 民録21輯764頁……186
大判大正 4・12・24 民録21輯2182頁
　〔百選2事件〕………………………18
大判大正 5・1・29 民録22輯200頁……157
大判大正 6・2・3 民録23輯35頁
　〔百選102事件〕……………………176
大判大正 8・3・28 民録25輯581頁……264
広島区判大正 8・12・25 新聞1659号15頁
　………………………………………157
大判大正 12・8・2 新聞2177号19頁……185
大判大正 13・6・6 新聞2288号17頁……158
大決大正 13・6・13 民集3巻280頁……52
大判大正 14・2・10 民集4巻56頁………47
大判大正 14・3・13 民集4巻217頁……104,332
大判大正 15・2・2 民集5巻335頁……185
大判大正 15・12・16 民集5巻841頁……16

昭和2年～昭和40年

大判昭和 2・12・27 新聞2811号10頁……185
大判昭和 3・6・28 民集7巻519頁……202
大判昭和 4・9・28 民集8巻769頁
　〔百選33事件〕………………………42
大判昭和 5・9・13 新聞3182号14頁……171
大判昭和 6・4・24 民集10巻289頁……47

大判昭和 9・7・27 民集13巻1393頁
　〔百選（保険・海商）96事件〕………207
大判昭和 11・2・12 民集15巻357頁
　………………………………………185,266
大判昭和 11・3・11 民集15巻320頁
　〔百選80事件〕………………………109,332
大判昭和 12・11・26 民集16巻1681頁
　………………………………………44,269,329
大判昭和 13・12・27 民集17巻2848頁
　〔百選91事件〕………………………185
大判昭和 14・6・30 民集18巻729頁……185
大判昭和 14・12・27 民集18巻1681頁……30
大判昭和 17・4・4 法学11巻12号1289頁
　………………………………………106
大判昭和 17・6・29 新聞4787号13頁……276
大判昭和 17・9・8 新聞4799号10頁
　〔百選25事件〕………………………64
大判昭和 19・2・29 民集23巻90頁
　〔百選1事件〕………………………16
最判昭和 25・9・22 刑集4巻9号1766頁
　………………………………………142
最判昭和 28・10・9 民集7巻10号1072頁
　〔百選39事件〕………………………101
最判昭和 29・1・22 民集8巻1号198頁
　………………………………………105
最判昭和 29・9・10 民集8巻9号1581頁
　………………………………………38
最判昭和 29・10・7 民集8巻10号1795頁
　………………………………………93
最判昭和 29・10・15 民集8巻10号1898頁
　〔百選5事件〕………………………67
最判昭和 30・9・9 民集9巻10号1247頁
　………………………………………57,60
最判昭和 30・9・29 民集9巻10号1484頁
　………………………………………24,329
京都地判昭和 30・11・25 下民集6巻11号
　2457頁………………………………157
最判昭和 31・10・12 民集10巻10号1260頁

判例索引　345

最判昭和 32・2 ・19 民集 11 巻 2 号 295 頁
〔百選 107 事件〕 ································· 262
最判昭和 32・5 ・30 民集 11 巻 5 号 854 頁
·· 144
最判昭和 33・2 ・21 民集 12 巻 2 号 282 頁
··· 57
東京地判昭和 33・4 ・15 判時 151 号 31 頁
··· 57
最判昭和 33・6 ・19 民集 12 巻 10 号 1575 頁
〔百選 3 事件〕 ····································· 47
最判昭和 35・3 ・17 民集 14 巻 3 号 451 頁
〔百選 94 事件〕 ··································· 171
最判昭和 35・5 ・6 民集 14 巻 7 号 1136 頁
··· 25
最判昭和 35・10・21 民集 14 巻 12 号 2661 頁
··· 57
最判昭和 35・12・2 民集 14 巻 13 号 2893 頁
〔百選 51 事件〕 ··································· 105
最判昭和 36・4 ・20 民集 15 巻 4 号 774 頁
··· 129，333
最判昭和 36・9 ・29 民集 15 巻 8 号 2256 頁
〔百選 13 事件〕 ····································· 53
最判昭和 36・10・13 民集 15 巻 9 号 2320 頁
〔百選 23 事件〕 ····································· 93
最判昭和 36・12・5 民集 15 巻 11 号 2652 頁
··· 59
最判昭和 36・12・15 民集 15 巻 11 号 2852 頁
··· 104，332
最判昭和 37・5 ・1 民集 16 巻 5 号 1031 頁
〔百選 27 事件〕 ····································· 79
最判昭和 37・6 ・12 民集 16 巻 7 号 1322 頁
〔百選（保険）12 事件〕············ 291，300
最判昭和 38・11・5 民集 17 巻 11 号 1510 頁
··· 157，173
最判昭和 39・3 ・10 民集 18 巻 3 号 458 頁
··· 79
最判昭和 40・9 ・22 民集 19 巻 6 号 1600 頁
〔百選 18 事件〕 ····································· 91
最判昭和 40・10・19 民集 19 巻 7 号 1876 頁
·· 261

昭和 41 年～50 年

最判昭和 41・1 ・27 民集 20 巻 1 号 111 頁
·· 146
〔百選 15 事件〕 ····································· 59
東京地判昭和 41・3 ・28 判時 440 号 52 頁
·· 264
最判昭和 41・12・20 民集 20 巻 10 号 2106 頁
〔百選 90 事件〕 ··································· 173
最判昭和 42・4 ・20 民集 21 巻 3 号 697 頁
··· 77
最判昭和 42・6 ・6 判時 487 号 56 頁 ········ 58
最判昭和 42・11・17 判時 509 号 63 頁
〔百選 105 事件〕 ························· 264，337
最判昭和 43・4 ・24 民集 22 巻 4 号 1043 頁
〔百選 37 事件〕 ····································· 26
最判昭和 43・6 ・13 民集 22 巻 6 号 1171 頁
〔百選 16 事件〕 ······························ 57，58
最判昭和 43・7 ・11 民集 22 巻 7 号 1462 頁
〔百選 86 事件〕 ··································· 151
最判昭和 43・11・1 民集 22 巻 12 号 2402 頁
〔百選 6 事件〕 ······································ 68
最判昭和 43・11・15 判時 541 号 70 頁 ······ 291
最判昭和 43・12・24 民集 22 巻 13 号 3334 頁
〔百選 11 事件〕 ····································· 67
最判昭和 44・4 ・15 民集 23 巻 4 号 755 頁
〔百選 106 事件〕 ··············· 183，268，335
最判昭和 44・6 ・26 民集 23 巻 7 号 1264 頁
〔百選 41 事件〕 ······················· 141，142
最判昭和 44・8 ・29 判時 570 号 49 頁
〔百選 50 事件〕 ··································· 107
最判昭和 45・4 ・21 判時 593 号 87 頁
〔百選 98 事件〕 ··································· 172
最判昭和 45・10・22 民集 24 巻 11 号 1599 頁
〔百選 83 事件〕 ··································· 142
最判昭和 45・12・24 民集 24 巻 13 号 2187 頁
··· 18
最判昭和 47・1 ・25 判時 662 号 85 頁
〔百選 52 事件〕 ··································· 105
最判昭和 47・2 ・24 民集 26 巻 1 号 172 頁
··· 47
最判昭和 47・6 ・15 民集 26 巻 5 号 984 頁
〔百選 9 事件〕 ······································ 69
最判昭和 48・2 ・16 民集 27 巻 1 号 132 頁 205
最判昭和 48・10・30 民集 27 巻 9 号 1258 頁
〔百選 38 事件〕 ····································· 27
東京地判昭和 48・12・25 判タ 307 号 244 頁
··· 16
最判昭和 49・3 ・15 民集 28 巻 2 号 222 頁

……………………………………………… 204, 336
最判昭和 49・3・22 民集 28 巻 2 号 368 頁
　〔百選 7 事件〕……………………………… 71
最判昭和 50・1・31 民集 29 巻 1 号 68 頁
　〔百選（保険）25 事件〕………………… 326
最判昭和 50・6・27 判時 785 号 100 頁…… 329
東京高判昭和 50・10・28 金判 533 号 10 頁
　…………………………………………… 221
大阪地判昭和 50・12・5 判時 814 号 136 頁
　…………………………………………… 122

昭和 51 年～昭和 63 年

最判昭和 51・3・19 民集 30 巻 2 号 128 頁
　…………………………………………… 240
高知地判昭和 51・4・12 判時 831 号 96 頁
　…………………………………………… 271
最判昭和 51・7・9 判時 819 号 91 頁
　………………………………………… 38, 329
最判昭和 51・11・25 民集 30 巻 10 号 960 頁
　〔百選 100 事件〕………………………… 174
最判昭和 52・12・23 判時 880 号 78 頁
　〔百選 8 事件〕……………………… 68, 330
最判昭和 52・12・23 民集 31 巻 7 号 1570 頁
　……………………………………………… 60
東京高判昭和 53・3・28 判時 889 号 91 頁
　…………………………………………… 295
東京高決昭和 54・2・15 下民集 30 巻 1～4 号
　24 頁〔百選 26 事件〕…………………… 64
最判昭和 54・5・1 判時 931 号 112 頁
　〔百選 29 事件〕…………………………… 76
東京地判昭和 54・9・26 判タ 403 号 133 頁
　〔百選（保険）53 事件〕………………… 301
最判昭和 55・3・25 判時 967 号 61 頁
　〔百選 96 事件〕………………………… 172
最判昭和 55・7・15 判時 982 号 144 頁
　〔百選 14 事件〕…………………………… 58
最決昭和 55・11・5 民集 34 巻 6 号 765 頁
　…………………………………………… 210
最判昭和 56・4・9 判タ 442 号 102 頁
　〔百選 76 事件〕…………………………… 88
最判昭和 56・10・16 民集 35 巻 7 号 1224 頁
　…………………………………………… 237
最判昭和 57・9・7 民集 36 巻 8 号 1527 頁
　〔百選 56 事件〕………………………… 267

東京地判昭和 57・9・27 判時 1075 号 137 頁
　…………………………………… 239, 247
最判昭和 58・1・25 判時 1072 号 144 頁…… 60
名古屋地判昭和 58・9・26 判タ 525 号 287 頁
　〔百選（保険）73 事件〕………………… 296
最判昭和 58・10・7 民集 37 巻 8 号 1082 頁
　〔百選 12 事件〕…………………………… 53
最判昭和 59・2・24 刑集 38 巻 4 号 1287 頁
　…………………………………………… 162
最判昭和 59・5・29 金法 1069 号 31 頁…… 101
名古屋地判昭和 59・6・29 判タ 531 号 176 頁
　…………………………………………… 271
最判昭和 60・2・12 集民 144 号 99 頁…… 205
東京地判昭和 60・7・15 判時 1211 号 120 頁
　…………………………………………… 248
神戸地判昭和 61・6・25 訟月 32 巻 12 号
　2908 頁…………………………………… 122
福岡高判昭和 62・2・24 判タ 654 号 178 頁
　……………………………………………… 88
東京地判昭和 62・5・29 金判 781 号 38 頁
　…………………………………………… 122
東京地判昭和 62・6・23 判時 1240 号 27 頁
　…………………………………………… 240
札幌高決昭和 62・9・30 判時 1258 号 76 頁
　〔百選 61 事件〕…………………………… 83
最判昭和 63・1・26 金法 1196 号 26 頁
　〔百選 10 事件〕…………………………… 70
東京地判昭和 63・9・26 判時 1299 号 141 頁
　…………………………………………… 296

平成元年～平成 10 年

最判平成 元・1・19 判時 1302 号 144 頁
　〔百選（保険）23 事件〕………………… 326
東京地判平成 元・4・20 判時 1337 号 129 頁
　…………………………………………… 172
最判平成 2・2・22 商事法務 1209 号 49 頁
　〔百選 30 事件〕…………………………… 80
東京高判平成 2・3・28 判タ 754 号 192 頁
　…………………………………………… 327
東京地判平成 2・6・18 金判 875 号 26 頁
　…………………………………………… 299
神戸地判平成 2・7・24 判時 1381 号 81 頁
　…………………………………………… 251
神戸地裁明石支判平成 2・8・31 文研生保

判例索引

　　判例集 6 巻 228 頁·················· 296
東京地判平成 3・3・29 判時 1405 号 108 頁
　〔百選 97 事件〕 ················ 250
最判平成 4・3・13 民集 46 巻 3 号 188 頁
　····························· 296,298
仙台高判平成 4・4・21 判タ 811 号 140 頁
　································· 88
最判平成 4・4・28 判時 1421 号 122 頁
　〔百選（保険・海商）77 事件〕 ······ 203
最判平成 5・3・30 民集 47 巻 4 号 3384 頁
　··························· 18,286
最判平成 5・9・7 民集 47 巻 7 号 4740 頁
　〔百選（保険）75 事件〕 ··········· 298
最判平成 6・7・18 民集 48 巻 5 号 1233 頁
　〔百選（保険）103 事件〕 ·········· 296
最判平成 7・1・30 民集 49 巻 1 号 211 頁
　〔百選（保険）40 事件〕 ··········· 327
最判平成 7・4・14 民集 49 巻 4 号 1063 頁
　〔百選 78 事件〕 ·················· 88
東京高決平成 7・10・7 判タ 907 号 269 頁
　································ 190
最判平成 7・11・30 民集 49 巻 9 号 2972 頁
　〔百選 17 事件〕 ·················· 59
東京高判平成 8・3・28 判時 1573 号 29 頁
　〔百選 64 事件〕 ·················· 84
福岡高判平成 8・4・25 判時 1577 号 126 頁
　································ 327
東京地判平成 8・9・27 判時 1601 号 149 頁
　··························· 271,272
東京地判平成 9・2・3 判タ 952 号 272 頁
　································ 327
最判平成 9・3・25 民集 51 巻 3 号 1565 頁
　································ 286
最判平成 9・6・17 民集 51 巻 5 号 2154 頁
　〔百選（保険）64 事件〕 ··········· 300
仙台高判平成 9・7・25 判時 1626 号 139 頁
　································ 296
東京地判平成 10・3・19 判タ 997 号 286 頁
　································ 118
最判平成 10・4・14 民集 52 巻 3 号 813 頁
　〔百選 40 事件〕 ·················· 29
最判平成 10・7・14 民集 52 巻 5 号 1261 頁
　〔百選 47 事件〕 ·················· 32
最判平成 10・12・18 民集 52 巻 9 号 1866 頁
　〔百選 60 事件〕 ·················· 83

平成 11 年〜平成 21 年

東京高決平成 11・7・23 判時 1689 号 82 頁
　〔百選 46 事件〕 ·················· 33
浦和地判平成 11・8・6 判時 1696 号 155 頁
　································· 57
東京高判平成 11・8・9 判時 1692 号 136 頁
　································ 105
東京地判平成 11・10・13 判時 1719 号 94 頁
　··························· 239,248
東京高判平成 11・10・28 判時 1704 号 65 頁
　〔百選 62 事件〕 ·················· 84
函館地判平成 12・3・30 判時 1720 号 33 頁
　································· 18
大阪高判平成 12・9・28 判時 1746 号 139 頁
　··························· 271,275
東京地判平成 13・1・30 判タ 1058 号 180 頁
　································· 33
最判平成 13・4・20 民集 55 巻 3 号 682 項
　〔百選（保険）97 事件〕 ··········· 339
最判平成 14・3・13 判時 1792 号 78 頁
　································ 327
東京高判平成 14・5・29 判時 1796 号 95 頁
　································ 278
最判平成 14・10・3 民集 56 巻 8 号 1706 頁
　〔百選（保険）84 事件〕 ··········· 302
仙台地判平成 15・2・25 判タ 1157 号 157 頁
　································ 219
最判平成 15・2・28 判時 1829 号 151 頁
　〔百選 108 事件〕 ················ 275
最判平成 15・10・21 民集 57 巻 9 号 1213 頁
　································· 89
名古屋地判平成 15・12・26 判時 1854 号
　125 頁 ·························· 223
最判平成 16・2・20 民集 58 巻 2 号 367 頁
　〔百選 21 事件〕 ·················· 93
最判平成 16・3・25 民集 58 巻 3 号 753 頁
　〔百選（保険）82 事件〕 ··········· 302
東京地判平成 16・5・24 金法 1724 号 58 頁
　································ 273
大阪高判平成 16・5・27 金判 1198 号 48 頁
　································ 299
最判平成 16・11・8 集民 215 号 555 頁······ 89
東京高判平成 16・12・22 金法 1736 号 67 頁
　··························· 273,277

秋田地判平成 17・4・14 金判 1220 号 21 頁
……………………………………… 274,275
東京地判平成 17・5・19 金判 1220 号 10 頁
……………………………………………… 278
最判平成 17・11・21 民集 59 巻 9 号 2558 頁
……………………………………………… 209
大阪高判平成 17・12・1 判時 1944 号 154 頁
〔百選（保険）99 事件〕……………… 327
最判平成 18・4・11 民集 60 巻 4 号 1387 頁
〔百選（保険）55 事件〕……………… 295
最判平成 19・6・11 判時 1980 号 69 頁
〔百選 63 事件〕………………………… 84

最判平成 19・7・6 民集 61 巻 5 号 1955 頁
〔百選（保険）98 事件〕……………… 327
最判平成 20・2・22 民集 62 巻 2 号 576 号
〔百選 36 事件〕…………………………… 38
東京高判平成 20・4・30 金判 1304 号 38 頁
……………………………………………… 327
東京地判平成 20・10・15 判時 2032 号 151 頁
……………………………………………… 327
最判平成 20・12・26 民集 62 巻 10 号 2561 頁
………………………………………………… 89
最判平成 21・6・2 判時 2050 号 148 頁、
同 151 頁 〔百選（保険）76 事件〕…… 298

編者・執筆分担

藤田勝利（ふじた　かつとし）……………… 第Ⅰ編1章1節、第Ⅱ編3章5節
大阪市立大学　名誉教授・弁護士

工藤聡一（くどう　そういち）… 第Ⅰ編2章1節、第Ⅱ編2章2節、第Ⅱ編3章6節
日本大学大学院法学研究科　教授・日本大学危機管理学部　教授

執筆者（五十音順）・執筆分担

井口浩信（いぐち　ひろのぶ）………………………………第Ⅱ編5章3-4節
損害保険料率算出機構・日本大学法学部　非常勤講師

大久保拓也（おおくぼ　たくや）………………… 第Ⅰ編2章3節、第Ⅱ編1章3節
日本大学法学部　教授

岡田豊基（おかだ　とよき）…………………………………第Ⅱ編5章1-2節
神戸学院大学法学部　教授

鬼頭俊泰（きとう　としやす）…………………… 第Ⅰ編2章5節、第Ⅱ編2章1節
日本大学商学部　准教授

小菅成一（こすが　せいいち）………………………………第Ⅱ編4章1-2節
嘉悦大学ビジネス創造学部　教授

重田麻紀子（しげた　まきこ）………………………………第Ⅱ編3章3-4節
青山学院大学大学院会計プロフェッション研究科　教授

松嶋隆弘（まつしま　たかひろ）………………… 第Ⅱ編1章1節、第Ⅱ編3章2節
日本大学（総合科学研究所）　教授・弁護士

道野真弘（みちの　まさひろ）…………………… 第Ⅰ編1章2節、第Ⅰ編2章2節
近畿大学法学部　教授

矢﨑淳司（やざき　じゅんじ）…………………… 第Ⅰ編2章4節、第Ⅱ編3章1節
首都大学東京　法科大学院　教授

山手正史（やまて　まさし）…………………………………第Ⅱ編1章2節
慶應義塾大学法科大学院　教授

Next 教科書シリーズ 現代商取引法

2011（平成23）年6月15日　初版1刷発行
2018（平成30）年3月15日　同 2刷発行

編　者　藤　田　勝　利・工　藤　聡　一
発行者　鯉　渕　友　南
発行所　株式会社　弘　文　堂　　101-0062　東京都千代田区神田駿河台1の7
　　　　　　　　　　　　　　　　TEL 03(3294)4801　　振替 00120-6-53909
　　　　　　　　　　　　　　　　　　　　　http://www.koubundou.co.jp

装　丁　水木喜美男
印　刷　三美印刷
製　本　井上製本所

©2011　Katsutoshi Fujita & Soichi Kudo. Printed in Japan
JCOPY 〈(社)出版者著作権管理機構　委託出版物〉
本書の無断複写は著作権法上での例外を除き禁じられています。複写される場合は、そのつど事前に、(社)出版者著作権管理機構（電話 03-3513-6969、FAX 03-3513-6979、e-mail : info@jcopy.or.jp）の許諾を得てください。
また本書を代行業者等の第三者に依頼してスキャンやデジタル化することは、たとえ個人や家庭内での利用であっても一切認められておりません。

ISBN978-4-335-00193-2